INHALT

Mutmacher-Mitgliederbereich	10
Vorwort *von Alexander Christiani*	14
Wie dieses Buch entstanden ist und wie Sie den größten Nutzen daraus ziehen können *von Markus Mertins*	18

Unternehmensausrichtung

Wie Sie Ihr Unternehmen souverän durch unsichere Zeiten navigieren *von Markus Mertins*	26

Betriebswirtschaft & Steuer

Wie Sie mit einer spitzen Positionierung dem Lockdown und der Krise trotzen *von Barbara Engel*	48

Produktentwicklung

Wie das radikale Umdenken in Richtung Kunde zu einem wahrhaftigen Game-Changer wird *von Josua Kohberg*	64

Selbstführung
Wie Sie zum bewussten Gestalter werden und aus Krisen neue Chancen machen — 82
von Dr. Stefanie Fuchs-Mertins

Kundengewinnung
Wie Sie heute mit Webinaren arbeiten sollten, um best-qualifizierte Auftragsanfragen zu bekommen — 102
von André Schneider

Prozessgestaltung & Automation
So systematisieren Sie den Weg zum Erfolg — 120
von Roland Wienen

Marketing
Wie Sie mit strategischem Marketing Ihr Business auf ein neues Level heben und so zum Kundenmagnet werden — 142
von Elke Greß

Mentorship
Wie trotz Wegfall aller Kunden der Wandel zum Mentor die Existenz rettet — 160
von Robert Holz

Fördermittel
So wird der Traum von geschenktem Geld für Unternehmer wahr — 176
von Patrick Starkmann & Dr.-Ing. Dennis Bakir

Kommunikation

Wie Sie Ihr Unternehmen durch mehr Authentizität krisensicher machen — 198
von Constantin Christiani

Gesundheit

Wieso Zeit für die eigene Gesundheit gleichzeitig eine Investition in Ihr Business ist — 218
von Ute & Arno Balk

Finanzen

Weniger Steuern, mehr Rente und Versicherungen, die Sinn machen: So geht's! — 234
von Dieter Homburg

Mitarbeitergewinnung

Mehr Erfolg durch Mitarbeiter, die perfekt zu Ihrem Unternehmen passen. So finden Sie sie — 252
von Giorgo Papanikolaou

Digitale Kundenevents

So gestalten Sie online Events, die noch besser ankommen als offline — 268
von Raphael Christiani

Drop Shipping Amazon

Mit diesen vier Schritten wird Ihr Produkt zum Verkaufserfolg auf Amazon — 284
von Johannes Boric

Digitalisierung
Digitalisieren von Geschäftsprozessen leicht gemacht – so einfach kann Softwareentwicklung sein
von Nicole M. Jones & Martin Möllenbeck 300

Kundenbeziehungen
Persönliche Kundenbeziehungen trotz Kontaktverbot
von Michael Pauli 320

Teambuilding
Schweiß dein Team noch enger zusammen – so gelingt es selbst im Home Office
von Natali Sameli 336

Sales & Vertrieb
Wie Sie Ihren Vertrieb in sechs Schritten auf die nächste Stufe heben
von Oliver Kleboth 354

Positionierung
Warum ein Unternehmen manchmal erst abgerissen werden muss, um damit Erfolg zu haben
von Thomas Ötinger 380

IHR MUTMACHER-MITGLIEDERBEREICH

VOR DEM ERSTEN LOGIN BITTE REGISTRIEREN:

Für Sie als Leser dieses Buches haben wir einen exklusiven Mitgliederbereich eingerichtet. Hier stellt jeder Autor ein hochwertiges Gratis-Produkt zur Verfügung. Sie finden auf der nächsten Seite eine Liste aller Produkte und können sich diese über den Mutmacher-Mitgliederbereich sichern. Folgen Sie dazu einfach diesen drei Schritten:

1. Über diese spezielle Adresse gelangen Sie in Ihren exklusiven Mitgliederbereich:
   https://weiter.link/mut
   oder Sie scannen den QR-Code

2. Geben Sie dann Ihr Paßwort ein: mm21iw

3. Registrieren Sie sich einmalig mit Ihrem Namen und Ihrer Mailadresse

4. Anschließend gelangen Sie in unseren Mitgliederbereich, in dem Sie auf alle kostenfreien Angebote Zugriff haben.

IHRE GRATIS-PRODUKTE

#1 Unternehmensausrichtung
    Webinar „Führung mit Sinn & Werten"

#2 Betriebswirtschaft & Steuer
    2 Module „Businessplan + Steuerlexikon"

#3 Produktentwicklung
    WOOYCE Analyse

#4 Selbstführung
    Coachingpaket „Werte als Schlüssel zur Selbstführung"

#5 Kundengewinnung
    Webinar-Marketing-Code

#6 Prozessgestaltung & Automation
    Individual-Workshop

#7 Marketing
    Unternehmer-Landkarte inkl. Onlinekurs

#8 Mentorship
    Das 1 Mio-Euro-Unternehmertraining

#9 Fördermittel
    Zuschussradar: Zugriff auf über 12.500 Förderangebote

#10 Kommunikation
    Storytelling-Strategiegespräch

#11 Gesundheit
    Live Gesundheits-Coaching

#12 Finanzen
    20 Minuten Expertengespräch

#13   Mitarbeitergewinnung
      1:1 Recruiting-Anleitung

#14   Digitale Kundenevents
      Technikberatung inkl. Hardwareliste

#15   Drop Shipping Amazon
      60 Minuten Amazon-Coaching

#16   Digitalisierung
      Tipps & Testphase für Ihr Software-Projekt

#17   Kundenbeziehungen
      Drei einzigartige Geschenke

#18   Teambuilding
      Workshop Teambuilding 4.0

#19   Sales & Vertrieb
      Digital.Sales-Fitnesschecker

#20   Positionierung
      e-Book: Warum Erfolg kein Zufall ist

Registrierung Mitgliederbereich & Direktzugang zu den Gratis-Produkten:

https://weiter.link/mut

Paßwort: **mm21iw**

ALEXANDER CHRISTIANI

VORWORT

Steffi Graf dominierte die Tenniswelt seit Ende der 80er Jahre. Kurze Zeit später wurden die Tennisschulen in Deutschland überrollt von einer Nachfragewelle junger Mädchen, die es ihrem Idol gleichtun wollten.

Anna Kurnikowas Stern begann Mitte der 90er Jahre hell zu strahlen. Wieder dauerte es ein paar Jahre und der russische Tennismarkt wurde überschwemmt von begeisterten Mädchen und Teenagern, denen Anna den Weg gewiesen hatte.

Interessanterweise waren sowohl Steffi als auch Anna weltweite Stars, deren Vorbildeffekt sich jedoch in erster Linie im jeweiligen Heimatland ausgewirkt hat: Albert-Laszlo Barabasi – ein weltweit führender Erfolgsforscher – unterscheidet diesbezüglich zwischen »Performance« – wie gut die Leistung ist – und »Erfolg«, nämlich wie sehr die Leistung in einer Kultur wertgeschätzt wird:

Er bringt in diesem Zusammenhang noch ein weiteres wichtiges Kriterium ins Spiel: Im Sport gibt es regelmäßig Mess-Systeme – wie im Tennis die ATP-Computer-Weltrangliste – die die Performance verschiedener Mitstreiter leicht vergleichbar machen, so dass sie – wie Steffi oder Anna – schnell ins Rampenlicht kommen und ein inspirierendes Vorbild für Tausende oder sogar Hunderttausende werden können:

Eindeutige und transparente Performance-Messungen wie im Sport, die alle Beteiligten kennen, fehlen dagegen in den meisten Lebensbereichen – auch und gerade im Bereich des Unternehmertums:

Die Unternehmer, die die größten Autos fahren und sich mit dem stärksten Mitarbeiter- oder Umsatzwachstum brüsten, sind oft nicht die besten Performer. Und die, die bescheiden und zurückhaltend die beste Performance haben und uns als Vorbild inspirieren könnten, kennen wir nicht.

So verständlich es ist, dass ehrbare Kaufleute mit exzellenten Produkten und Dienstleistungen bescheiden auftreten und sich regelmäßig nicht ins Rampenlicht drängen, so schädlich ist es, dass im Mittelstand die Steffi Grafs und Anna Kurnikowas fehlen, die uns inspirieren und Mut machen könnten, unser unternehmerisches Potenzial zu entfalten:

Gerade deshalb ist »Mutmacher« ein so wichtiges Buch!

Ich kenne und schätze die Autoren persönlich, von denen ich viele über mehrere Jahre als Storycoach begleiten durfte. Es gibt aus meiner Sicht viele gute Gründe, warum sie für uns alle entscheidende Mutmacher, Inspiratoren und Wegweiser sind – wenn wir uns öffnen und ihre Botschaften verinnerlichen:

Jeder Co-Autor von Mutmacher ist selbst den Weg gegangen, den er anderen aufzeigt: In einer Welt, in der es von Marketing-Professoren wimmelt, die noch nicht einmal ihr eigenes Buch verkaufen können, ist Prozess-Knowhow von Menschen, die bewiesen haben, dass es genauso funktioniert, wie sie es vorschlagen, unbezahlbar.

Jeder Autor hat den Mut, den er von seinen Lesern einfordert, zunächst selbst bewiesen: Jedes Buchkapitel ist ein beredtes Zeugnis dafür, wie es aussieht, wenn wir ausgetretene Pfade verlassen, bisherige Denkgrenzen überwinden und mit Mut, Besonnenheit und Fleiß neue Wege gehen, die zu Erfolgen führen, die wir uns vorher selbst nicht vorstellen konnten.

Vor allem aber – und dieser Punkt hat mich am meisten bewegt – übernehmen die Autoren von Mutmacher gesellschaftliche Mitverantwortung und sprechen Klartext in einer Zeit, in der viele sich nicht mehr trauen, ihre Meinung zu sagen, weil sie gesellschaftliche Ächtung befürchten:

Eine starke Demokratie wird in der Praxis nicht definiert durch Freiheitsrechte, die auf dem Papier stehen, sondern durch starke Familien, starke soziale Netzwerke und einen starken Mittelstand: Wer gefügige Untertanen anstelle selbstverantwortlicher Bürger will, wird deshalb alles daran setzen, diese Eckpfeiler zu beschädigen.

In einer Zeit, in der die Freiheitsrechte in Deutschland in einem Jahr stärker eingeschränkt worden sind als je zuvor in der siebzigjährigen Geschichte der Bundesrepublik, ist »Mutmacher« deshalb besonders wichtig:

Wir alle wissen: »Entscheidend ist nicht, wie der Wind weht, sondern wie wir die Segel setzen.« Lassen Sie sich von den Mutmachern inspirieren und werden Sie selbst zum Mutmacher – für sich und Ihre Familie, aber auch für unser Land.

Herzlichst
Alexander Christiani

MARKUS MERTINS

WIE DIESES BUCH ENTSTANDEN IST UND WIE SIE DEN GRÖSSTEN NUTZEN DARAUS ZIEHEN

Dieses Buch, das Sie jetzt in Händen halten, ist entstanden als Initiative einer Gruppe von Unternehmern, die sich im Frühsommer 2020 als Mastermind-Gruppe zusammengefunden hat. Da diese Mastermind-Gruppe auf meine Initiative hin entstanden ist, fällt mir die Ehre dieser einleitenden Worte zu. Es ist geschrieben für Unternehmer, die wachsen wollen und dabei offen für neue Ideen sind. Die bereit sind auszuprobieren, zu lernen und das Gelernte umzusetzen, um ihr Business weiter voranzubringen. Die profitieren wollen von einem Netzwerk von Unternehmern, die sich gegenseitig unterstützen. Und die vielleicht gerade in einer Krise stecken und Impulse suchen, die sie weiterbringen.

In dieser Einleitung möchte ich Ihnen zunächst einen Einblick geben in die Entstehungsgeschichte dieses Buches und damit vor allem in die Menschen und Autoren dahinter. Im Weiteren stelle ich Ihnen das Buch und dessen inhaltlichen roten Faden im Überblick vor und beschreibe Ihnen abschließend, wie Sie daraus für sich den größten Nutzen ziehen können.

Angetrieben davon, mich für ein gelingendes Miteinander zu engagieren, gehörte für mich das Netzwerken schon immer zu meinen Lieblingsbeschäftigungen.

Es war bereits seit einiger Zeit eine meiner Visionen, eine Mastermind-Gruppe mit Unternehmern zu gründen, die stark von dem Wunsch angetrieben sind, ihr Unternehmen groß zu machen, um ihre Vision in die Welt zu bringen. Und die gleichzeitig ein tiefes Interesse daran haben, Kollegen in ihrem Wachstum zu unterstützen.

Vor knapp zwei Jahren begann ich mich gemeinsam mit meiner Frau und Geschäftspartnerin Stefanie für die Entwicklung unseres Unternehmens mit dem Story-Marketing bei Alexander Christiani zu beschäftigen. In diesem Kreis trafen wir auf Unternehmer, von denen viele nicht nur sehr besondere und hochwertige Produkte und Dienstleistungen hatten, sondern die auch echte Macher und Umsetzer waren.

In unseren Gesprächen und beim näheren Kennenlernen stellten wir dann jedoch auch häufig fest, dass gerade sie naturgemäß eher auf sich und ihre Themen fokussiert sind und wenig interessiert an der Frage, wie sie für andere Unternehmer einen Beitrag leisten könnten.

Für eine Mastermind-Gruppe war ich jedoch auf der Suche nach Menschen, die nicht nur kompetent und engagiert waren, sondern die sich aus Überzeugung für die Idee begeistern ließen, in einer Gruppe aus Gleichgesinnten das erwartungslose Geben in den Vordergrund zu stellen. Mit dem Ziel, die anderen voranzubringen. Denn wenn das gelingt, ist es unausweichlich, dass die Gruppe als Ganzes echten Mehrwert schafft und dass jeder Einzelne um ein Vielfaches mehr bekommt, als er selbst investiert.

Menschen mit dieser Haltung zu finden war dann tatsächlich eine umfangreichere Aufgabe. Doch schließlich stand die Teilnehmerliste für unsere Storyteller-Mastermind fest, nach gefühlt hunderten Versuchen der Kontaktaufnahme, dutzenden Telefonaten und zahlreichen Gesprächen mit meiner Frau.

Dass sich dieser lange Vorlauf und Aufwand gelohnt hat, zeigte sich dann bei unserem ersten Treffen im Juni 2020. Denn hier versammelten sich so waschechte wie bodenständige Unternehmerpersönlichkeiten mit einem hohen Interesse am Gegenüber und dem Wunsch, gerade in dieser Zeit sich in einem Kreis von Gleichgesinnten auszutauschen und sich gegenseitig zu unterstützen.

Niemand von uns ahnte damals, dass Zeiten auf uns zukommen würden, in denen sich gerade die Unternehmer des Mittelstandes derart von Staat und Politik im Stich gelassen fühlen, wie es nur ein Jahr später der Fall ist. Dass florierende Geschäftsmodelle durch staatliche Verordnung und eine so perspektiv- wie planlose Politik auf Null gefahren wurden und von der versprochenen Unterstützung gerade im Mittelstand vielerorts nicht mehr als der berüchtigte Tropfen auf dem heißen Stein ankam.

Wir hatten uns damals nicht ausgemalt, welche Bedeutung in dieser Entwicklung gerade die gegenseitige Unterstützung zwischen Unternehmern bekommen könnte. So will dieses Buch auch dazu ermutigen, sich zu vernetzen. Das eigene Ego etwas hintenanzustellen und die Gemeinschaft zu suchen. Denn Gruppen wie eine Unternehmer-Mastermind können gerade auch in Zeiten der Krise nicht nur fachliche Inspiration und Unterstützung, sondern auch menschlichen Rückhalt bieten. Und wir sind überzeugt davon, dass es in den kommenden Jahren solche Gruppen braucht, um Neues zu schaffen und dem gebeutelten Teil des deutschen Mittelstandes wieder auf die Beine zu helfen. In diesem Sinn mögen das vorliegende Buch und seine Entstehungsgeschichte als Beispiel dienen und zeigen, wie viel entstehen kann, wenn Menschen sich mit ihren unterschiedlichen Kompetenzen erfolgreich zusammenschließen.

Selbst wenn wir also keine Vorstellung von der aktuellen Entwicklung hatten, war die durch das Coronavirus ausgelöste Krisensituation auch damals allgegenwärtig und natürlich auch für uns präsent. Schnell war klar: Jeder von uns hatte zum Thema »Krise« seine persönliche Geschichte zu erzählen. Entweder die Erlebnisse aus früheren Erfahrungen, z. B. mit gescheiterten Unternehmungen, oder auch die Herausforderungen in der aktuellen Situation. Und uns alle einte die Erfahrung, dass wir mit jeder Krise gewachsen waren, als Menschen wie auch als Unternehmer. Selbst diejenigen in unserem Kreis, die noch im März ratlos und zum Teil in realer Existenzbedrohung vor dieser Situation gestanden waren, hatten nur drei Monate später ihre Chancen in der Krise erkannt, nutzten sie und erlebten die Krise als Entwicklungsbeschleuniger.

Wir alle empfanden das Zusammensein und den Austausch in diesem Kreis als stärkend und unglaublich hilfreich. Denn wir konnten in aller Offenheit über diese Erfahrungen reden und verstehen, dass man mit den eigenen Problemen nicht alleine steht. Dabei gleichzeitig vom Wissen und den Impulsen der anderen lernen und für sich selbst profitieren.

Aus dieser Erfahrung heraus wurde uns bewusst, wie wertvoll gerade in Krisenzeiten solche persönlichen Kreise sind. Wie wichtig es gerade auch für die Unternehmer wäre, von solchen Netzwerken und deren Wissen zu profitieren, die in der aktuellen Situation darum kämpfen, ihr Unternehmen auf Erfolgskurs zu halten oder für die es vielleicht sogar um die Rettung ihrer Existenz geht.

Daraus entstand die Idee, ein Buch zu schreiben von Unternehmern für Unternehmer und darin mit echtem unternehmerischen Praxis-Knowhow Unterstützung auf Augenhöhe zu bieten. Ein Buch, das Mut machen soll durch die authentischen Geschichten, auch mit den ungeschönten Geschichten vom Scheitern und Aufstehen. Das inspirieren will bei der eigenen Suche nach dem geeigneten Wege aus der Krise durch die

Beispiele von Unternehmen, denen es erfolgreich gelungen ist, aus dem sprichwörtlichen Dreck Gold zu machen.

Vor allem aber sollte es ein Buch werden, in dem alle Autoren mit ihrem Angebot im B2B-Bereich mit ihrer Kompetenz eine wichtige Facette erfolgreicher Unternehmensführung beleuchten und vor dem Hintergrund ihrer Expertise wertvolle Tipps und Hinweise geben für Unternehmer, die in dem jeweiligen Bereich vielleicht noch Entwicklungsbedarf haben. Denn wir wollten nicht nur Mut machen – das machten bereits damals schon einige, sondern ganz konkrete und anwendbare Tipps und Ideen liefern, die für die Leser zum Impuls für ihre eigene Weiterentwicklung werden können.

Denn schließlich kannten wir aus eigener Erfahrung auch das Problem, dass wir als Mittelständler, als Inhaber von kleinen und mittleren Unternehmen, oft nicht über die Ressourcen verfügen, uns mal schnell die notwendigen Kompetenzen in Form von hochspezialisierten Mitarbeitern an Bord zu holen.

Häufig müssen mehrere Aufgaben in einer Hand gebündelt werden. Oft werden die für das unternehmerische Wachstum zentral wichtigen Bereiche, wie z. B. die strategische Organisationsentwicklung, das strategische Marketing, das Recruiting, die Prozessoptimierung und -automation, die Digitalisierung eher irgendwie erledigt. Und aufgrund der fehlenden Ressourcen in Bezug auf Kapital, Personal und / oder Wissen liegen dann die Themen brach, die es so dringend bräuchte, um das Unternehmen erfolgreich durch die nächste Krise zu führen.

Wenn auch Sie sich in dieser Beschreibung wiederfinden, ist dieses Buch auch für Sie geschrieben!

Mit dem Bild dieses Diamanten können Sie sich einen schnellen Überblick über die inhaltliche Ausrichtung der Beiträge in diesem Buch verschaffen.

Erfolgreiche Unternehmensführung ist für uns so facettenreich wie ein Diamant. Jede Facette für sich will beachtet und poliert werden – und nur in Verbindung mit allen anderen erstrahlt der Diamant in seiner Schönheit. Jeder Beitrag in diesem Buch beleuchtet aus der Erfahrung und dem speziellen Fachgebiet des Autors heraus diese Facette. Dabei geht es nicht darum, ein Thema umfassend zu erschließen – Wissenschaftler füllen dazu ganze Buchreihen. Vielmehr bietet jeder Autor aus seiner Expertise heraus Sichtweisen wie auch konkrete Ideen und Hinweise, die Ihnen als Unternehmer Impulse geben können, um diesen Bereich für sich weiterzuentwickeln.

Auch erheben wir weder den Anspruch ein neues Management-Modell aufzustellen noch wollen wir behaupten, dass in der Benennung der Facetten ein vollständiges oder gar wissenschaftlich valides Modell vorliege. Vielmehr handelt sich im Sinn des Praxiswissens um Bereiche, die wir für die erfolgreiche Unternehmensführung wie auch für das Handeln in unternehmerischen Krisen als wichtig erachten und als hilfreich erlebt haben – in unserem eigenen Erleben wie auch in der Begleitung unserer Kunden.

Jede der hier genannten Diamantfacetten finden Sie im Inhaltsverzeichnis wieder. Lassen Sie sich also von der Auswahl dieses Diamanten inspirieren. Wählen Sie dann im Inhaltsverzeichnis das aus, was Ihnen besonders wichtig erscheint. Prüfen Sie beim Lesen, ob der Inhalt für Sie und Ihr Unternehmen ansprechend und relevant ist. Falls ja, können Sie dies mit dem kostenlosen Zusatzangebot des jeweiligen Autors vertiefen. Denn am Ende jedes Beitrages finden Sie den Zugang zu einem wertvollen Gratis-Produkt, das der Autor exklusiv für Sie als Leser dieses Buches zur Verfügung stellt.

So wünsche ich Ihnen nun eine inspirierende Lektüre und vor allem, dass Sie die gewonnenen Erkenntnisse auch für sich umsetzen und dafür nutzen können, Ihren unternehmerischen Diamanten wieder zum Strahlen zu bringen.

Last but not least:
Aus Gründen der besseren Lesbarkeit wird auf die gleichzeitige Verwendung der Sprachformen männlich, weiblich und divers (m/w/d) verzichtet. Sämtliche Personenbezeichnungen gelten gleichermaßen für alle Geschlechter.

1

MARKUS MERTINS

Unternehmensausrichtung

WIE SIE IHR UNTERNEHMEN SOUVERÄN DURCH UNSICHERE ZEITEN NAVIGIEREN

... MIT MITARBEITERN, DIE IHNEN GERNE FOLGEN UND WIRKLICH VERANTWORTUNG ÜBERNEHMEN!

In unsicheren Zeiten, in denen man mit jedem Schritt Neuland betritt, gleicht eine Unternehmensentwicklung einer Expedition. Um dabei erfolgreich zu sein, sind elementare Grundlagen unverzichtbar – im Unternehmen genauso wie in der Natur. Dort ist allem voran das Wissen um das Gebiet wichtig, in dem ich mich bewege und die Bedingungen, mit denen ich dort rechnen muss. Um im weglosen Gelände die Orientierung zu behalten, brauche ich Karte und Kompass, und wenn ich nicht gerade als Einzelkämpfer unterwegs bin, auch eine Mannschaft mit einem hohen Engagement, bestehend aus Menschen mit unterschiedlichen Fähigkeiten.

In jungen Jahren habe ich zahlreiche Expeditionen in die unberührte Wildnis Skandinaviens und die Mongolei durchgeführt. Dabei habe ich gelernt, mit den Schwierigkeiten, die einem zwangsläufig auf dem Weg begegnen, souverän umzugehen. Ein plötzlicher Wetterumsturz, eine zerrissene Zeltwand oder schwere Erkrankungen wie eine Blinddarmentzündung können auf einer Expedition erfolgskritisch sein oder sogar lebensbedrohlich. Die Folgen derartiger Schwierigkeiten spürt man dabei unmittelbar und ist in dem Moment gezwungen, direkt zu reagieren und die richtigen Entscheidungen zu treffen, um Gefahren abzuwenden.

Dass Unternehmensführung viele Parallelen mit Expeditionen aufweist, wurde mir durch eine riskante Situation bewusst, in die ich mit meiner Frau und Geschäftspartnerin Stefanie geraten war. Wir machten eine Kanutour in Schweden und waren unterwegs in einem Seengebiet, das Kanuten aufgrund der Größe und vor allem der Tiefe der Gewässer und des dadurch möglichen, starken Wellengangs bei unüberlegtem Handeln in Lebensgefahr bringen kann. Wir fuhren um eine Landspitze herum. Unerwartet wurden wir, als wir die Landabdeckung verlassen hatten, von einem starken Seitenwind erfasst, der uns an das Ufer zu drücken drohte. Aufgrund der Klippen, die dort aufragten, konnten wir jedoch nicht anlanden. Nur wenig vor uns erkannten wir Felsen im Wasser, die uns zwangsläufig zum Kentern bringen würden. Hier war eine sofortige Entscheidung zu treffen – und die hieß: Zum anderen Ufer queren, das etwa dreieinhalb Kilometer entfernt war. Schräg zum Wind bei einem Wellengang, der immer wieder über die Bootswand schwappte.

Da ich als Steuermann hinten saß, lag die Verantwortung für den Kurs des Kanus bei mir, ich war durch meine Position in Führung. In Sekundenschnelle traf ich die Entscheidung, gab die entsprechende Anweisung an Stefanie und unter Aufbietung all unserer Kräfte und Fähigkeiten steuerten wir auf das andere Ufer zu. In einer solchen Situation kann Zögern im schlimmsten Fall tödlich sein, ebenso wie eine falsche Entscheidung. Schließlich erreichten wir wohlbehalten das andere Ufer. Nach dem Kampf gegen Wellen, Wind und Strömung waren wir beide mit unseren Kräften am Ende. Und Stefanie, die weniger Erfahrung im Kanufahren hatte, auch sichtbar mit ihren Nerven.

Als wir an diesem Abend unser Lager aufgebaut hatten und am Feuer saßen, reflektierten wir die Ereignisse des Tages. Dabei wurde uns bewusst, wie wichtig in dieser Situation einerseits meine Führung gewesen war, andererseits Stefanies Vertrauen darin und schließlich der gemeinsame Einsatz, um das anvisierte Ziel zu erreichen. Und wir erkannten, dass die Führung eines Unternehmens tatsächlich in Vielem vergleichbar ist mit Expeditionen.

Denn auch die nachhaltige Unternehmensentwicklung verlangt zunächst elementare Grundlagen, auch hier braucht es Instrumente zur Orientierung, engagierte Mitarbeiter mit den richtigen Kompetenzen, eine handlungsfähige Führung und vor allem das Bewusstsein über die äußeren Rahmenbedingungen. Anders als in der Natur ist es in unseren unternehmerischen Expeditionen jedoch so, dass am Horizont aufziehende schwarze Wolken sich leicht unserer bewussten

Erkenntnis entziehen, insbesondere dann, wenn sie keine direkte und spürbare Auswirkung auf uns haben.

Bedrohliche Situationen lassen sich oft lange schönreden und aussitzen, gerne auch wider besseres Wissen. Zum Beispiel die Frage danach, welche Chancen und Anforderungen die Digitalisierung für das eigene Geschäftsmodell mit sich bringt, ebenso wie die Gefahren, wenn man das Thema ignoriert.

Nebenbei bemerkt ein Thema, das wir selbst sträflich lange vernachlässigt hatten. Denn wir hatten zwar schon immer mal davon geredet, dass wir uns damit beschäftigen müssten, welche Möglichkeiten uns die Digitalisierung für unser Geschäftsmodell bot. Wir fanden z. B. die Idee sehr attraktiv, unsere Führungskräftetrainings vor Ort durch eine Online-Führungsakademie zu ergänzen. Denn dadurch würden wir die Trainingszeit verkürzen können, indem wir die theoretischen Inhalte in Video-Seminare auslagern. So würden nicht nur die Kunden, sondern auch wir Zeit sparen.

Doch über das »würde« und »könnte« kamen wir nicht hinaus, wir nahmen uns nicht die Zeit dafür, weil wir es nicht als hinreichend wichtig erachteten. Es lief ja alles wunderbar! Zumindest bis zum 1. Lockdown 2020, als plötzlich alle Live-Veranstaltungen verboten wurden und unsere Kunden ganze Trainingsreihen stornierten. Auch hier waren wir völlig unerwartet in eine Situation geraten, die uns genauso zum unternehmerischen Kentern hätte bringen können. Auch hier trafen wir Entscheidungen, von denen wir nur wussten, dass sie höhere Erfolgschancen boten als das Nichthandeln. Und wir legten mit vereinten Kräften los.

Es ist also elementar wichtig, sich mit der Frage zu beschäftigen, welche gesellschaftlichen, politischen oder wirtschaftlichen Entwicklungen Auswirkungen auf das Unternehmen haben, wie also die Bedingungen im Außen sind, wie ich diese für mich nutzen kann und wie es mir gelingt, erfolgreich durch schwierige Situationen zu navigieren. Neben dem Wissen über das Terrain, in dem ich mich bewege, brauche ich als Unternehmer dann vor allem einen Kompass, der mir zuverlässig die Richtung zeigt und mir Orientierung gibt für meine Entscheidungen und die nächsten Schritte auf dem Weg. Im Unterschied zu einem realen Kompass, der sich am magnetischen Norden und damit im Außen ausrichtet, ist der unternehmerische Kompass im Innen gepolt, in der authentischen DNA des Unternehmers. Also an dem eigentlichen Kern des Unternehmens: Dem Antrieb für die Gründungsidee (der Mission bzw. dem Purpose-Statement oder auch dem Warum), der Vision, die sich daraus ableitet und schließlich den Werten, die das gemeinsame Handeln leiten.

Die Bedeutung dieses authentischen unternehmerischen Kompass wurde uns in dieser herausfordernden Zeit der Corona-Krise einmal mehr mit aller Deutlichkeit bewusst.

DIE WELT MIT CORONA: EINMAL V.U.K.A. FÜR ALLE!

In der Zeit des 1. Lockdowns beobachteten wir mit Erstaunen, in welch kurzer Zeit sich die Welt quasi von rechts auf links dreht. Dinge, die wir nicht nur für normal, sondern für unveränderlich gehalten haben, sind von heute auf Morgen anders. Seien es die bis dato unbegrenzten Möglichkeiten, sich mit anderen Menschen persönlich zu treffen, oder die überfüllten Verkehrswege auf der Straße wie in der Luft – von den reibungslos funktionierenden Lieferketten in einer globalisierten Welt und weiteren Selbstverständlichkeiten unserer modernen Welt(-Wirtschaft) ganz zu schweigen.

In einem unserer vielen Gespräche über Corona und die Folgen für uns und unsere Kunden bzw. für alle Unternehmer wird uns bewusst, dass wir jetzt hautnah und weltweit das Phänomen VUKA erleben. Dieses Phänomen, das in den letzten Jahren von Beratern und Trainern immer wieder mantramäßig wiederholt wird, das auch in der Wirtschaft und Politik im Kontext der Industrie 4.0 oder auch der Arbeit 4.0 als Herausforderung angenommen wird. Die aktuellen Veränderungen, sowohl für die Wirtschaft wie auch für jeden einzelnen Menschen, lassen jeden von uns am eigenen Leib die Dimensionen erfahren, für die das Akronym V.U.K.A. steht: Volatilität (Unbeständigkeit), Unsicherheit, Komplexität und Ambiguität (Mehrdeutigkeit):

V = Volatilität

Da sich die Situation nicht nur ständig wandeln kann, sondern sich ja auch real durch die in kurzen Abständen neu verkündeten Maßnahmen und Regeln verändert, sind die Rahmenbedingungen insbesondere für Unternehmen unbeständig, also volatil.

U = Unsicherheit

Entsprechend gibt es keine Planbarkeit mehr, wodurch Unsicherheit entsteht. Denn worauf kann man sich als Unternehmer verlassen? Wie soll man planen, auf welcher Basis Entscheidungen treffen? Die äußeren Rahmenbedingungen, die wir als Unternehmer für stabil und verlässlich erachtet haben, geben uns keine Sicherheit mehr.

K = Komplexität

Die Situation ist dabei nicht nur kompliziert – dann könnte man sie durch besseres Denken lösen wie eine mathematische Gleichung –, sondern sie ist äußerst komplex. Das heißt, es spielen nicht nur eine Vielzahl von Faktoren eine Rolle, sondern es gibt dabei viele Unbekannte, wie in diesem Fall das anfangs nicht vorhandene Wissen über das neuartige Virus. Trotzdem muss gerade in einer solchen Situation gehandelt werden, auch wenn klar ist, dass es »die eine« richtige Lösung nicht gibt und auch nicht geben kann, da man so etwas noch nicht erlebt hat und deshalb auch nicht wissen kann, was das richtige Vorgehen ist.

Während man in komplizierten Situationen gut damit fährt, sich auf das Wissen von ausgewiesenen Experten zu verlassen, funktioniert das in komplexen Situationen nicht. Denn ein Experte erlangt diesen Status dadurch, dass er bewiesen hat, dass er die optimale Lösung für eine solche Situation bereits früher gefunden hat. Für komplexe Situationen kann es diesen Experten jedoch aufgrund der Neuartigkeit nicht geben.

A = Ambiguität

Was hier hilft, ist das, was man als »Schwarmintelligenz« bezeichnet: Man versammelt Menschen unterschiedlicher

Expertise, die aus ihrem jeweiligen Fachgebiet auf die Situation blicken. So werden nicht nur die unterschiedlichen, relevanten Perspektiven beleuchtet, sondern es stehen sich auch unterschiedliche Sichtweisen und Meinungen gegenüber. Das heißt: Es gibt nicht mehr »die eine Wahrheit«, vielmehr ist die Situation mehrdeutig, also ambigue. Dies gilt es zunächst grundsätzlich auszuhalten. Gleichzeitig bietet die Berücksichtigung dieser Meinungsvielfalt die Chance, Entscheidungen zu treffen, die den bestmöglichen Umgang mit der Situation versprechen. Dann gilt es schrittweise vorzugehen, denn jede Handlung bringt auch neue Erkenntnisse, die es wiederum zu berücksichtigen gilt, um auf der Basis des neuen Wissens, der neuen Situation und der damit einhergehenden Erfahrungen den nächsten Schritt zu gehen.

Wie herausfordernd sich das Entscheiden und Handeln in der VUKA-Welt gestaltet, erleben wir nun seit einem Jahr ganz unmittelbar. Der Umstand, dass wir es gewohnt sind, uns auf Expertenwissen verlassen zu können und lieber einfache und klare Lösungen haben, macht es nicht besser und wird verschärft durch das zutiefst menschliche Bedürfnis nach Sicherheit. Nur wenige von uns fühlen sich wohl in Veränderungen und wohl niemand schätzt den Zustand der Unklarheit, der entsteht, wenn es im Außen keine eindeutigen und verlässlichen Orientierungspunkte gibt.

Doch genau in dieser Situation befinden wir uns heute, und das nicht erst seit Corona. Unter diesen Bedingungen Entscheidungen zu treffen wird zur Herausforderung für jeden Menschen, insbesondere für Unternehmer. Denn hier geht es ja um nichts Geringeres als darum, die Weichen für die Zukunft zu stellen. Es geht um die Verantwortung für das eigene Unternehmen, die Mitarbeiter und deren Familien.

WAS VERLEIHT STÄRKE UND ORIENTIERUNG, UM IN DER UNSICHERHEIT SOUVERÄN ZU HANDELN?

Die zentralen Fragen, die sich hier stellen, sind: Wie kann ich Entscheidungen treffen, wenn ich nicht wissen kann, was richtig ist? Woran kann ich mich orientieren, wenn das Umfeld unsicher ist? Was gibt mir Halt, wenn scheinbar alles wegzubrechen droht?

In der Begleitung unserer Kunden in den vielschichtigen Fragen der Führung, Unternehmenstransformation und Kulturentwicklung haben wir immer wieder bestätigt bekommen, dass die Antworten nicht im Außen, sondern im Innen zu finden sind: in den Persönlichkeiten der Führenden selbst und insbesondere in der DNA jedes Unternehmens.

Das, was auch in stürmischen Zeiten trägt, sind auf der Ebene der Menschen zunächst die Fähigkeit zur Selbstführung und die Resilienz (also die Fähigkeit, Krisen zu meistern und gestärkt daraus hervorzugehen) der Führungsverantwortlichen, die sie dazu befähigt, auch in der Krise souverän zu handeln (der Artikel von Dr. Stefanie Fuchs-Mertins geht auf diese Dimension der Führung ein). Auf der Ebene des Unternehmens ist es das inspirierende Leitbild, das als lebendiger Rahmen und Leitplanke dient für alle Entscheidungen und Handlungen und aus dem die Strategie abgeleitet ist. Das durch die bewusste Gestaltung in der Kultur verankert ist, das ausgerichtet ist an einem authentischen wie inspirierenden Sinn und an gelebten Werten, und das getragen ist von einer Haltung, die den Menschen in den Mittelpunkt stellt.

Vielleicht kommt Ihnen der Ruf nach einem Leitbild mit Mission, Vision und Werten nun etwas altbacken vor und klingt für Sie gerade so attraktiv wie kalter Kaffee...?

Tatsächlich kann ich diese Skepsis nur zu gut verstehen. Denn ich selbst habe jahrelang erlebt, dass mit der Erstellung von Leitbildern viele Versprechungen und hohe Erwartungen einher gingen, die sich jedoch nicht nachhaltig erfüllten. Bereits in meinen ersten Anstellungsverhältnissen in der Personal- und Organisationsentwicklung habe ich genau das beobachten dürfen bzw. müssen.

In Projekten zur Strategieentwicklung saß ich mit Unternehmern bei der Erarbeitung von Leitbildern und Strategien am Tisch, habe deren Einführung begleitet und war dabei im engen Austausch mit Führungskräften und Angestellten. Doch immer wieder stellte ich ernüchtert fest, dass Leitbilder nicht die versprochene Wirkung im Unternehmen entfalteten und nach Fertigstellung im Regal, wahlweise auch als Prospekt in der Schublade oder im Rahmen an der Wand verstaubten. Dass Strategien, die mit viel Hirnschmalz erarbeitet worden waren, letztlich scheiterten und dadurch unglaublich viele Ressourcen in Form von Zeit und Geld für einen nur geringen Output, für ein bisschen kosmetische Änderung statt der geplanten Transformation investiert und letztlich verbrannt worden waren.

Trotz dieser Erfahrungen tat ich mir schwer zu akzeptieren, dass es wirklich keinen Weg geben sollte, Menschen im Unternehmenskontext auf einen Zielpunkt hin auszurichten, auf den gemeinsamen Weg einzuschwören und diesen mit ihnen gemeinsam erfolgreich zu gehen.

Denn schließlich ist es ja eine grundlegende Erfahrung des Lebens, dass Menschen Unglaubliches vollbringen können, gerade im Team und auch unter schwierigen äußeren Bedingungen. Wenn sie ein gemeinsames Ziel haben, für das sie brennen. Wenn Sie sich aufeinander verlassen können und wollen. Wenn sie geeint sind durch Gemeinschaftsgeist, durch echte Kooperation, die den gemeinsamen Zielen dient und hinter die jedes Mitglied das laute Tönen des Egos hintenanstellt. Dabei ist es egal, ob es sich um eine Fußballmannschaft handelt, die große Erfolge feiert, oder um ein Expeditionsteam, das Geschichte schreibt, oder schlichtweg um eine Gruppe von Menschen in einem Verein, die sich als Gemeinschaft mit einer gemeinsamen Ausrichtung erlebt, unabhängig vom Alter, den inhaltlichen Themen oder der Größe ihrer Ziele. Warum war es also scheinbar unmöglich, dieses Phänomen in Unternehmen zu erzeugen?

Mein zentrales Aha-Erlebnis hatte ich, als ich vor 15 Jahren einen Unternehmer kennenlernte, dem genau das gelungen ist. Ein Unternehmer, der gestartet war mit dem Verkauf von Wäsche aus dem Kofferraum und der nach wenigen Jahren einen internationalen Versandhandel mit 800 Mitarbeitern aufgebaut hatte. Hier habe ich zum ersten Mal erlebt, dass ein Unternehmer in anderen Menschen ein echtes Feuer entfachen konnte. Der Mitarbeiter begeistert hat für den gemeinsamen Weg und dem es durch seine Führung gelungen ist, sie auf die Ziele auszurichten. Das führte zu der unglaublichen Produktivität und Umsetzungskraft dieses Unternehmens. Und zu Mitarbeitern, die mir mit strahlenden Gesichtern von ihrer beruflichen Heimat erzählten und im wahrsten Sinn des Wortes mit ihrem Chef auch in schwierigen Zeiten durch dick und dünn gingen.

ERSCHAFFEN SIE EINE AUSRICHTUNG, DIE MENSCHEN BEGEISTERT!

Mit diesem Beispiel vor Augen hatte ich den Beweis: Es gelingt auch in Unternehmen, Menschen wirklich für eine Ausrichtung so zu begeistern, dass sie von sich aus, also intrinsisch motiviert sind, ihren besten Einsatz zu bringen. Mit Eifer und Ausdauer machte ich mich nun daran, den Schlüssel zu extrahieren, der diesen Erfolg auch bei anderen Unternehmen ermöglicht. Durch die Analyse seines Beispiels, unterstützt durch unsere Forschungen und vor allem in der Begleitung von Unternehmern auf diesem Weg können wir heute sagen:

Erfolg beginnt mit der Klarheit des Unternehmers über seine authentische Ausrichtung und verlangt die Fähigkeit, diese klar zu kommunizieren, um die Menschen dafür zu begeistern. Im Detail bedeutet das:

Zunächst geht es darum, den unternehmerischen Sinn, die echte, unternehmerische DNA herauszuarbeiten. Und zwar nicht in einer Analyse, nicht durch besseres Denken. Sondern indem man eintaucht in den tiefen Antrieb des Unternehmers, mit anderen Worten: das Warum oder auch den Purpose oder die Mission (bzw. wenn das nicht geht: den Antrieb des Unternehmens) und daraus eine wirklich inspirierende und begeisternde Vision erschafft. Im nächsten Schritt gilt es, dieses Bild authentisch, klar und verständlich zu kommunizieren und schließlich im Unternehmen durch gute Führung zum Leben zu erwecken. Durch eine Führung, die einerseits auf Strategie, Strukturen und Prozesse blickt, die aber vor allem die Menschen und die Kultur bewusst entwickelt.

So entsteht in einem Unternehmen ein magnetisches Kraftfeld, das nicht nur die gemeinsame Ausrichtung schafft, sondern auch den Zusammenhalt stärkt und vor allem Kraft und Orientierung gibt, gerade in Zeiten der Krise.

Für den Fall, dass Sie nach wie vor mit dem »Leitbild« hadern, möchte ich im Folgenden den Kern und zentralen Unterschied verdeutlichen, um den es mir hier geht.

Ein wesentlicher Punkt ist in meinen Augen, dass Leitbilder häufig mehr dem schönen Schein dienen sollen, aber kein authentischer Selbstausdruck des Unternehmers und seiner echten Vision sind. Oft genug habe ich erlebt, dass auch wohlklingende Formulierungen nur den Zweck hatten, Mitarbeiter zu manipulieren wie Kühe, die mehr Milch geben sollen. Mit dieser Ausrichtung fällt es natürlich schwer, Menschen zu begeistern – ganz abgesehen davon, dass Unternehmer, die in dieser Haltung unterwegs sind, das auch gar nicht bezwecken.

Viele Leitbilder entstehen zudem als trockene Kopfgeburt, weshalb sie so inspirierend sind wie eine Doktorarbeit. Oder werden federführend geprägt durch externe Berater, was die Gefahr birgt, dass die Maßstäbe nicht die Stärken des Unternehmens und sein echter Antrieb sind, sondern sich in der Formulierung das wiederfindet, was von außen betrachtet das Richtige zu sein scheint. Doch wie soll eine echte Strahlkraft von etwas ausgehen, was erdacht oder gar von außen übergestülpt worden ist?

Was einem auch immer wieder begegnet, sind Leitbilder mit einer Vision, die mit der strategischen Zielsetzung verschmolzen sind, indem zum Beispiel als Vision eine Umsatzsteigerung in einer konkret benannten Höhe formuliert wird (»Unsere Vision 2025: Wir haben unseren Umsatz verdreifacht«). Doch was passiert, wenn zum Beispiel aufgrund äußerer Ereignisse wie einer globalen Pandemie klar ist, dass dieses Ziel in unerreichbare Ferne rückt? Dann stürzt das Leitbild in sich zusammen wie ein Kartenhaus und das Unternehmen bleibt ohne ein klares und begeisterndes Bild von der Zukunft zurück. Doch genau das bräuchte man gerade in der Krise so dringend, um daraus Inspiration zu beziehen und sich auf Möglichkeiten und Chancen auszurichten.

Um es zusammenfassend auf den Punkt zu bringen: Das, was Leitbildern ganz häufig fehlt, ist die Kraft und das Potential, Menschen wirklich im Herzen zu berühren. Ja, Sie haben richtig gelesen! Denn nur dann, wenn Menschen von einer Sache berührt sind, wollen sie ein Teil davon sein. Daraus entsteht die Motivation, die notwendig ist, um sich nicht nur nach Arbeitsvertrag einzubringen, sondern sich wirklich zu engagieren und gerade in schwierigen Zeiten nach neuen Möglichkeiten zu suchen. Motivation, die andauert, ohne dass Sie mit der Möhre vorneweg laufen müssen. Intrinsische Motivation, die die Menschen beflügelt, die spüren, dass sie Teil von etwas Größerem sind, das für sie wirklich sinnvoll ist.

Vielleicht kennen Sie die Rede von Martin Luther King, die beginnt mit den Worten: I have a dream...! Was er hier formuliert hat, war seine ganz persönliche Vision. Die Vision einer Welt, in der die Rassentrennung überwunden ist. Daraus erwachsen ist eine Bewegung, die die Geschichte der USA umgeschrieben hat – und nie wäre es ihm gelungen, all die Menschen, die letztlich dazu beigetragen haben, in der Struktur eines traditionellen Unternehmens zu managen. Vielmehr hat er mit seiner Vision die Menschen entzündet, die sein Bild der Zukunft teilten, die deshalb ihren persönlichen Beitrag dazu leisten wollten und dafür Verantwortung übernahmen.

Nun will ich damit nicht sagen, dass jeder Unternehmer eine Vision in der Größe eines Martin Luther King haben muss – auch wenn wir durchaus schon öfter das Vergnügen hatten, Unternehmern zu der Klarheit zu verhelfen, was tatsächlich ihr großes Bild einer besseren Welt ist. Doch ist mir wichtig, dass Sie verstehen, was in meinen Augen ein begeisterndes Leitbild wirklich ausmacht. Und das ist genau der Aspekt, der in unserer rationalen Wirtschaftswelt noch so selten wirklich im Bewusstsein ist: Der emotionale Teil, der die Kraft hat, mit einem Funken in anderen Menschen ein Feuer zu entfachen.

Um Zeiten wie diese zu meistern, braucht es den ganzen Menschen. Mit Verstand und Gefühl, mit der Fähigkeit zum logischen, strategischen Planen und Handeln ebenso wie mit dem Engagement, der Leidenschaft und Inspiration, die aus dem Herzen erwächst. Denn die Potenziale und Kräfte, die es braucht, um gemeinsam Krisen zu meistern, entspringen im Kern dem Gefühl: Kreativität, die durch eine als sinnhaft empfundene Vision inspiriert ist, sowie Motivation und Tatkraft, die aus der Begeisterung für die gemeinsame Sache entstehen.

Zudem braucht es die Gemeinschaft, die auf Augenhöhe kooperiert und die in der Bündelung der Fähigkeiten und Potenziale im Dienst der gemeinsamen Ziele, auch komplexe Situationen meistert und dabei unerwartete Lösungen und Wege findet.

Und schließlich braucht es in der Führung Menschen, die sich in ihrer Ausrichtung bewusst sind. Wenn ein Unternehmer seinen Antrieb kennt, er also weiß, was seinem Tun Sinn verleiht, wenn er eine Vision hat und damit einen Beitrag, den er mit seinem Unternehmen in der Welt leisten will, und er schließlich auf der Basis seiner Werte handelt, die ihn und seine Mitarbeiter auszeichnen und starkmachen, dann sind das nicht nur die Elemente eines wirklich begeisternden Leitbildes. Sondern dann hält er selbst einen Kompass in den Händen. Einen Kompass, der auch und gerade in den Zeiten der Krise den Weg weist und zugleich die Kraft gibt, jeden Tag weiterzugehen.

Die Momente, die wir begleiten durften, in denen sich Unternehmer ihres Antriebs und ihrer Vision bewusst wurden, waren oft geradezu heilige Momente. Augenblicke, die bedeutsam waren und in denen zuallererst der Unternehmer selbst eine Klarheit erfahren hat, durch die auch existentielle wie schwierige Fragen plötzlich wie von selbst beantwortet waren.

So wie das Unternehmerehepaar, das mit uns in Kontakt trat und Begleitung suchte in einer Phase, in der ihr Engagement, ihr eigenes Feuer für ihr Unternehmen auszubrennen drohte und sie sich sehr ernsthaft fragten, ob es nicht besser wäre, das vormalige Herzensunternehmen kosmetisch noch etwas aufzuhübschen, um es lukrativ zu verkaufen. Als beide jedoch ihr Warum, ihren ganz persönlichen Antrieb erarbeitet hatten und sie auf dieser Basis nun auf ihr Unternehmen blickten, war klar, dass sie genau das und nichts anderes wollten, weil sie sich hier ein Feld geschaffen hatten, in dem beide ihr Warum vollumfänglich leben konnten. Damit waren zwar die Probleme nicht aus der Welt geschafft, die sie in diese Situation gebracht hatten. Doch es war klar, in welche Richtung sie gehen wollten und wir fanden entsprechend schnell die eigentlichen Baustellen wie auch die Wege zu deren Beseitigung. Und mit der neu entfachten Begeisterung machten sich beide wieder mit wahrem Feuereifer ans Werk.

MEHRWERT MIT MERWERT SCHAFFEN

Wir sind uns im Klaren darüber: Unsere Antwort auf die Frage, wie es gelingt, sicher und souverän in unsicheren Zeiten zu agieren, ist nicht für alle die überzeugende Lösung. Mit Sinn und Werten zu führen, den Menschen und das Miteinander in den Vordergrund zu stellen, ist stimmig für die, die sich selbst davon im Herzen angesprochen fühlen. Für die das Zitat von Götz Werner »Wenn du dich auf die Menschen fokussierst, folgen die Zahlen von alleine« Ausdruck der eigenen Überzeugung ist. Für Unternehmer, die sich bewusst darüber sind, dass es nicht nur wirtschaftliches Kapital gibt, sondern dass Wissen, Menschen und ihre Netzwerke gerade in unseren unsicheren Zeiten das viel wertvollere Gut sind. Denn es ist unabhängig von Aktienkursen und Wirtschaftszyklen, es potenziert sich aus sich selbst und lässt neue Ideen und Chancen sprießen.

Daraus entsteht der Mehrwert, an dem sich in unseren Augen das verantwortungsvolle Unternehmertum der Zukunft orientiert. Mehrwert, der nicht auf Kosten der Menschen wie auch der Umwelt als Finanzströme in die Taschen der Shareholder großer Konzerne fließt. Sondern Mehrwert, der allen zugutekommt: den Unternehmern, den Mitarbeitern, der Gesellschaft und damit letztlich auch unserer Zukunft und der unserer Kinder. Dafür einen Beitrag zu leisten ist unser Antrieb und das drücken wir aus mit unserem Firmennamen: Wir sind und wir schaffen MERWERT!

Wenn Sie sich nun angesprochen fühlen und gerne mehr erfahren möchten, dann lade ich Sie ein, kostenlos an unserem Webinar zu den Grundlagen der Führung mit Sinn und Werten teilzunehmen.

Hier erfahren Sie, wie Sie als Unternehmer von einer Führung mit Sinn und Werten profitieren – und vor allem, wie Sie das ganz konkret umsetzen. Sie lernen, wie Sie passend für Ihr Unternehmen Ihren persönlichen Kompass entwickeln, der Ihnen wie der Nordstern zuverlässig den Weg zeigt. Und wie Sie damit praktisch arbeiten, um Ihren Mitarbeitern Orientierung zu geben und sie mit Ihrer authentischen DNA zu inspirieren und zu begeistern.

Damit auch Sie in unsicheren Zeiten auf Erfolgskurs steuern, mit einer starken Mannschaft, die Ihnen gerne folgt und mit Ihnen an einem Strang zieht!

Geschenk #1

GRATIS-WEBINAR „FÜHRUNG MIT SINN & WERTEN"

Nehmen Sie kostenlos teil an unserem Webinar zu den Grundlagen der Führung mit Sinn und Werten. Erfahren Sie, wie auch Sie in Ihrem Unternehmen davon profitieren und wie Sie Ihren persönlichen unternehmerischen Kompass entwickeln, um sicher durch unsichere Zeiten zu steuern!

Login Memberbereich:
https://weiter.link/mutfree

UNTERNEHMERPROFIL

Markus Mertins

MERWERT

Markus Mertins leitet gemeinsam mit seiner Frau Dr. Stefanie Fuchs-Mertins die »Unternehmerberatung« MERWERT mit Sitz in Hersbruck bei Nürnberg.

Die beiden beschäftigen sich mit allen Facetten von Führung und haben sich dabei insbesondere der Frage verschrieben, wie sich Unternehmen erfolgreich für die Zukunft ausrichten können.

Ihre Überzeugung: Wenn es gelingt, Mitarbeiter mit einem tiefen Antrieb und echten Sinn zu inspirieren und auf der Basis von gelebten Werten eine Kultur zu schaffen, in der Zusammenarbeit wirklich gelingt, können Unternehmen die ganze Kraft freisetzen und auch durch unsichere Zeiten souverän steuern.

Sie erarbeiten deshalb mit Unternehmern und Führungsteams in Workshops Leitbilder, die die authentische DNA des Unternehmens formulieren. Die als zentrales Element den authentischen Sinn, das WARUM des Unternehmers (oder Teams) herausstellen und daraus eine Vision und Strategien ableiten, die wirklich zukunftsweisend sind. Denn nur aus einer Ausrichtung, die ehrlich begeistert, entstehen Inspiration und die Energie, die es zur Umsetzung braucht.

Damit diese einmalige Ausrichtung im Unternehmen seine volle Wirkung entfaltet, baut das Team von MERWERT in den Bereichen Mitarbeiter- und Selbstführung in Trainings und Coachings, live und digital, die entsprechenden Kompetenzen für Unternehmer und Führungskräfte auf. Und begleitet schließlich die Entwicklung einer Unternehmenskultur, in der die Menschen über sich hinauswachsen, auch schwierige Zeiten gemeinsam bewältigen und gestärkt daraus hervorgehen.

Wenn auch Sie mit Ihrem Unternehmenssinn begeistern und eine echte berufliche Heimat für Ihre Mitarbeiter schaffen wollen, freuen wir uns über Ihre Kontaktaufnahme!

www.merwert.de

2

BARBARA ENGEL

Betriebswirtschaft & Steuer

WIE SIE MIT EINER SPITZEN POSITIONIERUNG DEM LOCKDOWN UND DER KRISE TROTZEN.

DIE NEUEN GOLDENEN ZWANZIGER – DOCH STATT ABSYNTH BEKAMEN WIR CORONA

»Leben ist das, was passiert, während du eifrig dabei bist, andere Pläne zu machen« (John Lennon)

Wir schreiben das Jahr 2020. Die neuen »goldenen Zwanziger« sind gerade angebrochen, so dachte ich im Januar. Vor 100 Jahren, der erste Weltkrieg war vorbei und der Wirtschaftsaufschwung nicht mehr weit, war es doch schon einmal geglückt etwas zu verändern. Nicht nur der Wirtschaftsaufschwung war in Sichtweite, sondern der Aufbruch in die Blütezeit der deutschen Kunst, Kultur und Wissenschaft.

Dieses Mal wird es mein Aufbruch, und zwar in die Digitalisierung. Na ja, erst mal muss noch unsere Internetverbindung schneller werden. Der Hausanschluss für das Glasfasernetz wurde im Herbst schon gelegt, da kann es jetzt nicht mehr lange dauern, bis wir angeschlossen werden. Dann kann ich endlich von überall aus arbeiten.

Oh, Sie möchten vielleicht erst einmal wissen, warum das für mich so wichtig ist. Nun, ich bin eigentlich ein Pferdemensch, d. h. ich reite seit meiner Kindheit und habe auch über fast zwanzig Jahre einen kleinen Pferdebetrieb geführt. Im Hauptberuf bin ich allerdings Steuerberaterin und Mathe war natürlich schon in der Schule mein Lieblingsfach. Mein größter Wunsch war es schon immer, diese beiden Welten miteinander zu verbinden, schließlich sprechen wir eine Sprache. Kein steuerliches Fachchinesisch, sondern so, dass es jeder auch ohne steuerlichen Hintergrund versteht. Nachdem ich mit meinem Mentor Alexander Christiani meine Positionierung spitz auf Pferdebetriebe herausgearbeitet habe, betreue ich mittlerweile mehr als 100 Pferdebetriebe bundesweit. Nicht nur durch meine reiterliche Ausbildung in der Dressur bis zur Klasse M, sondern auch durch meine Ausbildung zur Pferdefachwirtin und zertifizierten Pferdemanagerin kann ich meinen Kunden helfen, ihr Potenzial zu entwickeln und wirtschaftlich tierisch erfolgreich zu sein.

Da wäre es schon extrem hilfreich, wenn wir von überall – mindestens aus dem Homeoffice – auf meinen Server im Büro zugreifen könnte. Aber bisher leider Fehlanzeige. Doch dieses Jahr wird alles besser. Wirklich?

„Das Wort Krise setzt sich im Chinesischen aus 2 Schriftzeichen zusammen – das eine bedeutet Gefahr und das andere Gelegenheit"
(John F. Kennedy)

In der Lokalpresse erscheint am 2. Januar 2020 ein Bericht über einen neuen Virus in China. »In Zentralchina haben dutzende Fälle einer mysteriösen Lungenkrankheit die Behörden aufgeschreckt... 27 Fälle einer durch Viren ausgelösten Lungenentzündung unbekannter Herkunft seien in Wuhan in der zentralchinesischen Provinz Hubei registriert worden, teilten die Gesundheitsbehörden der Stadt mit. Sieben Patienten schwebten den Angaben zufolge in Lebensgefahr. Erste Labortests hätten ergeben, dass es keine offensichtliche Übertragung von Mensch zu Mensch gebe«.

Bestimmt wieder nur Panikmache, soll ja eine Art Grippe sein. Grippe haben jedes Jahr auch zigtausend Menschen. Und das ist schließlich in China, nicht bei uns.

Außerdem habe ich eigentlich gerade ganz andere Probleme zu lösen. Die Jahresplanung für die Kanzlei steht an und ich möchte auch möglichst vielen neuen Pferdebetrieben beratend zur Seite stehen.

Auch als am 27. Januar 2020 der erste Fall in Deutschland bestätigt wird, mache ich mir in keiner Weise Sorgen. Am 26. Februar 2020 dann in Heinsberg, knapp 200 km von uns, etliche Fälle. Die Leute haben sich auf einer Karnevalssitzung angesteckt. Der Anfang einer Epidemie? Quatsch, bei uns doch nicht. Doch das Schicksal nimmt seinen Lauf. Die ersten Großveranstaltungen werden abgesagt, die Preise für

Masken steigen ins Unermessliche, gleichzeitig sinkt die Verfügbarkeit rapide. Die WHO stuft den Ausbruch des neuen Corona-Erregers als Pandemie ein. Schließung von Schulen und Kitas, Kurzarbeit für viele Menschen, Grenzen dicht, da weltweite Reisewarnung, Bars, Kinos, Freizeiteinrichtungen, Kirchen, Moscheen, Synagogen, bestimmte Geschäfte zu, Kontaktverbote.

STOOOOOOP,
das habe ich doch bestimmt alles nur geträumt?!

Leider nein. Am 22. März 2020 ist das alles bittere Realität.

Puh, die schließen tatsächlich alles und was nun? Erst einmal tief durchatmen und in Ruhe überlegen, was zu tun ist. Aber das ist natürlich leichter gesagt als getan. Die Gedanken stürmen auf mich ein. Welche meiner Mandanten sind betroffen und wie sehr? Klar, Steuerberater werden trotz Krise gebraucht, aber kann ich auch bezahlt werden? Wie sehr trifft es das Unternehmen meines Mannes? Dürfen meine Mitarbeiter überhaupt noch bei mir im Büro arbeiten?

Ich gehe mit unserem Hund Casper im Feld spazieren und lasse mir den Wind um die Nase wehen, um einen klaren Kopf zu bekommen. Gut, dass wir auf dem Land leben. Ich halte es mit Pippi Langstrumpf

»*Der Sturm wird immer stärker! – Das macht nichts, ich auch.*«

So langsam gewinne ich also etwas Klarheit. Was hatten wir noch Anfang März in unserer Coachingrunde bei Alexander

Christiani gesagt? Ich hatte meinen ersten Auftritt bei einem Fachsymposium für Pferdebetriebe für den 28. März geplant. Viele Teilnehmer wären aus meiner Zielgruppe angereist. Ich sollte einen Vortrag halten und einen kleinen Messestand aufbauen, an dem ich die Teilnehmer beraten hätte. Es sollten Rollups mit vielen Fotos und Statements meiner derzeitigen Pferdebetriebsmandanten als Referenzen aufgestellt werden. In Gedanken war alles durchgeplant. In der Schlussrunde kamen wir noch einmal auf das allgegenwärtige Thema Corona. Es wird schon keinen Lockdown geben, war unsere einstimmige Meinung, aber wenn, dann haben wir einen Plan B. Wir können schon jetzt mehr als nur Präsenzseminare, wenn jemand keine Zeit hat anzureisen, stellen wir einfach ein iPad an seinen Platz und er kann virtuell teilnehmen. Aber an Neukundengewinnung ist im Moment wohl eher nicht zu denken und so verabschiede ich mich von meinen Plänen.

»*Jede schwierige Situation, die du jetzt meisterst, bleibt dir in der Zukunft erspart*« (Dalai Lama)

Vor allem muss ich mich zuerst um mein eigenes Büro kümmern. Ich habe mehrere Mitarbeiterinnen und Mitarbeiter in drei Büroräumen. Die Mindestabstände können gewahrt werden, nur die Mandanten dürfen ab sofort nicht mehr ins Büro kommen. Eine Mitarbeiterin arbeitet trotzdem ab sofort im Homeoffice. Eine Notlösung, aber die funktioniert trotz unserer rasend schnellen Internetverbindung sogar erstaunlich gut. So, das wäre geklärt, jetzt zu den Mandanten.

Von der Bundesregierung ist ein Hilfspaket in Milliardenhöhe beschlossen, um die wirtschaftlichen Folgen abzufangen.

Ob das funktioniert? Es gibt mir zumindest einen Ansatzpunkt, meinen Mandanten zu helfen. Ich beschließe, alle anzurufen und zu besprechen, welche Maßnahmen für die einzelnen in Frage kommen.

Es sind doch wirklich viele Mandanten, für die wir die Soforthilfe beantragen müssen. Überall sind extreme Umsatzeinbrüche zu verzeichnen. Insbesondere Reitschulen, mobile Reitlehrer und Reitvereine dürfen tatsächlich gar nichts mehr machen und sind auf die Hilfen angewiesen. Denn die Pferde müssen schließlich gefüttert und bewegt werden, auch wenn die Einnahmen von jetzt auf gleich komplett weggebrochen sind. Das Personal muss trotzdem weitergezahlt werden. Kurzarbeit geht nicht, die Arbeit muss gemacht werden, Pferde kann man nicht einfach wegstellen wie ein Fitnessgerät. Auch bei den Landwirten, die ihre Produkte direkt, z. B. auf Bauernmärkten, verkaufen, geht momentan nichts mehr. Alle Veranstaltungen sind abgesagt. Keine Kälberauktionen mehr und die Milchpreise sinken in den Keller, da der Milchpulverexport komplett eingebrochen ist. Bei den Pferdepensionsbetrieben sieht es wohl erst mal etwas besser aus. Die meisten Pferde bleiben, denn die Besitzer sparen lieber an allen anderen Ecken und Enden, bevor sie ihr Pferd abgeben. Hier müssen Hygienekonzepte und Bewegungskonzepte erstellt werden, damit nicht nur die Reiter, sondern auch die Tierärzte und Hufschmiede weiter zu den Tieren dürfen.

Meine Mitarbeiter und ich telefonieren mit allen Mandanten, fragen nach, wie es ihnen geht, wie die aktuelle Lage ist. Wir erläutern, unter welchen Voraussetzungen die Soforthilfe (aktuell) beantragt und wofür sie verwendet werden darf.

Am Ende des 26. März 2020 steht fest: Für mehrere hunderttausend Euro müssen für unsere Mandanten Anträge gestellt werden. Die Antragsunterlagen müssen zusammengestellt, Umsatzzahlen verglichen und einige Fragen geklärt werden. Ab Freitag, 27. März 2020 um 12 Uhr mittags soll die Antragstellung ausschließlich online möglich sein. Aber Sie ahnen es sicher schon, das Internet spielt nicht mit. Diesmal sind es aber die Server der Seite der Landesregierung, die immer wieder zusammenbrechen. Mal kann ein Antrag problemlos gestellt werden, dann bricht kurz vor der letzten Eingabe wieder alles zusammen. Die Mitarbeiter sind längst zu Hause, als mein Mann und ich schließlich um 23 Uhr den letzten Antrag übertragen haben. Die Kunden warten auf das Geld und es soll schnell bei ihnen ankommen. In der nächsten Woche können wir dann erst mal aufatmen. Die ersten Bescheide sind da und auch die Auszahlungen lassen nicht allzu lange auf sich warten.

»*Die Kunst ist, einmal mehr aufzustehen, als man umgeworfen wird.*« (Winston Churchill)

Bis auf eine. Eine ältere Dame, die ein Bekleidungsgeschäft führt. Wir rufen sie noch einmal an. Wo kann der Fehler liegen? Im Gespräch erzählt sie, dass im letzten Jahr ihre Handtasche samt Personalausweis gestohlen wurde. Sie hatte dies der Polizei gemeldet und ein vorläufiges Ersatzdokument erhalten. Einen neuen Ausweis hat sie nicht beantragt. Sie hatte uns aber die Nummer des alten Ausweises angegeben und der war ja gestohlen gemeldet. Also alles zurück auf Anfang, Mail an die zuständige Stelle, Antrag neu gestellt, Bescheid da und Geld auch. Bis dahin Happy End.

Was bei den ersten Hilfszahlungen noch ganz gut geklappt hat wird im Laufe des Jahres immer mehr zum Problem. Die Hilfen für die Monate November und Dezember 2020 werden z. B. erst mit erheblichen Verspätungen ausgezahlt.

»Nur wer Angst spürt kann mutig sein.« (Dalai Lama)

Und wie geht es jetzt weiter? Mit der Soforthilfe sicher nicht lange. Es müssen neue Konzepte her.

Ich laufe mal wieder mit Casper durchs Feld. Sie wissen noch was Pippi Langstrumpf dazu sagte?

»Der Sturm wird immer stärker! – Das macht nichts, ich auch.«

Am Montag war Alex mit seiner Marketing-Magic-Show bei Facebook live am Start. Er hat gesagt, das Schicksal gibt uns in dieser etwas ruhigeren Zeit eine zweite Chance, Dinge umzusetzen, die wir schon immer auf dem Plan hatten. Stimmt! Meine Mandanten sowie auch viele neue potenzielle Kunden sind ebenfalls auf Facebook aktiv. Also nutze ich doch jetzt mal zusätzlich diesen Kanal, um sie zu informieren. Das kann nicht so schwer sein. Daher wird ab jetzt regelmäßig auf Facebook das Neuste gepostet, nicht nur zur Corona-Krise. Unter dem Motto: »Und täglich grüßt der Steuerengel« informiere ich regelmäßig über die Themen, die für meine Mandanten wichtig sind. Egal ob Hinweise der Deutschen Reiterlichen Vereinigung, wie in den Pferdebetrieben die Hygienemaßnahmen umgesetzt werden sollen, was es Neues zur Soforthilfe gibt und natürlich welche neuesten Steuertipps es gibt.

»Einen Vorsprung im Leben hat, wer da anpackt, wo die anderen erst einmal reden.« (John F. Kennedy)

Damit aber nicht genug. Wir planen mit unseren Mandanten gemeinsam Strategien, wie sie die Krise überwinden können. Für den Milchviehbetrieb wird eine Kalkulation für eine Milchtankstelle und einen Eisautomaten gemacht, damit die Milch und das frisch hergestellte »Bauernhofeis« auch ohne die Bauernmärkte und Stadtfeste verkauft werden kann. Die Vermarktungsmöglichkeiten in verschiedenen Supermärkten werden ausgeweitet und der Bankkredit für die Automaten wird Gott sei Dank schnell genehmigt und ausgezahlt. Schon Mitte Mai sind die Automaten in Betrieb gegangen und leisten jetzt ihren Beitrag zu den Umsätzen.

In einem anderen Fall ist eine komplette Umstrukturierung des Betriebes erforderlich. Da auch der Handel mit Pferden quasi zum Erliegen gekommen ist, muss eine neue Lösung her. Wir erarbeiten eine komplett neue Positionierung für den Betrieb. Der alte Standort der Anlage bietet leider nicht die Möglichkeiten, um das neue Konzept durchführen zu können und das entsprechende Wachstum zu beherbergen. Also was tun? Es bietet sich an, den Standort komplett zu verlegen, da in der Region gerade ein geeigneter Hof zum Verkauf steht. Wir erstellen einen Businessplan für das neue Objekt, um zum einen dem Gründer einen Überblick über die Zahlen zu verschaffen und zum anderen für die Kreditaufnahme alles schlüssig vorbereitet zu haben. Da ich als Beraterin der BAFA gelistet bin, wird die Erstellung des Businessplanes für meine Mandanten gefördert. Vor diesem Hintergrund geht es los. Vom Geschäftskonzept über das Gründerprofil mit

Stärken-Schwächen-Chancen-Risiken-Analyse bis hin zur Wettbewerbsanalyse und Prognosen der Marktentwicklung. Hier ist eine Menge Recherche gefragt. Auf den Portalen der Deutschen Reiterlichen Vereinigung finden wir viele Hinweise. Für die Zukunft sind in erster Linie Pferdebetriebe gefragt, die auf die besonders artgerechte Haltung der Pferde spezialisiert sind, d. h. jedem Pferd soll möglichst viel Platz und Auslauf zur Verfügung stehen, Kontakt zu den Artgenossen muss möglich sein und hell und luftig muss der Stall natürlich auch sein. Pferdehaltung in Einzelboxen gehört zunehmend der Vergangenheit an. Es sind zunächst die Mindestanforderungen zu prüfen und ggfs. durch Umbaumaßnahmen zu verbessern. Der Kapitalbedarf für das Objekt und die entsprechenden Maßnahmen wird ermittelt und natürlich werden auch Rentabilität und Liquidität ausführlich geplant. Im Laufe der Planung und Recherchen tauchen Fakten auf, die Einfluss auf den Kaufpreis haben. Nach erneuten Verhandlungen mit dem Makler kann der Kaufpreis um mehrere tausend Euro gesenkt werden. Dann wird noch die Finanzierung geplant und natürlich das Bankgespräch ausführlich vorbereitet. Mitte April geht alles zur Bank und der Banker signalisiert im Gespräch seine Zustimmung. Bevor die Kreditzusage endgültig ist, müssen aber noch verschiedene Stufen in der Bank durchlaufen werden. Das große Warten beginnt. Meine Mandanten haben die Hoffnung schon fast aufgegeben und bemühen sich parallel um ein weiteres Objekt. Auch das ist sehr vielsprechend und hier ist die Finanzierung schnell auf die Beine gestellt. Dann die Zusage der Bank, es hat halt wegen Corona etwas länger gedauert als üblich. Jetzt haben sie das Luxusproblem, zwischen zwei tollen Anlagen wählen zu dürfen und die Entscheidung ist schnell getroffen. Die neue Anlage wird im Herbst diesen Jahres bezogen. Damit kann das neue Projekt umgesetzt werden und die Krise ist überwunden.

»Das Schicksal mischt die Karten und wir spielen.«
(Arthur Schoppenhauer)»

In meiner Kanzlei geht es weiter nach oben. In Gesprächen mit meinen Coaches Gwendolyn Stoye und Constantin Christiani bekomme ich immer wieder Feedback, wie ich die Dinge angehen kann. Nach einigen Rückschlägen und Sorgen, wie der Insolvenz einer Mandantin und dem Umstand, dass eine weitere Mitarbeiterin ins Homeoffice musste, weil ihre Mutter in Quarantäne war, starte ich auf einmal wie von Geisterhand geführt durch. Ich bekomme eine Anfrage der Kölner Pferdeakademie, ob ich für eine Dozentin einspringen kann und halte mein erstes dreitägiges Seminar über Steuern und Betriebswirtschaft in Pferdebetrieben. Obwohl ich riesiges Lampenfieber hatte, klappte es wunderbar. Die Teilnehmer waren begeistert, dass man ein doch recht trockenes Thema tatsächlich unterhaltsam vermitteln kann. Dank Storytelling war das für mich kein Problem und einige der Teilnehmer wollen direkt ihren Steuerberater wechseln, da im Seminar viele Punkte angesprochen wurden, auf die der eigene Steuerberater noch nie eingegangen war. Die Dozentenstelle habe ich dann übrigens auch direkt dauerhaft bekommen.

Im Frühjahr 2021 fand dann auch dieses Seminar erstmals digital statt, da aufgrund des nun schon dritten Lockdowns Präsenzveranstaltungen nicht erlaubt waren. Neben einigen Einschränkungen bietet die online Variante wider allen Erwartungen einige Vorteile. Nicht nur das Wegfallen der

Reisekosten und langen Fahrzeiten der bundesweit verteilten Teilnehmer, sondern auch das unproblematische Handling in Bezug auf Gruppenarbeiten und Rückfragen zu den Inhalten sind durchaus auch für die Zukunft eine echte Alternative.

Für mich hat die Corona-Krise als Beispiel für jede Krise, trotz aller Sorgen und Probleme die zu lösen waren, bisher wider Erwarten auch viele gute Dinge gebracht. Durch die aus den fehlenden Freizeitaktivitäten gewonnene Zeit konnte ich mich zum einen auf die Unterstützung meiner bestehenden Mandate konzentrieren und zum anderen meinem Marketing einen entscheidenden Push geben. Es sind viele neue Projekte, die lange schon geplant waren, jetzt endlich in die Umsetzung gekommen und tragen schon erste Früchte. So ist mein digitaler Kurs zu den Grundlagen einer Unternehmensgründung und der Erstellung eines Businessplanes für Pferdebetriebe entstanden. Mit diesem Konzept habe ich schon vielen Mandanten, so auch der oben genannten Mandantin, die aus mehreren Reitanlagen nur noch auswählen musste, geholfen, ihre Positionierung zu finden und ihren Betrieb so auszurichten, dass für Mensch und Pferde ein besserer Platz entstehen konnte. Durch die Wirtschaftlichkeit des Betriebes konnten Konzepte umgesetzt werden, die nicht zuletzt durch die steuerliche Gestaltung möglich geworden sind.

Für die Leser dieses Buches werden die ersten zwei der sieben Module des Kurses kostenfrei zur Verfügung gestellt.

In den ersten beiden Modulen erläutere ich die Grundlagen und steuerlichen Möglichkeiten z. B. wie die Wahl der Gesellschaftsform die Steuerbelastung erheblich senken kann und warum ein Landwirtschaftlicher Betrieb oft erhebliche Vorteile bietet, weil er privilegiert ist.

Als weiteren Bonus erhalten die Leser Zugriff auf mein Steuerlexikon, in dem alle wichtigen Begriffe von A wie Anlagevermögen über P wie Privilegiertes Bauen bis Z wie Zweckbetrieb ohne Fachchinesisch einfach erklärt werden.

Geschenk #2
2 GRATIS MODULE „BUSINESSPLAN + STEUERLEXIKON"

Schnuppern sie gratis in die ersten beiden Module des Grundlagenkurses „Unternehmensgründung und Erstellung eines Businessplans für Pferdebetriebe" und erhalten Sie mein Steuerlexikon von A-Z gratis dazu.

Login Memberbereich:
https://weiter.link/mutfree

UNTERNEHMERPROFIL
Barbara Engel

STEUERENGEL

Barbara Engel hat im Jahr 1997 ihre Prüfung zur Steuerberaterin abgelegt. Sie war bis zum Start in die Selbständigkeit im Jahr 2004 in einer renommierten Steuerberatungs- und Wirtschaftsprüfungsgesellschaft hauptsächlich im Bereich der Wirtschaftsprüfung tätig.

Anfang 2004 hat sie ihre eigene Kanzlei in Warstein gegründet. Nach der Prüfung zur Landwirtschaftlichen Buchstelle und zur zertifizierten Pferdemanagerin hat sie, durch ihre Spezialisierung auf Pferdebetriebe, ihr Hobby mit ihrem Beruf verbunden.

Heute befasst sie sich neben der klassischen Steuerberatung insbesondere damit, Pferdebetriebe darin zu unterstützen, wirtschaftlich erfolgreich zu werden, um einen besseren Platz für Mensch und Pferd zu schaffen.

Wenn Sie einen Pferdebetrieb gründen möchten, eine neue Reitanlage kaufen oder Ihre bestehende Anlage pferdegerecht umbauen möchten und hierzu einen Businessplan benötigen, ist das Konzept „Steuerengel plant Business" als fullservice oder mit dem digitalen Kurs „In sieben Schritten zum erfolgreichen Pferdebetrieb" genau das Richtige für Sie.

Wenn das für Sie spannend klingt, freue ich mich, Sie im Kreis der erfolgreichen Pferdebetriebe begrüßen zu können.

Ihre Barbara Engel

www.steuerengel.com

3

JOSUA KOHBERG

– Produktentwicklung

WIE DAS RADIKALE UMDENKEN IN RICHTUNG KUNDE ZU EINEM WAHRHAFTIGEN GAME-CHANGER WIRD

Harry Belafonte, Sänger, Schauspieler und Entertainer, soll einmal gesagt haben: »Ich habe 30 Jahre gebraucht, um über Nacht berühmt zu werden.« Was genau hat dieser Satz mit kundenzentrierter Produktentwicklung zu tun?

Echte Game-Changer Produkte benötigen oft Jahre oder Jahrzehnte, um überhaupt als Game-Changer wahrgenommen zu werden. Die Faustregel – je weniger der Kunde den Bedarf selbst wahrnimmt, desto länger der Weg zur Wahrnehmung als Game-Changer Produkt.

Doch ganz grundsätzlich bin ich der tiefen Überzeugung, dass eine erfolgreiche Produktentwicklung immer nur dem Bedarf des Kunden folgen kann. Die zwei großen Unterschiede: Zum einen gibt es den Bedarf des Kunden, den er genau kennt. Zum anderen gibt es den Bedarf des Kunden, den er noch nicht kennt. Und in beiden Situationen liegt großes Potential.

Die wirklich großen Game-Changer sind aus meiner Sicht die Produkte, die einen Bedarf des Kunden decken, den er selbst noch nicht kennt. Als Beispiel führe ich gerne das iPhone an. Als Steve Jobs dieses Produkt 2007 präsentierte, wusste niemand, dass er ein Smartphone ohne Plastiktastatur haben möchte. Innerhalb weniger Jahre hat das iPhone die Welt des mobilen Telefonierens komplett verändert. Ein Game-Changer, den wir alle direkt oder indirekt selbst miterlebt haben.

Ähnlich das Ford T-Modell. 1908 wurde das Automobil noch von vielen Menschen belächelt, und doch hat das erste Automobil in Serienfertigung die Fortbewegung der Menschheit für immer verändert. 64 Jahre lang konnte Ford den Titel „meistverkauftes Automobil der Welt" halten, obwohl nach 18 Jahren der Nachfolger in Produktion ging. Erst 1972 ging der Titel an den VW Käfer. Und das, obwohl 1908 nur eine sehr kleine Minderheit ein Automobil kaufen wollten. Es wurde ein Produkt entwickelt, für das vorab fast niemand einen Bedarf sehen konnte.

Meine Geschichte zu einer solchen kundenzentrierten Produktentwicklung begann 1997. Inspiriert durch Vera F. Birkenbihl begann ich ein Produkt aufzubauen, mit dem es möglich sein sollte, ohne Einsatz der Ohren für mehrere Stunden pro Tag zu hören. Das Ziel – ein alternativer Hörkanal, damit die Ohren für den Alltag frei bleiben. Die Idee – wenn ich eine neue Sprache lerne, ist das tägliche Hören der Sprache elementar für einen schnellen Lernprozess. Aus neurowissenschaftlicher Sicht war klar – ein Kleinkind lernt die erste Sprache hauptsächlich durch tägliches Hören und Nachahmung. Grammatikregeln oder Auswendiglernen erleben wir in einem gehirngerechten Lernprozess nicht.

Die große Herausforderung – obwohl die Entwicklung innerhalb von zwei Jahren zu einem wissenschaftlich fundierten und funktionierenden Produkt geführt hat, konnte sich so gut wie niemand vorstellen, dass »Hören über Haut« funktionieren sollte. Und niemand konnte sich vorstellen, dass es wirklich leicht sein könnte, eine neue Sprache zu lernen.

Ein solches Game-Changer Produkt braucht neben aller Genialität auch noch einen genialen Marketing Ansatz. Für uns hat sich mit Storytelling nach Alexander Christiani die Welt massiv verändert. Seit 2017 konnten wir unsere Reichweite nahezu verdoppeln, wir kommunizieren den neoos® auf eine Art, die verständlich und einfach nachvollziehbar ist. Menschen erkennen im Storytelling sehr viel schneller, dass »Hören über die Haut« mit dem neoos® viele Ihrer Probleme lösen kann, und genau das lässt uns nachhaltig und schnell wachsen.

Und ich bin heute sicher, dass sich über diese geniale Art des Marketings unsere Reichweite Schritt für Schritt skalieren lässt. Das Ziel – in einigen Jahren wird es völlig normal sein, einen neoos® am Handgelenk zu tragen und passiv und ganz einfach nebenbei zu lernen und zu trainieren.

In unserem Mutmacher Buch geht es aber natürlich auch um schnelle und dennoch kundenzentrierte Aktivitäten. Wenn eine Kundengruppe ein brennendes Problem hat, welches wir mit einem neu entwickelten Produkt lösen können, ist das die schönste und bei weitem einfachste Form von kundenzentrierter Produktentwicklung.

Das haben wir sehr eindrücklich erlebt, als Corona im Frühjahr 2020 an den Start ging. Viele von uns haben nicht für möglich gehalten, wie schnell sich die Welt verändert. Und tatsächlich war und ist diese Entwicklung für viele Menschen bedrohend und teilweise existenziell gefährdend.

Was mich bis heute erschüttert, sind die vielen Gespräche. Gespräche mit unseren Mitarbeiter*innen (wir sind ein kleines Team von zehn Personen), Freunden und Kunden. Die tiefen Ängste, die ich wahrnehmen kann. Die verschwommene und unklare Sicht auf die Zukunft: Wie wird es weitergehen? Und fast noch stärker in der Wahrnehmung: Was bedeutet das für uns alle wirtschaftlich? Wird es jemals wieder so werden wie »vor Corona«?

Wir bei KOSYS konnten dem Shutdown im ersten Schritt relativ entspannt entgegentreten, das hatte ich vor allem unseren Mitarbeiter*innen sofort und gebetsmühlenartig klargemacht. Warum? Weil ich Ende der 90er-Jahre ganz ohne Corona (im Rahmen der fröhlichen DotCom-Blase) mit meiner ersten Firma in einen massiven finanziellen Schiefstand geraten bin. Aus diesem für mich damals existenziellen Erlebnis habe ich eine große Lehre gezogen. Ein gesundes Unternehmen hat eine finanzielle Reichweite von sechs bis zwölf Monaten. Das ist also tatsächlich identisch zur körperlichen Auswirkung des Corona-Virus. Firmen mit »Vorerkrankungen« leiden sehr viel mehr als gesunde Unternehmen.

Eines schon einmal vorweg: Wir haben keinen Mitarbeiter in Kurzarbeit geschickt, wir haben unsere Kunden weiterhin mit vollem Umfang und Support bedient und wir konnten mit neuen Angeboten und neuen Produkten sogar zeitnah auf die aktuelle Stimmung reagieren. Denn wir haben auf den Bedarf unserer Kunden zentrierte Lösungen umgesetzt.

Wie das abgelaufen ist, möchte ich im Folgenden darstellen. Wir haben schon zwei Wochen nach Start des Lockdowns ein erstes Live-Webinar mit dem Titel »AngstFREI« angeboten. Und zwar kostenfrei, ohne Verkaufsabsichten – einfach nur mit der Idee, unseren Kunden und Interessenten JETZT und unmittelbar eine Unterstützung anzubieten.

Als Hintergrund möchte ich den Zweck unseres Unternehmens darstellen. Dieser Zweck ist schon lange vor Corona von uns definiert worden (KOSYS ist bereits 20 Jahre am Markt), und er hat sich auch durch Corona nicht geändert. Wir haben uns zum Ziel gesetzt, Menschen in Einklang zu bringen. Menschen, die ihre persönliche Entwicklung fokussieren, die wirklich weiterkommen, haben in der Regel Spaß und gute Gefühle in ihrer persönlichen Entwicklung. Diese Menschen sind ganzheitlich orientiert und in der Regel sind sie von mittelmäßigen Bildungsangeboten schnell gelangweilt und sicher auch oft genervt.

Wenn wir auf die erste große Entwicklungszeit unseres Lebens schauen – die Zeit als Kleinkind und Kind –, können wir sagen, dass Spiel und Spaß an vorderster Front stehen. Ein Lern- und Trainingssystem, das einfach, gehirngerecht und herausfordernd ist. Wenn wir dann in die Zeit als Schulkind und Jugendlicher wechseln, werden wir mit dem genauen Gegenteil konfrontiert. Wir »müssen« lernen, wir »müssen« trainieren, um zum Beispiel gute Noten zu bekommen. Spiel und Spaß sind nicht mehr so wichtig, der »Druck« steigt.

Der große Wunsch, der beste Mensch zu werden, der wir sein können, unsere Begabungen und Talente optimal zu nutzen und glücklich und erfolgreich zu leben, rückt dann fast unmerklich immer weiter in den Hintergrund. Sorgen und Nöte und der oft selbst gemachte Stress überdecken den wirklichen Sinn und Zweck unseres Lebens. Und damit entfernen wir uns schleichend, aber kontinuierlich weg von unserem »Traum-Leben«. Dem Traum-Leben und dem Antrieb, unser eigenes Potenzial zu leben. Und zwar körperlich, seelisch, geistig und materiell. Dieses glückliche und erfolgreiche Leben hat bei KOSYS einen Namen – wir nennen es den GlückReich® Lifestyle.

Doch was hat das alles mit dem Lockdown, mit der Corona-Krise, mit dem Zweck unseres Unternehmens zu tun? Eine der stärksten menschlichen Blockaden in der Entwicklung ist die Angst. Wir haben überlegt, wie wir unseren Kunden in genau diesem Punkt Hilfe anbieten können. Wie können wir ihnen helfen, besser mit Ängsten umzugehen, trotz Krise entspannter zu bleiben? Sicherheit zu fühlen, wo im Moment vielleicht gar keine Sicherheit ist? Und es war klar, wir müssen schnell sein. Denn die Ängste, die in dieser Zeit bei vielen Menschen im Vordergrund standen, waren sehr massiv.

Wir haben uns entschieden, kostenfreie Coaching-Webinare anzubieten. Wir haben einfach nur hilfreiche Inhalte und Coachingtechniken geliefert, mit denen unsere Kunden SOFORT etwas anfangen konnten. Das erste Thema war dann »AngstFREI«. Das Webinar haben wir am Sonntag, den 22. März 2020 angeboten, und wir hatten mehr als 1200 Teilnehmer. Im Anschluss haben wir das Mental-Training »AngstFREI« verschenkt, weil wir den Menschen wirklich von Herzen helfen wollten. Die komplette Aktion war ausschließlich für unsere Bestandskunden; wir haben kein externes Marketing betrieben. Und zum Ende des Webinars haben wir abgefragt, ob Interesse an einem wöchentlichen Coaching-Webinar besteht.

Die Antwort war eindeutig – 93 Prozent der Teilnehmer wünschten sich das. So ging es am 29. März mit dem Thema »Existenzängste« weiter, am 5. April haben wir das Thema »Vertrauen« gewählt, danach ging es mit einer Trilogie mit dem Titel »Gestärkt aus der Krise« weiter. Alle Webinare waren zu 100 Prozent kostenfrei, wir boten einfach nur wertvolle Unterstützung in Form von kostenfreiem Coaching für unsere Kunden an. Und wir haben immer wieder abgefragt, was unsere Kunden sich wünschen. Gewünscht wurde ein Mental-Training zur Stärkung des Immunsystems. Und auch das konnten wir umsetzen.

Am 12. April haben wir dann das Webinar ImmunBOOSTER angeboten, gekoppelt mit der Veröffentlichung eines neuen vierwöchigen Mental-Trainings. Rückmeldungen und auch die Verkäufe waren phänomenal, und mir wurde klar, dass eine Abstimmung in der Produktentwicklung mit der Kundenbasis unglaublich faszinierend ist. Das war für mich eine der wertvollsten Erkenntnisse in der Corona-Krise. Aktiv und schnell auf die individuellen Bedürfnisse unserer Kunden zu reagieren, ist eine wichtige Zukunftsstrategie in unserem Unternehmen. Je wilder und unüberschaubarer die Zeiten, desto wichtiger ist kundenzentrierte Produktentwicklung. Und überhaupt ist die Individualisierung von persönlichem Training das, was Menschen sich wünschen.

Denn für viele Menschen läuft es einfach nicht wirklich rund. Und dass wir uns richtig verstehen – kein Leben läuft zu 100 Prozent rund. Dann wäre es kein Leben auf der Erde, dann wäre es das Leben auf einer weichen Wolke in einem fröhlichen Himmelreich. Von daher ist schon klar, dass Herausforderungen auftauchen, denn ohne Herausforderungen gibt es auch keine persönliche Entwicklung. Doch die zentralen Fragen sind: Wann klappen wir zusammen? Wann verlieren wir so viel Energie, dass wir resignieren? Immer dann, wenn wir uns in etwas täuschen.

Offensichtlich und nach außen betrachtet täuschen wir uns natürlich in anderen Menschen, in Partnern, in Umständen, in Geschäftsmöglichkeiten, in materiellem Besitz und so weiter. Doch tatsächlich täuschen wir uns immer wieder in uns selbst. Weil wir einfach nicht verstehen, wie wir selbst funktionieren, wie wir gestrickt sind. Und genau da liegen die großen Blockaden in unserer persönlichen Entwicklung. Wirklich nachhaltiges Training unserer eigenen Persönlichkeit setzt voraus, dass wir äußere Probleme mit unserer inneren Haltung abgleichen und verstehen, dass wir die Lösung in uns selbst tragen.

Wenn wir diese Erkenntnis nicht gewinnen, führt das zu großen, inneren Problemen. Wir glauben irgendwann, wir hätten es nicht verdient, glücklich und erfolgreich zu leben, wir hätten kein Recht auf ein erfülltes Leben. Geld und andere materielle Werte würden uns nicht zustehen. Doch tatsächlich liegt die Lösung für alles, wirklich alles, einfach nur in uns.

Genau das ist es, was wir unseren Kunden und Interessenten mit auf den Weg geben. Im Unterschied zu vielen anderen Anbietern gehen wir dabei einen eher unkonventionellen und damit auch langfristigen Weg. Genau das wollen die Menschen im ersten Schritt natürlich nicht hören. Im Idealfall soll es ganz schnell und einfach gehen, denn wenn es länger dauert, ist es gefühlt schon wieder mühsam.

Deshalb »verpacken« wir alle unsere Angebote gehirngerecht. Wahrgenommen werden Spiel und Spaß, egal ob es um das Erlernen einer Sprache oder um die Entwicklung eines neuen Verhaltensmusters geht. Spiel und Spaß sind die Basis für dauerhafte und kontinuierliche persönliche Entwicklung. Wenn das Neugeborene wüsste, was da draußen noch alles wartet, würde es sofort umdrehen und sich wieder in die Mutter zurückziehen (wenn es könnte). Glücklicherweise sind wir in den ersten drei Lebensjahren völlig anders drauf. Wir sind nicht beeinflusst von Erfahrungen, wir sind in den ersten Lebensjahren eben »neugierig«. Und wir wollen dahin kommen, wo die anderen (Eltern, große Geschwister usw.) schon sind.

Außerdem sehen wir uns als Mentor für unsere Kunden, indem wir ihnen zu den jeweils aktuellen und individuellen Themen maßgeschneiderte Produkte anbieten.

Wenn unser Kunde nicht weiß, wo er steht und wohin seine Entwicklung gehen soll, bieten wir mit WOOYCE® eine Analyse seiner eigenen Stimme an. Denn die Stimme ist so individuell wie ein Fingerabdruck – wir können darüber ein sehr detailliertes Profil seiner Persönlichkeit erstellen. Mit diesem Profil erkennen sich Menschen in sehr kurzer Zeit, auch wenn sie im Laufe der Jahre schon häufig den Kontakt zu sich selbst verloren hatten. Der Nutzen der Stimmanalyse geht noch weiter: Der Nutzer erkennt, in welchen Bereichen seines Lebens er im wahrsten Sinne des Wortes „verstimmt" ist. Wenn diese Erkenntnis auf dem Tisch liegt, springt sofort die Kreativität an, der Spaß an der Umsetzung kann beginnen. Und auch das ist sehr einfach und kann schnell umgesetzt werden. Über seinen individuellen Ton bringt sich der Nutzer wieder in Stimmung, sein Leben fängt an, wohltuend zu »klingen«. Was so einfach scheint, ist auch wirklich so einfach. Das Wissen, das hinter WOOYCE® liegt, ist bereits über 3.000 Jahre alt. Unsere Leistung und unser Beitrag sind es, dass wir die gesamte Entwicklung wissenschaftlich fundiert und verifiziert aufgebaut haben.

Der Schlüssel: Wer sich selbst nicht wirklich kennt, kann nur schwer (oder auch nie) ein klares Bild von seiner Zukunft entwickeln. Genau hier ist die große Kraft von WOOYCE® zu finden. Erkenne dich selbst im Jetzt, und du wirst eine klare Vorstellung deiner Vergangenheit und Zukunft haben. Sobald das klare Bild vorhanden ist, beginnt der Spaß. Und zwar gehirngerecht aus Sicht der Neurowissenschaft.

Um dieses Angebot ging es uns auch in der Corona-Krise. Was verstimmt mich am meisten? Meine Ängste, zum Beispiel meine Existenzängste? Oder der Vertrauensverlust in die Zukunft, weil plötzlich alles ungewiss ist? Wir wissen, ein Mentor ist nur dann ein Mentor, wenn er die Situation bereits selbst gemeistert hat. Das heißt in meinem Fall, dass ich nicht nur auf 20 Jahre KOSYS mit allen unternehmerischen Höhen und Tiefen zurückblicke, sondern auch auf eine unternehmerische und persönliche Geschichte im Vorfeld. Der Verlust meiner ersten Firma mit großen finanziellen Dysbalancen. Mein Ausstieg als junger Erwachsener aus einem totalitären, religiösen System mit der Konsequenz, meine gesamte Familie zu verlieren, und natürlich auch gesundheitliche Tiefpunkte. Und auf der anderen Seite gab es sehr viele wunderbare Höhepunkte und Entwicklungsmöglichkeiten.

Aus diesen persönlichen Erfahrungswerten ist ein umsetzbarer Plan entstanden, den bis heute bereits mehr als 30.000 Menschen genutzt haben, um in einen besseren Einklang mit sich selbst und ihrem Umfeld zu kommen. In vielen Bereichen ihres Lebens hat dieser Plan dazu geführt, dass ihr Leben besser, glücklicher und erfolgreicher wurde. Und dieser Plan lässt sich in drei Worten beschreiben.

SEIN – TUN – HABEN

Was so profan klingt, ist oft der Schlüssel zu einer schnellen und unglaublich tiefgreifenden Veränderung. Und falls Sie jetzt denken, gerade eben hat er doch von einem langen Weg gesprochen – ja, da haben Sie recht. Denn tatsächlich widerspricht sich das nicht. Wenn ein Mensch versteht, dass seine Bestimmung im *Sein* zu finden ist, wird er automatisch das für ihn richtige *tun*, und in Folge kann er all das *haben*, was er haben möchte. Klingt faszinierend, richtig? Und es ist faszinierend, deshalb habe ich Ihnen hier noch eine Grafik eingefügt. Leider gehen die meisten Menschen den Weg des »roten Pfeils«. Wenn wir umdenken, wenn wir einen Paradigmenwechsel vollziehen, gehen wir den Weg des »grünen Pfeils«.

Das ist zu Beginn ein völlig schräger Weg, weil er eben sehr oft völlig gegen unser aktuelles Weltbild verstößt. Und doch ist das Ergebnis dieses Paradigmenwechsel langfristig absolut genial.

Ängste verlieren ihre Kraft, Menschen und Umstände täuschen uns nicht mehr so leicht, da wir im *Sein* nicht so einfach zu blenden sind. Wir lieben das, was wir *tun*, und wir können wirklich alles *haben*, was wir haben möchten. Ein Leben im Einklang, mit uns selbst und unserem Umfeld.

Eine Sprache zu lernen ist schon eine spannende Form der Charakterbildung. Und natürlich wird es im Bereich der

Persönlichkeit noch einmal spannender. Wir gehen jetzt bildlich gesprochen eine Ebene weiter und stellen dafür folgende Fragen: Was zeichnet Sie als Persönlichkeit aus? Was ist Ihre einzigartige Fähigkeit, mit der Sie anderen Menschen dienen können? Wenn Sie in diesen Bereichen Klarheit gewinnen, wird die persönliche Entwicklung Ihres Charakters sehr viel schneller voranschreiten – und trotzdem wird die dauerhafte Entwicklung Ihres Charakters bis zu Ihrem Tod die Kernaufgabe Ihres Lebens sein und bleiben.

Das ist es, was auch ich – als Mentor für meine Kunden – Tag für Tag in meinem Leben umsetze. Und alles, was sich für mich als praktisch umsetzbar herausgestellt hat, habe ich Schritt für Schritt in einfach umsetzbare Schritte gegossen. Daraus sind viele Produkte entstanden, die ganz einfach im alltäglichen Leben genutzt werden.

Kundenzentriert heißt zum Beispiel, dass unser WOOYCE® Coaching individuell, gehirngerecht und spielerisch aufgebaut ist. Wir bedienen den sehr geringen Zeiteinsatz, denn unsere Nutzer sind in der Regel sehr eingespannt. Wir bedienen mit dem Ansatz der Gamifizierung den Spaßfaktor und natürlich trainieren und lernen wir gehirngerecht, denn nur das führt zu einer nachhaltigen Charakterbildung.

Und WOOYCE® ist dann auch noch so aufgebaut, das die Nutzer ihr Coaching durch aktive Empfehlungen für den Rest ihres Lebens kostenfrei genießen können, wenn sie das möchten.

Warum sind Coaching und Charakterbildung so wichtig? Ganz einfach – wenn der Druck von außen größer wird, kann das zu sehr kreativen, kundenzentrierten und schnellen Produktentwicklungen führen. Und zu unglaublich großen, geschäftlichen Chancen. Aber auch nur dann, wenn der Unternehmer souverän mit Druck umgeht und seine Potenziale auslebt. Denn dann sind wir völlig klar und handlungsfähig.

Und genau hier kann WOOYCE® einen sehr spannenden Dienst leisten. Über die Frequenzaufnahme der eigenen Stimme lässt sich mit der WOOYCE® Analyse ein detailliertes Persönlichkeitsprofil erstellen. Komplett ohne Fremd- oder Eigenbewertung. Damit wird das Erkennen der eigenen Potentiale auf eine nie dagewesene Art möglich. Teams lassen sich einfach zusammenstellen, Probleme in Beziehungen werden sehr schnell sichtbar und lassen sich in der Folge auch genauso schnell lösen. Erleben Sie mit WOOYCE® eine Methode, die Sie nicht nur verblüfft, sondern auch in Ihrer persönlichen Entwicklung beflügeln wird.

Und das Beste – der erste Schritt ist für Sie komplett kostenfrei. Testen Sie die WOOYCE® Analyse und checken Sie Ihre prägnanten Heldeneigenschaften. Den direkten Zugang erhalten Sie über den Mutmacher-Mitgliederbereich.

Geschenk #3

KOSTENFREIE WOOYCE ANALYSE

Testen Sie die WOOYCE Analyse gratis und erfahren Sie, was Ihre Heldeneigenschaften sind.

Login Memberbereich:
https://weiter.link/mutfree

UNTERNEHMERPROFIL

Simone und Josua Koberg

KOSYS

KOSYS wurde im Jahr 2000 durch den Neurowissenschaftler Josua Kohberg gegründet. Gemeinsam mit seiner Frau Simone führt er das Unternehmen mit Sitz in Coburg.

Die beiden befassen sich mit Lernforschung, Neurobiologie und positiver Psychologie. Ihre Kernbotschaft: Wir lernen jeden Tag und meistens merken wir es nicht einmal. Denn Lernen passiert immer dann, wenn wir fühlen, denken und handeln. Und genau das läuft zu einem Großteil völlig automatisch ab.

Das unbewusste Lernen ist dabei so unbewusst, dass wir noch nicht einmal von Lernen sprechen würden. Schlafprobleme wurden gelernt, genauso wie wir eine Sprache gelernt haben. Unsere Grundhaltung zu körperlicher Fitness wurde gelernt, genauso wie wir unser Verhalten in Beziehungen gelernt haben.

Unser Gehirn ist ein faszinierendes Organ – ein Organ, das in direktem Zusammenhang mit unseren Gedanken und Gefühlen steht. Diese Zusammenhänge transparent und einfach darzustellen und mit sofort und einfach umsetzbaren Produkten zu unterlegen, ist das erklärte Ziel von Simone und Josua Kohberg. Neurowissenschaft gekoppelt mit Humor und sofort umsetzbaren Schritten.

Bei allen KOSYS-Produkten steht die Verbindung von bewussten und unbewussten Prozessen im Mittelpunkt. Die Konsequenz ist gehirngerechtes Lernen und Trainieren.

Möchten Sie endlich Ihre Schlafprobleme in den Griff bekommen? Oder wollen Sie eine neue Sprache einfach und bequem in nur drei Monaten erlernen, statt sich jahrelang herumzuquälen? Oder streben Sie »einfach« nach mehr Glück und Erfolg in Ihrem Leben? Die Basis sind immer gehirngerechte Strategien. Glauben Sie nicht? Sollen Sie auch nicht ... Denn Sie werden es erleben!

Alle Infos zu Simone und Josua Kohberg und KOSYS finden Sie unter www.kosys.de.

4

DR. STEFANIE FUCHS-MERTINS

– Selbstführung

WIE SIE ZUM BEWUSSTEN GESTALTER WERDEN UND AUS KRISEN NEUE CHANCEN MACHEN

... UND PLÖTZLICH IST ALLES ANDERS

Es gibt Momente im Leben, die in Erinnerung bleiben. Momente, in denen klar ist: Was gerade passiert, verändert alles und danach ist nichts mehr so, wie es war. Einen solchen Moment erlebten wir zu Beginn der Corona-Pandemie.

Wir schreiben das denkwürdige Jahr 2020. Am 20.3. verfolgen wir die Pressekonferenz des Bayerischen Ministerpräsidenten Markus Söder live in unserem Büro in Hersbruck. Wir können nur schwer glauben, was sich vor unseren Augen abspielt: In Bayern werden umfassende Ausgangsbeschränkungen verkündet. Der Lockdown beginnt.

Damit wird zur endgültigen Realität, was sich bereits in den Tagen davor angebahnt hat, in denen uns zahlreiche Veranstaltungsabsagen erreicht haben. Denn unsere Kunden wollen verständlicherweise keine Risiken für ihre Führungskräfte und Mitarbeiter eingehen und in Anbetracht der unklaren Situation lieber auf die Durchführung von live-Trainings verzichten. Unser vorher noch prall gefülltes Auftragsbuch leert sich mit dramatischer Geschwindigkeit.

So unerwartet wie unvorbereitet sehen wir uns an diesem Tag mit der absolut existentiellen Frage konfrontiert: »Wie wird es nun weitergehen?«

Wie die meisten in unserer Branche haben auch wir in Workshops, Trainings und Coaching nahezu ausschließlich mit Präsenzveranstaltungen gearbeitet. Da diese nun auf absehbare Zeit nicht mehr möglich sind und wir es bis heute versäumt haben, uns ernsthaft mit der Digitalisierung unserer Angebote zu beschäftigen, ist völlig offen und unklar, wann wir wieder in der gewohnten Form mit unseren Kunden arbeiten – und unser Geld verdienen können.

So hören wir also an diesem Frühlingstag die Verlautbarungen unserer Politiker und spüren, während die Sonne hell ins Zimmer scheint, wie die Angst an die Tür klopft und sich Sorgen über unsere Zukunft in unseren Gedanken und unserem Gespräch breit machen. Was ist, wenn auch die wenigen verbliebenen Aufträge noch wegbrechen? Wenn unsere Kunden selbst durch die Verwerfungen dieser Zeit in Schieflage kommen? Die scheinbare Sicherheit, die wir uns auf der Basis langjähriger, vertrauensvoller Kundenbeziehungen erarbeitet haben, hat sich von einem Moment auf den anderen einfach aufgelöst.

In diesem Moment machen wir erst mal Pause, gehen an die frische Luft und blicken realistisch auf unsere Situation. Und stellen fest: Auch wenn es sich im Moment nicht gut anfühlt, gibt es doch heute keinen realen Grund dafür, in Panik zu verfallen. Im Anschluss treffen wir die Entscheidung, der Angst keinen Raum zu geben und uns stattdessen auf das zu besinnen, was wir auch in unseren Trainings den Führungskräften vermitteln: Durch Selbstführung handlungsfähig zu bleiben.

BEWUSST FÜHLEN, DENKEN UND HANDELN – RAUS AUS DER ERSTARRUNG UND DEN FOKUS AUF DIE CHANCEN SETZEN!

In der ersten Zeit nach dieser Pressekonferenz sind wir immer wieder gefordert. Von der Unsicherheit, die Covid-19 und die politischen Maßnahmen auslösen, wie auch der fehlenden Orientierung darüber, wie es für uns, für MERWERT und unsere Gesellschaft weitergehen kann. Und wir sind herausgefordert, unseren Weg in dieser neuartigen Situation zu finden, bei uns und in der Ruhe zu bleiben. Dabei sind wir dankbar und froh darüber, dass wir auf viele Erfahrungen unserer persönlichen Entwicklung zurückgreifen können, auf Ressourcen und Werkzeuge, die uns jetzt helfen, uns immer wieder auszurichten.

Rückblickend auf diese Zeit zu Beginn des Lockdowns war eine der wichtigsten Kompetenzen, unsere Gefühle bewusst wahrzunehmen und zu steuern. Eine Fähigkeit, die wir bereits in unseren ersten Begegnungen mit Marshall Rosenberg und der gewaltfreien Kommunikation vor fast 20 Jahren begonnen haben zu trainieren, später vertieft durch stetige Achtsamkeitsübungen und Meditation.

So wissen wir heute aufgrund unserer eigenen Praxis und vielfachen Erfahrung: Solange ich automatisch und blind auf meine Gefühle reagiere und sie für meine zwangsläufige Reaktion auf die äußere Situation halte, bin ich ihnen hilflos ausgeliefert – egal, ob es sich dabei um Angst, Wut oder Verzweiflung handelt. Nehme ich dagegen meine Gefühle wahr und übernehme dafür die Verantwortung in dem Sinn, dass ich sie anerkenne (statt sie zu verdrängen – was tatsächlich die meisten von uns infolge einer entsprechenden Sozialisation tun), kann ich darauf Einfluss nehmen.

Ein wesentlicher Aspekt der Selbstführung ist also, sich nach innen zu wenden, um zunächst die eigenen Gefühle zu erforschen, ebenso wie die Gedanken, die sie auslösen. So führt z. B. der Gedanke: »Wir werden alle unsere Kunden verlieren« vermutlich zu dem Gefühl von Mutlosigkeit, Verzweiflung oder schlichtweg Angst. Im nächsten Schritt gilt es dann, diesen Gedanken zu ersetzen durch einen, der mir in dieser Situation dienlicher ist. Dies mag sich für manche anhören wie die Flucht vor der Realität – doch ist es genau das Gegenteil. Denn gerade die Angst führt rein körperlich zu Stress, zu Erstarrung oder auch Panik – alles Zustände, die einen klaren Kopf verhindern, ebenso wie die kreative Suche nach Möglichkeiten und Lösungen.

Umgekehrt heißt das: Wer auch in herausfordernden Situationen, in existentiellen Krisen, mit kühlem Kopf handeln will, muss dazu in der Lage sein, seine Gefühle zu regulieren. Dafür gilt es, in die Ruhe zu kommen – was insbesondere dann eine rein mentale Angelegenheit ist, wenn in dem Moment weder der Säbelzahntiger noch der Gerichtsvollzieher vor mir steht. Die Frage: »Was ist jetzt?« ist zum Beispiel sehr unterstützend dabei, das Karussell im Kopf zu stoppen und die Gedanken zu fokussieren. So wird es gelingen (und ja, es ist zwar einfach, aber alles andere als leicht...), in die Entspannung zu kommen und damit in die geistige Haltung, die es braucht, um auch und gerade in Zeiten der Krise handlungsfähig zu bleiben und sich neu auszurichten.

Die Herausforderungen der Corona-Zeit sind ein Paradebeispiel dafür, wie Menschen reagieren und worauf sie ihre Aufmerksamkeit und damit Energie lenken. Verallgemeinert gesprochen sind uns drei Typen begegnet:

Einerseits die, die sehr stark mit ihrer Angst in Kontakt waren und im schlimmsten Fall darin gefangen waren – Angst vor der Erkrankung, Angst vor den wirtschaftlichen Konsequenzen... Zum anderen die, die ihren Gefühlen ausgewichen sind und unterschiedliche Strategien entwickelt haben, ihnen nicht ins Gesicht zu blicken (erhöhter Alkoholkonsum ist hier ein klassisches Beispiel). Und schließlich die, denen es gelungen ist, einen souveränen Umgang mit der Situation zu entwickeln. Durch die Länge dieser Ausnahmesituation, in die wir alle durch die Corona-Pandemie gekommen sind, hat sich natürlich das Verhalten der Menschen verändert und entwickelt, doch vermutlich können Viele diese Verhaltenstypen bei Menschen in ihrem Umfeld oder auch bei sich selbst zumindest phasenweise wiedererkennen.

Die Fähigkeit von Menschen, auch in herausfordernden Situationen und schweren Krisen handlungsfähig zu bleiben, ist Resilienz. Also die psychische Widerstandskraft im Sinn der Fähigkeit, schwierige Lebenssituationen ohne anhaltende Beeinträchtigung zu bewältigen und gestärkt daraus hervorzugehen. In der Psychologie wird dieses Phänomen bereits seit den 70er Jahren des 20. Jahrhunderts intensiv erforscht.

Auch in der Organisationsentwicklung hat sich dieses Thema inzwischen etabliert und ist für uns von MERWERT ein wesentlicher Kern unserer Arbeit. Denn eine überzeugende Antwort auf die Frage, wie nicht nur einzelne Menschen, sondern wie Unternehmen Krisen meistern und gestärkt daraus hervorgehen, ist in unseren Augen eine der wichtigsten Voraussetzungen für Unternehmer, die ihre Zukunft in unsicheren Zeiten wie diesen aktiv und erfolgreich gestalten wollen.

Im Frühjahr 2020 haben wir vor dem Hintergrund unseres Wissens um die Bedeutung dieser Themen wie auch in Anbetracht unserer persönlichen Herausforderungen eine weitere Entscheidung sehr bewusst getroffen: Wir richten unseren Fokus und unsere Energie auf das, was uns unternehmerisch voranbringt. Auch wenn wir im ersten Moment nicht wissen, wie das aussehen mag, streben wir danach, die für MERWERT passenden Möglichkeiten und Wege zu finden. Und wir konzentrieren uns auf unsere Stärken und Ressourcen – was für uns bedeutet: Wir investieren noch stärker in unsere

Netzwerke und suchen dabei insbesondere die Verbindung zu Menschen, die sich ebenfalls auf Chancen konzentrieren.

Rückblickend betrachtet sind aus dieser Entscheidung und natürlich insbesondere aus den daraus resultierenden Handlungen nicht nur eine Reihe vielversprechender Projekte und Aufträge erwachsen, sondern auch wunderbare Begegnungen und Gemeinschaften entstanden. Eine davon war eine neue Mastermind-Gruppe, aus der das vorliegende Buch hervorgegangen ist.

WIE KANN ES GELINGEN, DIE KRISE ALS CHANCE ZU NUTZEN?

Der Aufruf: »Die Krise als Chance nutzen!« war ja, nicht nur in Beraterkreisen, ein vielfach zitiertes Mantra nach dem ersten Schock, den der Lockdown verursacht hat.

Auch wenn ich diesen Artikel im 2. Lockdown schreibe und damit eine Rückkehr in unsere Normalität vor der Corona-Krise nach wie vor nicht abzusehen ist, so zeichnet sich eines doch deutlich ab: Es gibt die Unternehmen, die diese Extremsituation für sich nutzen konnten, auch in den stark gebeutelten Branchen. Ein wunderbares Beispiel dafür ist Robert Holz, einer der Autoren in diesem Buch, der beweist, dass ein findiger Unternehmer selbst aus der extremen Situation einer monatelangen, verordneten Schließung etwas Erfolgreiches schaffen kann.

Auch wir sagen im Nachhinein: Die Corona-Zeit hat uns letztlich in der Entwicklung unseres Unternehmens nach vorne katapultiert. Sei es in Bezug auf die Entwicklung digitaler Angebote – über die wir uns schon eine Weile unterhalten hatten, aber uns nie die Zeit dafür genommen haben. Oder die Entwicklung eines neuen Geschäftsmodells, das die logische Weiterentwicklung unseres Weges der letzten Jahre war, mit dem wir unser Wissen über Führung und Organisationsentwicklung komprimiert und optimiert haben, so dass wir es heute unseren echten Wunschkunden anbieten können: Kleine Unternehmen mit einer großen Vision und dem Potenzial, einen echten Unterschied zu machen in der Welt.

Und natürlich konnten wir an diesem Tag im März 2020 nicht wissen und nicht einmal erahnen, ob und wie es uns gelingen würde, diese Situation gut zu meistern. Denn aus der Sicht damals betrachtet, hätte sie uns genauso in den wirtschaftlichen Ruin führen können.

Eines ist uns in der Reflexion über das Nutzen von Chancen in der Krise sehr deutlich geworden: Im Nachhinein ist es einfach, eine Krise als den Beginn einer gelungenen Entwicklung zu erkennen. Doch im ersten Moment (und oft auch noch im zweiten und dritten) steht sie da als Krise und konfrontiert uns mit ihrer unbequemen und womöglich beängstigenden Wirkung. Mit völlig ungewissem Ausgang. Es ist also mitnichten so, dass die Chance quasi schon um die nächste Ecke am Wegrand stünde, mit offenen Armen wartend, dass ich sie ergreife.

Vielmehr ist auch hier zunächst die Haltung entscheidend, die ich innerlich einnehme. Das heißt: Ich muss mich bewusst darauf ausrichten, Chancen zu erkennen, auch wenn die Situation aktuell gar nicht danach aussieht. An diesem Punkt knüpft ein wesentliches Merkmal von resilienten Menschen an: Auch unter widrigen Umständen empfinden sie sich nicht als Opfer oder geraten darüber in die Erstarrung. Sie warten nicht auf Gaben von außen, die ihnen Glück oder Zufall vor die Füße legen, sondern ziehen die Arbeitskleidung an, krempeln die Ärmel hoch und legen los. Genau da, wo sie stehen, auch wenn es der sprichwörtliche Misthaufen ist. Konkret bedeutet das beispielsweise, Dinge neu zu beurteilen, für neue Sichtweisen und Veränderungen offen zu sein, Ungewohntes auszuprobieren, auch wenn man zunächst nicht weiß, was sich daraus entwickelt.

Wenn ich dagegen in meiner inneren Haltung geprägt bin auf Schwierigkeiten und Hindernisse, kann eine noch so interessante Chance in Großbuchstaben und Leuchtschrift vor mir stehen, ich werde sie trotzdem nicht erkennen und damit auch nicht nutzen können. Einfach weil ich nur auf die Probleme schaue und mir dadurch die Perspektive der Möglichkeiten selbst versperre. Das zeigt aber auch: »Die Krise als Chance nutzen« – dieser Satz kommt so bestechend einfach und vielversprechend daher, und kann doch gleichzeitig so schwierig umzusetzen sein. Insbesondere in einem Umfeld, das wenig flexibel ist, beispielsweise wenn Veränderungsvorschläge im Keim erstickt werden. »Das haben wir schon immer so gemacht.« – »Das ist doch zu kompliziert / zu teuer / zu aufwändig.« – »Das nehmen unsere Kunden nicht an« - »Das haben wir schon probiert, das klappt nicht.« Vielleicht sind auch Ihnen solche Sätze schon begegnet – vielleicht sogar als Gedanken in Ihrem Kopf?

Offen für die Chancen in der Krise zu sein, ist auch in einem Umfeld nahezu unmöglich, in dem die Angst regiert. Denn Angst ist nicht nur lähmend, sondern auch ansteckend. Das heißt: Ein ganzes System, also auch ein Unternehmen, kann durch die Angst Einzelner in die Erstarrung geraten. Insbesondere dann, wenn es sich dabei um Führungskräfte oder den Unternehmer selbst handelt.

Für die Frage, wie die Resilienz eines Unternehmens gesteigert werden kann, ist deshalb ein wichtiger Teil der Antwort: Resilienz ist eine Kompetenz von Menschen, deshalb kann ein System im Ganzen nur so resilient sein wie die einzelnen Menschen darin. Dabei kommt der Führung und insbesondere dem Inhaber oder der Geschäftsführung eine Schlüsselrolle zu. Denn ob Sie sich dessen bewusst sind oder nicht: In Ihrer Position prägen Sie das Verhalten Ihres Teams. Das gilt für Sie wie für alle Menschen, die für andere Regeln aufstellen (oder zumindest die Macht dazu haben): Sie prägen automatisch deren Verhalten, egal ob als Eltern, als Lehrer, als Trainer oder eben als Führungskraft und Unternehmer.

WIE VERHALTEN SIE SICH IN ANBETRACHT DER KRISE?

Ich möchte Sie, liebe Leserin und lieber Leser, an der Stelle gerne einladen, der Frage nachzugehen, mit welcher Haltung Sie durch Zeiten der Krise steuern. Empfinden Sie sich als Gestaltende, auch wenn Sie vor schier unüberwindlichen Hindernissen stehen? Wie gut gelingt es Ihnen, in Situationen einen klaren Kopf zu bewahren, die Sie in aller Ehrlichkeit betrachtet als Bedrohung erleben? Und nicht zuletzt: Sind Sie sich bewusst darüber, was Sie Ihren Mitarbeitern vorleben und wie Sie dadurch deren Verhalten und damit die Kultur in ihrem Unternehmen prägen?

Sich über die eigene innere Haltung (Neudeutsch auch gerne als »Mindset« bezeichnet) bewusst zu werden, ist der erste Schritt, wenn Sie für sich und Ihr Unternehmen die Fähigkeit stärken wollen, die Chancen in der Krise zu erkennen, zu ergreifen und so zum aktiven Gestalter zu werden. Der zweite, sehr wesentliche Schritt ist dann die Frage, wie Sie sich in Ihrer Haltung womöglich neu ausrichten und in der Folge auch ein verändertes Verhalten zeigen – wie Sie also Selbstführung übernehmen. Denn wenn Ihnen das gelingt, dann haben Sie einen wesentlichen Schlüssel dafür in der Hand, zuerst Ihre eigene Resilienz und damit auch die Resilienz in Ihrem Unternehmen zu steigern und somit dessen Fähigkeit, Herausforderungen zu bewältigen und die Chancen in der Krise zu nutzen.

Tatsächlich haben wir in der Begleitung unserer Kunden wie auch in Gesprächen mit befreundeten Unternehmern in der Zeit seit Beginn des 1. Lockdowns immer wieder bestätigt bekommen, wie wichtig das Vorbild der Führenden ist.

Die Corona-Krise hat uns Bedingungen beschert, die wir alle gleichermaßen kennen und erleben. Auch wenn es natürlich Unterschiede in der Art der Herausforderung gab und gibt und es etwas anderes ist, ob für das eigene Geschäftsmodell über Nacht kein Bedarf mehr besteht oder die Herausforderung »nur« darin besteht, die Arbeit ins Home-Office zu verlagern – es geht doch im Kern darum, dass die äußeren Rahmenbedingungen sich ohne Ankündigung verändern und die Führung damit umgehen muss.

Entsprechend der oben beschriebenen Verhaltenstypen erleben wir von MERWERT einen sehr unterschiedlichen Umgang mit der Krise. Wir sehen Führungskräfte, die selbst gefangen sind in ihrer Angst oder überfordert davon, mit den Gefühlen und den daraus folgenden »irrationalen« Reaktionen der Mitarbeiter umzugehen. Die herausgefordert sind damit, auf Distanz zu führen und das Verhalten der Mitarbeiter nicht mehr direkt kontrollieren zu können. Gleichzeitig erleben wir Firmen, die von heute auf morgen ins Home-Office umziehen und plötzlich die Erfahrung machen, dass das, was zuvor undenkbar war, erstaunlich gut funktioniert.

Wir hören von Managern, die sich mal eben rausnehmen, wie zum Beispiel ein Geschäftsführer, der die Zeit des 1. Lockdowns nutzt, um seinen Hausbau voranzutreiben – »Es sind ja eh alle im Home-Office«. Wir beobachten Unternehmen, die in eine Art Corona-Schlaf verfallen, und darauf hoffen, in ein paar Monaten wie der Bär nach dem Winter die Höhle wieder zu verlassen, zwar etwas abgemagert, aber doch lebendig. Die darauf setzen, danach so weitermachen zu können wie bisher.

Und wir erleben in der direkten Begleitung Unternehmer, die sich bewusst dazu entschieden haben, zum Gestalter ihrer Zukunft zu werden, weil sie erkannt haben, dass sie der bisherige Weg in die Sackgasse führen würde. Eindrücklich erleben wir das am Beispiel eines mittelständischen Familienunternehmens in der 3. Generation, das von drei Geschwistern geführt wird. Bereits vor Beginn der Corona-Krise waren sie mit uns in eine Unternehmenstransformation gestartet, die auf zwei Jahre geplant war. Sie ließen sich dabei auch bewusst auf einen zunächst sehr persönlichen Prozess ein. Denn ihnen war klar, dass die Veränderung von ihnen ausgehen muss. Und dass es in ihrer Verantwortung liegt, zuallererst die Zusammenarbeit in ihrem Geschäftsführungs-Team zu verbessern, wofür es notwendig ist, sowohl offen miteinander zu reden und sich bewusst für einen gemeinsamen Weg zu entscheiden, als auch sehr ehrlich auf das eigene Verhalten zu schauen – es waren also klassische Themen der Teamentwicklung, aber vor allem der Selbstführung, die wir hier angingen.

Diese ersten Hürden hatten wir in intensiven Workshops im Frühjahr 2020 gemeistert, die Basis für die Arbeit am Unternehmen war damit gelegt. Mit dem gemeinsamen Committment im Gepäck und ersten spürbaren Verbesserungen in der Zusammenarbeit machen sie sich nun mit Eifer daran, in aufeinander aufbauenden Workshops die Grundlagen ihrer unternehmerischen DNA herauszuarbeiten und auf dieser Basis die strategische Ausrichtung für ihre Zukunft zu formulieren.

Auch sie sind durch die Corona-Krise natürlich herausgefordert, müssen sich umstellen und Pläne ändern. Doch im Vergleich zu den anderen, oben beschriebenen Beispielen, sind sie es, die in der Rückschau sagen: »Auch wenn es am Anfang hart war, aber durch die Begleiterscheinungen der Corona-Pandemie konnten wir die ohnehin geplanten Veränderungen schneller voranbringen. Eigentlich hat uns die Situation in die Hände gespielt. Dabei war es wirklich gut und wichtig, dass wir die Pläne schon hatten. Denn wir waren uns darüber klar, was wir voranbringen und entwickeln wollten. So waren wir überhaupt erst dazu in der Lage, die Vorteile in der Situation zu erkennen, in der wir waren. Früher hätten wir, getrieben von den Umständen, einfach irgendwie reagiert. Jetzt haben wir uns zum ersten Mal als Gestalter erlebt!«

Wenn wir heute, ein Jahr nach dem Beginn des ersten Lockdowns, mit unseren Beobachtungen Bilanz ziehen, so fällt die sehr eindeutig aus: Die Führenden, die sich für das Aussitzen der Krise entschieden haben, stehen bzw. sitzen noch heute an diesem Punkt. Oder im schlimmsten Fall sogar kurz vor dem Abgrund, denn die Dauer dieses Ausnahmezustandes zehrt an den Ressourcen, nicht nur an den finanziellen, sondern auch an der Psyche der Menschen.

Die Unternehmer dagegen, die den Herausforderungen aktiv begegnet sind, die nach Möglichkeiten und Wegen gesucht und sich dabei zuerst selbst auf Neues eingelassen haben, haben nicht nur sich, sondern auch ihr Unternehmen in großen Schritten entwickelt. Sie sind definitiv die, die nicht nur ihre Chancen nutzen, sondern auch ihre Resilienz stärken konnten – und heute an einem ganz anderen und besseren Punkt stehen als zu Beginn des Jahres 2020.

WERDEN SIE ZUM BEWUSSTEN GESTALTER!

So hat sich für uns durch unser eigenes Beispiel wie das zahlreicher Partner und Kunden bestätigt: Eine wesentliche Facette erfolgreicher Unternehmensführung ist die Fähigkeit, sich selbst zu führen. Hierbei handelt es sich um eine Fähigkeit, die einen völlig auf sich selbst zurückwirft, etwa in der Erforschung des eigenen Verhaltens und der dahinter stehenden Überzeugungen, Gedanken und Gefühle. Vermutlich würden viele dies eher dem Bereich der Persönlichkeitsentwicklung zuordnen als dem modernen Management – und doch ist es dessen wesentliches Fundament. Oder, um es mit den Worten von Peter Drucker zu sagen: »Letztendlich können und müssen Sie nur eine einzige Person führen. Diese Person sind Sie selbst.«

Gerade in den Zeiten der Krise entscheidet sich hier, ob es Ihnen gelingt, sich mit klarem Kopf auf die Chancen auszurichten und darüber die Weichen für die Zukunft des Unternehmens zu stellen. Und damit gleichzeitig das Vorbild für Ihre Mitarbeiter zu sein und die Kultur Ihres Unternehmens entsprechend zu prägen.

Wenn Sie sich nun auf den Weg machen wollen, Ihre Selbstführung zu stärken, gibt es auf dem weiten Feld der Persönlichkeitsentwicklung für jeden Geschmack eine Vielzahl wertvoller Angebote. Was uns in der Begleitung von Unternehmern jedoch besonders umgetrieben hat, war die Frage, wie man dem doppelten Fokus gerecht werden kann, den man in dieser Funktion einnehmen kann und auch sollte, nämlich den Blick auf sich selbst zu verbinden mit dem Blick auf das eigene Unternehmen und dessen Kultur, die man in der Führung automatisch prägt.

Fündig wurden wir schließlich bei den Instrumenten des Barrett-Value-Centres, das gegründet wurde von einem der Pioniere der werteorientierten Unternehmensführung und Kulturentwicklung, Richard Barrett. Denn neben den Befragungsinstrumenten, mit denen kleine wie auch große

Unternehmen ihre Kultur auf einfache Art sichtbar und besprechbar machen können, gibt es hier auch ein klassisches Coaching-Tool, mit dem der Unternehmer zunächst mit dem Blick auf sich selbst starten kann, um sich bewusst zu werden über seine Werte, die seine Überzeugungen prägen, sein Verhalten bestimmen und letztlich auch der Schlüssel dafür sind, die Kultur im eigenen Unternehmen bewusst zu gestalten.

Wenn das interessant für Sie klingt, möchten wir Sie zu unserem kostenlosen Angebot einladen. Sichern Sie sich das Coaching-Paket: »Werte als Schlüssel zur Selbstführung und Kulturentwicklung für Unternehmer«. Dieses umfasst Ihre individuelle Werteanalyse zusammen mit einem Umsetzungsbogen mit Inspirationen und konkreten Ansätzen für Ihre Selbstführung sowie das Webinar „Grundlagen der Werte- und Kulturentwicklung". So stärken Sie nicht nur Ihre persönliche Resilienz, sondern auch die Ihres Unternehmens.

Werden auch Sie mit MERWERT zum bewussten Gestalter!

Geschenk #4

KOSTENLOSES COACHINGPAKET INKL. WEBINAR

Sie erhalten das Coachingpaket „Werte als Schlüssel zur Selbstführung und Kulturentwicklung für Unternehmer", eine individuelle Werteanalyse, ein Workbook mit Inspirationen und konkreten Ansätzen, um Ihre Selbstführung zu entwickeln und zusätzlich unser Webinar „Werte- und Kulturentwicklung."

Login Memberbereich:
https://weiter.link/mutfree

UNTERNEHMERPROFIL

Dr. Stefanie Fuchs-Mertins

MERWERT

Stefanie Fuchs-Mertins leitet gemeinsam mit ihrem Mann Markus Mertins die »Unternehmerberatung« MERWERT mit Sitz in Hersbruck bei Nürnberg.

Die beiden beschäftigen sich mit allen Facetten von Führung und haben sich dabei insbesondere der Frage verschrieben, wie sich Unternehmen erfolgreich für die Zukunft ausrichten können.

Ihre Überzeugung: Wenn es gelingt, Mitarbeiter mit einem tiefen Antrieb und echten Sinn zu inspirieren und auf der Basis von gelebten Werten eine Kultur zu schaffen, in der Zusammenarbeit wirklich gelingt, können Unternehmen die ganze Kraft freisetzen und auch durch unsichere Zeiten souverän steuern.

Sie erarbeiten deshalb mit Unternehmern und Führungsteams in Workshops Leitbilder, die die authentische DNA des Unternehmens formulieren. Die als zentrales Element den authentischen Sinn, das WARUM des Unternehmers (oder Teams) herausstellen und daraus eine Vision und Strategien ableiten, die wirklich zukunftsweisend sind. Denn nur aus einer Ausrichtung, die ehrlich begeistert, entstehen Inspiration und die Energie, die es zur Umsetzung braucht.

Damit diese einmalige Ausrichtung im Unternehmen seine volle Wirkung entfaltet, baut das Team von MERWERT in den Bereichen Mitarbeiter- und Selbstführung in Trainings und Coachings, live und digital, die entsprechenden Kompetenzen für Unternehmer und Führungskräfte auf. Und begleitet schließlich die Entwicklung einer Unternehmenskultur, in der die Menschen über sich hinauswachsen, auch schwierige Zeiten gemeinsam bewältigen und gestärkt daraus hervorgehen.

Wenn auch Sie mit Ihrem Unternehmenssinn begeistern und eine echte berufliche Heimat für Ihre Mitarbeiter schaffen wollen, freuen wir uns über Ihre Kontaktaufnahme!

www.merwert.de

5

ANDRÉ SCHNEIDER

Kundengewinnung

WIE SIE HEUTE MIT WEBINAREN ARBEITEN SOLLTEN, UM BEST-QUALIFIZIERTE AUFTRAGS-ANFRAGEN ZU BEKOMMEN

Es ist der 22. März 2020. Die Bundesregierung verkündet umfassende Kontaktbeschränkungen. Ein beispielloser Lockdown lähmt in der Corona-Krise weite Teile der deutschen Wirtschaft. In den folgenden Tagen hagelt es Absagen für Beratungstermine und gebuchte Projekte. Mein Unternehmen steht vor einem leeren Terminkalender. Keine Beratungstermine bedeutet keine neuen Projekte und keine Einnahmen.

Ich frage mich: Was kann ich tun? Die Menschen sind verängstigt und Kontakt zu Kunden ist auf dem herkömmlichen Weg nicht mehr möglich. In der Krise steckt die Chance, hat mir mein Mentor Alexander Christiani einmal gesagt. Doch was soll ich tun? Ist guter Rat nun teuer? Ich rufe Alexander an und frage nach einer

Idee. Ich höre seine Worte immer noch im Ohr. Er sagt: »Hole Deine Kunden bei der jetzigen Krisensituation ab und zeige ihnen die Lösung für ihre Probleme. Sei der Mentor Deiner Kunden und mache sie zum Helden. Hilf ihnen, gestärkt aus der Corona-Krise herauszukommen.« Meine Kunden sind alle Experten, die durch Dienstleistung, Seminare oder Beratung vor Ort bei ihren Kunden Geld verdienen. Wie können sie nun weiterarbeiten und neue Kunden gewinnen? Ich besinne mich auf das Marketinginstrument, das mir zu meinem Start vor zwölf Jahren geholfen hat, als es meine Herausforderung war, neue Kunden zu gewinnen: Webinare! Denn sie eignen sich bestens für die Kundengewinnung, wenn kein persönlicher Kontakt vor Ort möglich ist.

Also fasse ich all meine Erfahrung zum Thema Webinargestaltung in einem Onlinekurs zusammen und stelle ihn in einem Webinar zur Lösung für meine Kunden vor. Das Motto: Wenn Kunden nicht zu mir kommen können, dann komme ich auf einem auch in Zeiten von Corona sicheren Weg zu ihnen, mit einer Onlinepräsentation in einem Webinar. Der Erfolg gibt der Strategie recht.

WARUM SIE JETZT ZUR KUNDENGEWINNUNG MIT GUTEN WEBINAREN ARBEITEN SOLLTEN

Gute Webinare sind das Marketinginstrument mit der größten Hebelwirkung für die Neukundengewinnung und die Akquise. Wie sonst können Sie mit minimalem Aufwand bis zu 500 interessierten Kontakten in einer Stunde Ihre Angebote präsentieren? Wenn Sie das gut und richtig machen, entscheiden sich im Webinar direkt bis zu 25 Prozent der Teilnehmer für Sie, kaufen Ihre Produkte/Dienstleistungen oder buchen einen Beratungstermin. Sie gewinnen bis zu 125 neue Kunden oder qualifizierte Präsentationstermine in einer Stunde.

EIN TRAUM?

Ja, für die meisten Unternehmer und deren Webinare wird das immer ein Traum bleiben. Denn nur Webinare, die einer speziellen Dramaturgie folgen, schaffen das. Bei 98 Prozent aller Webinare fehlt diese Vorgehensweise. Solche Webinare (Sie kennen sie sicherlich) richten mehr Schaden an, als sie neue Kunden bringen.

ICH BIN DOCH KEIN BITTSTELLER! ODER DOCH?

»Ich komme mir in Sachen Kundengewinnung ehrlich gesagt sehr häufig wie ein Bittsteller vor.« Das höre ich von meinen Kunden immer wieder. Schließlich »bitten und betteln« wir doch alle mehr oder weniger, dass die Menschen unsere Kunden werden, oder?

WOLLEN SIE, DASS QUALIFIZIERTE KUNDENANFRAGEN NAHEZU VON ALLEINE ZU IHNEN KOMMEN?

Webinare helfen Ihnen, dem Bittsteller in Ihnen Adieu zu sagen. Wie erleichternd! Und was für eine immense Sicherheit. Denn endlich müssen Sie nicht mehr bittend bangen, dass am Ende des Monats genügend Kunden anbeißen. Stattdessen wissen Sie so sicher wie das Amen in der Kirche: Kunden kommen, sie kommen zudem aus eigenem Antrieb und ich kann sogar steuern, wie viele!

Bisher haben Sie die Informationen, die Ihr Kunde für eine Entscheidung benötigt, in einem Gespräch, einer Präsentation oder auf einer Messe vermittelt. Was spricht dagegen, diese Informationen über eine Präsentation im Internet zu vermitteln? Nahezu alles, was Sie in einer persönlichen Präsentation an Informationen übermitteln, können Sie auch über eine Präsentation im Internet transportieren. Der Begriff Webinar stammt ursprünglich aus der Weiterbildungsbranche. Er setzt sich aus dem Wort Web für Internet und dem Wort Seminar zusammen. Ein Webinar ist also die Vermittlung von Informationen über das Internet. Die technischen Voraussetzungen auf der Seite der Teilnehmer eines Webinars sind überall bereits vorhanden. Lediglich ein Computer mit Internetanschluss und Lautsprecher für den Empfang des Tons sind notwendig. Fragen der Teilnehmer können während des Webinars im Live-Chat gestellt werden.

Die auf der Anbieterseite notwendige Technik bedarf keines großen Investments. Neben einem modernen Computer und einem schnellen Internetanschluss benötigen Sie als Mindestausrüstung eine gute Webcam und ein Mikrofon. Beides zusammen ist bereits ab 150 Euro zu haben. Wenn Sie zur Kundengewinnung im Wesentlichen Informationen übertragen müssen, sind Webinare sehr gut geeignet, um ein niedrigschwelliges Angebot zu entwickeln und zu transportieren.

VORTEILE VON GUT GEMACHTEN WEBINAREN

Statt Ihre Angebote und Lösungen immer nur einer Person gegenüber zu präsentieren, können Sie den Nutzen mehreren Hundert Personen gleichzeitig vorstellen. Sie müssen selbst für die Präsentation nicht reisen – ein konkurrenzloser Effizienzgewinn.

Die Hürde für die Teilnahme an einem kostenfreien Webinar ist niedrig. Die Teilnehmer müssen, im Vergleich zu klassischen Präsentationsmöglichkeiten wie bei Messen oder Kongressen, nicht anreisen und sparen so Zeit und Geld. Das Medium Webinar ist in vielen Zielgruppen noch neu, und Neugier motiviert. Dadurch steigt die Bereitschaft zur Teilnahme. Zusätzlich gewinnen Sie Interessenten, die keine Zeit für den Besuch einer klassischen Präsentation haben.

Ist ein Webinar einmal fertig entwickelt, können Sie es mit kleinem Aufwand replizieren. Im Vergleich zur Organisation eines Messeauftritts sind die Kosten für ein Webinar verschwindend gering. Ein Webinar können Sie beliebig oft wiederholen. Sie können es auch aufzeichnen und den Teilnehmern zur Verfügung stellen. So wirken Ihre Präsentationen länger nach.

Ihre Teilnehmer können sich ein besseres Bild von Ihnen, Ihren Angeboten, deren Einsatzmöglichkeiten und Vorteilen machen. Damit schaffen Sie eine wichtige Grundlage für eine Kaufentscheidung. Bieten Sie am Ende der Präsentation über Ihr Webinar ein passendes Angebot an, gewinnen Sie über hierüber direkt neue Kunden oder Aufträge.

Wenn Ihre Angebote nicht für den direkten Verkauf über ein Webinar geeignet sind, können Sie alternativ die ernsthaften Interessenten herausfiltern. Bieten Sie den Teilnehmern Ihres Webinars am Ende die Möglichkeit an, einen persönlichen Beratungstermin zu vereinbaren. Sie oder Ihre Mitarbeiter fahren dann nur noch zu bereits vorinformierten und damit qualifizierten Kontakten. Die Erfolgsquote von persönlichen Präsentationen vor diesen Kontakten ist um ein Vielfaches höher. Teure Reisezeit wird minimiert und Sie erzielen bessere Ergebnisse in kürzerer Zeit.

DRAMATURGIE UND GESTALTUNG EINES GUTEN WEBINARS

Wenn Sie die Dramaturgie Ihres Webinars nach den folgenden Schritten aufbauen, heben Sie sich von Beginn an angenehm von allen anderen Webinaren ab. Wir spielen die Dramaturgie eines guten Webinars hier am Beispiel des Konditors und einer Erdbeertorte durch. Das ist so herrlich ungewöhnlich und leicht fassbar. Sie können den Konditor ganz einfach gegen Ihre eigene Positionierung austauschen. Statt der Erdbeertorte bauen Sie die fachlichen Tipps oder Inhalte aus Ihren Angeboten ein.

1. Schritt: Neugierig machender Titel

Entwickeln Sie einen neugierig machenden Titel. Neugierig machen konkrete Aussagen. Auch ein in Aussicht gestellter besonderer Nutzen motiviert zur Teilnahme: So begeistern

Sie Ihre Kaffeegäste! oder: Mit diesen Tipps gelingt die Torte garantiert.

2. Schritt: Motivierende Webinar-Eröffnung

Schon die ersten 60 Sekunden sollten Lust darauf machen, das ganze Webinar ansehen zu wollen. Stellen Sie gleich am Anfang einen Nutzen in Aussicht und geben Sie darauf basierend ein Versprechen ab: In diesem Webinar zeige ich Ihnen ein Rezept für eine ganz besondere Erdbeertorte, die Ihre Gäste zum Schwärmen bringt. Haben Sie bisher auch gedacht, Erdbeertorte zu machen ist kompliziert und zeitaufwendig? Mit meinen fünf Tipps vom Konditormeister gelingt Ihre Torte sogar dann, wenn Sie mal wenig Zeit haben.

3. Schritt: Abholen bei den unausgesprochenen Zuschauerfragen

Holen Sie die Webinar-Teilnehmer sofort nach der Eröffnung bei den unausgesprochenen Zuschauerfragen ab und beantworten diese. Das schafft Vertrauen, erzeugt eine menschliche Verbindung und gibt das Gefühl, dass der Referent die Zuschauer versteht. Unausgesprochene Zuschauerfragen können die Erwartungen an das Webinar, aber auch mögliche Befürchtungen sein. Unser Konditor könnte das wie folgt formulieren: Vielleicht sind Sie das erste Mal auf einem Webinar eines Konditors und fragen sich, ob sich die folgenden 45 Minuten wirklich lohnen werden. Möglicherweise haben Sie selbst schon sehr viele verschiedene Erdbeertorten gemacht und bezweifeln, dass Sie hier überhaupt noch etwas Neues lernen können, und wissen nicht, was das sein könnte. Aber selbst wenn Sie noch nie eine Erdbeertorte gemacht haben, helfe ich Ihnen mit meinen fünf Tipps. Ich fand die Idee, als Konditor ein Webinar zu veranstalten, anfangs auch ziemlich ungewöhnlich, genauso ungewöhnlich, wie die Erdbeertorten, die ich in den letzten 20 Jahren gemacht habe. Vielleicht fragen Sie sich aber auch einfach nur, wer denn da zu Ihnen spricht.

4. Schritt: Kurzvorstellung

Eine der unausgesprochenen Zuschauerfragen könnte sein, wer denn da dieses Webinar hält und ob derjenige überhaupt kompetent ist. Stellen Sie sich in maximal 60 Sekunden vor. Nutzen Sie dafür die Elemente, die Sie aus der Entwicklung des Elevator Pitches schon kennen. Bringen Sie Spannung in Ihre Vorstellung und vermitteln Sie Ihre Kompetenz glaubhaft. Bitte keine Vorstellungen a la Ich habe als selbstständiger Konditor 15 Filialen mit 105 Mitarbeitern in sieben Städten und wir fertigen jeden Monat 1.731 Torten. Bringen Sie stattdessen eine kleine Geschichte in die Vorstellung. Das könnte zum Beispiel der Weg zum Experten für Erdbeertorten sein.

5. Schritt: Dramatisieren Sie

Jetzt steigen Sie in den ersten fachlichen Block Ihres Webinars ein. Dramatisieren Sie in passendem Ausmaß das übliche Problem bei der Herstellung einer Erdbeertorte. Die Zuschauer sollen sich dabei wiederfinden, ohne angeprangert oder vorgeführt zu werden. Schildern Sie auf unterhaltsame Art, wie sich der Nichtexperte bei der Herstellung einer Torte abmüht. Verstärken Sie das Problem durch witzige Schilderungen der üblichen Pannen. Schildern Sie die Probleme entweder in der

Ich-Form oder anhand eines fiktiven Dritten. Sagen Sie also nicht: Die meisten von Ihnen machen folgenden Fehler, sondern: Ich habe früher auch immer gedacht ... und deswegen folgenden Fehler gemacht. In Form des fiktiven Dritten könnten Sie sagen: Nehmen wir eine unerfahrene Person, die das erste Mal eine Erdbeertorte macht. Sie vergisst häufig, dass.... Diese Form der indirekten Ansprache hilft Ihren Zuschauern, eigene Fehler leichter anzunehmen. Fassen Sie diesen Block am Ende zusammen und treiben Sie die Spannung das erste Mal auf einen kleinen Höhepunkt. Der Konditor könnte das sinngemäß wie folgt formulieren: Wie Sie gesehen haben, sind die drei typischen Fehler, die dafür sorgen, dass eine Erdbeertorte nur so lala schmeckt, diese: 1. Fehler, 2. Fehler, 3. Fehler. Dabei ist es völlig normal, dass diese Fehler so verbreitet sind. In den meisten Rezeptbüchern steht es ja genau so drin. Dabei ist es ganz leicht, diese Fehler zu vermeiden und eine besondere Erdbeertorte zu zaubern. Wie das geht, zeige ich Ihnen jetzt. Diese Zusammenfassung gibt dem Zuschauer, der diese Fehler gemacht hat, das Gefühl, nicht allein zu sein. Das schafft eine emotionale Verbindung. Gleichzeitig wird die sofortige Lösung angekündigt und so bleibt die Aufmerksamkeit erhalten.

6. Schritt: Konkreter Nutzen

Jetzt präsentieren Sie in kompakter und leicht verständlicher Form den Nutzen. Im Fall unseres Konditors kommen jetzt die fünf Profitipps, mit denen die Erdbeertorte selbst dann gelingt, wenn wenig Zeit ist. Achten Sie darauf, dass diese Tipps wirklich außergewöhnlich sind. Ziel ist es, einen Aha-Effekt auszulösen im Sinn von: Das hätte ich mal eher wissen sollen. Sie müssen dabei nicht fürchten, dass Sie durch diese Tipps zu viel Wissen verschenken. Ähnlich wie bei der Entwicklung Ihres inhaltlich wertvollen Geschenks werden die Zuschauer eher sagen: Wenn ich mal eine außergewöhnliche Torte brauche, dann weiß ich jetzt, zu welchem Konditor ich gehen muss. So bekommt unser Konditor mehr Kunden von der Sorte, die auch bereit sind, einen guten Preis für eine Torte zu bezahlen. Die andere Sorte Zuschauer, die diese Tipps selbst einsetzen, um eine außergewöhnliche Torte zu machen, wollen Geld sparen. Diese Sorte Kunde will der Konditor sowieso nicht gewinnen. Wenn sie eine Torte kaufen, dann aus der Tiefkühltheke eines Discounters. Trotzdem: Je größer der Nutzen ist, desto besser wird die Positionierung als Experte transportiert.

Dieser inhaltliche Block ist der längste in einem Webinar. Deswegen müssen Sie immer mal wieder ein motivierendes oder die Spannung förderndes Element einbauen. Das machen Sie ganz einfach über die Vorankündigung des Nutzens aus einem der nächsten Tipps. Unser Konditor könnte das sinngemäß so formulieren: Im zweiten Tipp haben Sie gerade gesehen, wie die Sahne für Ihre Torte schneller steif wird. Dabei müssen Sie aber auch auf … achten. Das zeige ich Ihnen gleich noch im Tipp Nummer vier. Zunächst verrate ich Ihnen in Tipp drei aber …

7. Schritt: Führen Sie zum Ziel

Haben Sie auf unterhaltsame Art Ihre Tipps vermittelt? Dann wissen die Zuschauer auch, dass Sie ein echter Experte sind. Sie haben über die Tipps einen konkreten Nutzen vermittelt. Deswegen bekommen Sie jetzt auch die Legitimation, Ihre Zuschauer zu Ihrem angestrebten Ziel zu führen. Das Ziel muss unbedingt mit dem Thema des Webinars zu tun haben. Unser Konditor könnte am Ende des Webinars zum Beispiel einen Wochenendkurs für Hobby-Konditoren anbieten und so Teilnehmer dafür gewinnen. Genauso könnte er über einen Rabattgutschein die Teilnehmer, die Bedarf an einer Torte haben, in seine Konditorei locken. Wenn der Konditor clever ist, erlaubt er sogar, den Rabattgutschein zu verschenken. So werden die Teilnehmer zu Multiplikatoren, indem sie nämlich anderen, die nicht am Webinar teilgenommen haben, auch von dem tollen Konditor erzählen. Betreibt der Konditor ein Café, könnte er einen Gutschein für ein kostenloses Stück Torte ausgeben. Die Gäste, die zu ihm kommen, werden vermutlich zu der Torte noch einen Kaffee trinken oder einen anderen Zusatzumsatz machen. Jedenfalls hätte er neue Gäste in seinem Café, die er sonst so schnell nicht gewonnen hätte.

Denken Sie bei der Auswahl des passenden Ziels am Ende Ihres Webinars auch an einen möglichst passenden nächsten Schritt für den Teilnehmer des Webinars hin auf dem Weg zu Ihrem Kunden. Mögliche nächste Schritte sind:

- » Kostenlose Erstberatung
- » Preisreduziertes Testangebot
- » Rabattgutschein für Neukunden oder Erstbestellung
- » Direkter Verkauf Ihrer Angebote
- » Eintrag in einen Newsletter gegen Zusendung weitergehender Information
- » Vereinbarung einer Probefahrt

» Ausfüllen eines Analysefragebogens zur Bedarfsermittlung

BEISPIELE FÜR DEN EINSATZ VON WEBINAREN ZUR KUNDENGEWINNUNG

Aufgrund der geschilderten Vorteile gibt es nur wenige Bereiche, in denen Webinare für die Kundengewinnung nicht sinnvoll sind. Speziell bei erklärungsbedürftigen Angeboten sind Webinare ein sehr kostengünstiges Mittel. Immerhin können Sie vor mehreren Zuschauern gleichzeitig präsentieren, statt jede Präsentation einzeln durchzuführen. Gerade auch wenn Sie virtuelle oder persönliche Beratungsdienstleistungen anbieten, müssen die potenziellen Kunden zunächst genügend Vertrauen gewinnen. Über eine kleine Serie an Webinaren lässt sich das hervorragend machen.

War Ihnen die Beispieldramaturgie für das Webinar des Konditors noch zu abstrakt? Dann finden Sie im Folgenden sicher ein paar Anregungen, die sich auf Ihre Branche adaptieren lassen.

WEBINARE FÜR BERATER, TRAINER UND COACHES

Für Berater, Trainer und Coaches sind Webinare hervorragend geeignet. Denn wenn Sie in einer dieser Branchen tätig sind, verdienen Sie Ihr Geld immer mit der Anwendung oder dem Verkauf von Wissen. Dieses Gut passt hervorragend zum Medium Webinar. Falls Sie noch kein besseres Instrument zur Kundengewinnung gefunden haben, sind Webinare für Sie geradezu das Mittel der ersten Wahl. Hier ein Auszug der Einsatzmöglichkeiten:

- » Gewinnung von Interessenten (Leads)
- » Steigerung der Bekanntheit
- » Präsentation neuer Angebote
- » Kunden- und Kontaktpflege
- » Verkauf von Dienstleistungspaketen
- » Ideen für Themen und Titel von Webinaren
- » So kommen Sie ohne Schaden durch eine Betriebsprüfung – neun Tipps vom Experten
- » Sieben kostenfreie Tipps zur Vermeidung von Burnout
- » Mit diesen Tipps sparen Sie jeden Tag eine Stunde Zeit bei der E-Mail-Bearbeitung
- » Diese sechs magischen Fragen dürfen in keinem Verkaufsgespräch fehlen
- » Diese neue Methode schützt Sie vor schädlichem Stress
- » Haben Sie schon mal bemerkt, dass einige Menschen erfolgreicher sind? Diese sieben Faktoren unterscheiden sie
- » Fünf einfache Tipps für die stressfreie Kindererziehung
- » Gibt es sie wirklich, die Geheimnisse glücklicher Beziehungen? Diese zwölf Tipps zeigen einen neuen Weg.
- » Mit dieser neuen Methode erledigen Sie Ihre Buchhaltung dreimal schneller
- » Drei alternative Behandlungsmethoden für Bandscheibenvorfälle

» Fit durch die kalte Jahreszeit. Sieben Tipps, wie Sie Ihr Immunsystem so richtig ankurbeln

Tauschen Sie einfach in den vorliegenden Ideen die Inhalte gegen Ihre Themen aus.

WEBINARE FÜR SONSTIGE PRODUKTANBIETER

Wenn Sie physische Produkte statt virtuelles Wissen verkaufen, scheinen Webinare weniger geeignet. Das stimmt aber nur teilweise. Richtig ist, dass Sie eine Probefahrt mit einem Auto genauso wenig in einem Webinar anbieten können wie die Anprobe eines Anzugs. Der Autoverkäufer könnte aber beispielsweise ein Webinar mit dem Thema Fünf Tipps zum passenden Familienauto durchführen. Den Titel könnte man sogar noch mit einem Untertitel dramatisieren: Was Ihnen noch kein Autoverkäufer verraten hat.

Wenn Sie mehr über die gehirngerechte Gestaltung von Webinaren lernen wollen, dann besuchen Sie das kostenfreie Webinar zum Thema Webinare und lernen dort den Webinar-Marketing-Code kennen. Sie finden den Zugang zum Webinar im Memberbereich dieses Buches.

Geschenk #5

WEBINAR-MARKETING-CODE GRATIS

In diesem Coaching erfahren Sie, wie Sie mit Webinaren neue Kunden gewinnen. Es ist das beste und günstigste System zur Kundengewinnung, welches von 98% aller Firmen noch nicht genutzt wird!

Login Memberbereich:
https://weiter.link/mutfree

UNTERNEHMERPROFIL

André Schneider

KUNDENGEWINNUNGSLABOR

André Schneider berät seit 2008 Unternehmen und Selbstständige in Sachen Marketing und Kundengewinnung. Er ist Entwickler der gehirngerechten Kundengewinnung und Master of Cognitive Neuroscience. Sein Unternehmen, Kundengewinnungslabor AS GmbH & Co. KG, ist im schönen Starnberg südlich von München ansässig. Dort entwickelte er die Methode der gehirngerechten Kundengewinnung. Mit dieser Vorgehensweise gewinnen seine Kunden systematisiert neue und qualifizierte Auftragsanfragen. Er ist mit seinem Team im Kundengewinnungslabor darauf spezialisiert, diese Systeme so zu automatisieren, dass der einzelne Unternehmer möglichst viel Zeit und Aufwand spart.

Kennen Sie das Problem? Außerhalb Ihrer Kundschaft sind Sie kaum bekannt.

Außerdem haben Sie kein funktionierendes System, das jede Woche qualifizierte Interessenten für Sie gewinnt. Ihre Website bringt kaum Anfragen, und wenn ein größerer Auftrag wegbricht, bleibt Ihnen nur die Hoffnung. Sie fühlen sich im Dschungel der vielen Marketing-Methoden verloren und fragen sich, welche Methode für Sie am besten geeignet ist?

Bekanntheit schlägt fast immer die Kompetenz. Was nützt es, wenn Sie sehr gute Angebote haben, aber kaum einer Wie kennt? Die neue Währung lautet »Bekanntheit«. Unsere Marketing-Systeme machen Sie als Experte bekannt und sorgen so für den systematisierten Vertrauensaufbau bei neuen Interessenten in Ihrer Zielgruppe.

Möchten Sie endlich die passende Anzahl an Kundenanfragen bekommen, die Ihnen guttut? Möchten Sie sich nicht mehr mit Verkauf und Marketing herumplagen und Interessenten hinterhertelefonieren, sondern von vorinformierten und qualifizierten Interessenten angerufen werden? Möchten Sie in Ihrer Zielgruppe als gefragter Experte wahrgenommen werden? Mit meinem Experten-Team schaffe ich im Kundengewinnungslabor die Systeme, die genau das für Sie möglich machen.

www.kundengewinnungscoach.de

6

ROLAND WIENEN

Prozessgestaltung & Automation

SO SYSTEMATISIEREN SIE DEN WEG ZUM ERFOLG

Schon im Alter von 12 Jahren, das war 1983, erlernte ich die Kunst des Programmierens und seither hat mich das nie wieder losgelassen. Ich baute meine ganze berufliche Laufbahn darauf auf und spezialisierte mich auf ERP-Systeme, die man früher noch Material- und Warenwirtschaftsanwendungen nannte. 2017 kaufte ich dann IC-SYS, ein gestandenes Unternehmen, das seit über 25 Jahren Fachsoftware für die Sozialwirtschaft herstellt. Die meisten unserer Kunden sind Seniorenhilfeeinrichtungen. Sie planen und dokumentieren ihre Pflege mit unserer Software, sie verwalten ihre Einrichtungen damit, sie erstellen Rechnungen, sie planen Dienste, schreiben Touren- und Einsatzpläne und sie steuern ihren wirtschaftlichen Erfolg mit unseren Softwareprodukten.

Die Menschen, die in der Sozialwirtschaft arbeiten, lieben es, für andere da zu sein. Deshalb haben sie ihren Beruf gewählt. Folglich war es für uns als IT-Dienstleister auch üblich, einen großen Teil unserer Arbeit direkt mit den Menschen in den Einrichtungen unserer Kunden zusammen zu verrichten. Wir führten dort Schulungen und Projektarbeiten durch, präsentierten unsere Software und schlossen Aufträge ab.

Im Frühjahr 2020 änderte sich das alles. Wie so viele Unternehmer, wurde auch ich von den Auswirkungen mit der Covid-19 Pandemie ziemlich überrascht. Der erste Lockdown wurde beschlossen und unsere Kunden mussten uns den Zutritt zu ihren Einrichtungen vollständig verwehren. Dadurch wurde es für uns zunehmend schwerer, Projekte zu realisieren und neue Aufträge zu gewinnen. Unser Support arbeitet zwar seit Jahren ausschließlich digital, aber unsere Consultants und unser Vertrieb waren es nun mal gewohnt, eng mit unseren Kunden und Interessenten direkt vor Ort zusammenzuarbeiten. Dieses Vorgehen wurde nun über Nacht komplett in Frage gestellt. Wie sollten wir nun damit umgehen? Wie sollten wir also jetzt Projekte realisieren und durch was sollten wir die Messen, die Roadshows und die Anwendertreffen ersetzen, um weiterhin unsere Bestandskunden für Neues zu begeistern und um neue Kunden für uns zu gewinnen?

Viele Unternehmer kannten als Antwort auf die ganzen Herausforderungen in der Pandemiezeit nur die staatlichen Hilfen und Kurzarbeit. Ich dachte mir: Dass muss auch anders gehen! Du besitzt ein IT-Unternehmen, das Software produziert und keinen Friseursalon, der jetzt komplett geschlossen bleiben muss!

Mein erster Gedanke war, wie sollte es auch anders sein: Wir machen jetzt alles digital! Ein wahrlich gutes Gefühl. Für einen

Moment. Die Ernüchterung ließ nicht lange auf sich warten. Allein der gesunde Menschenverstand brachte direkt dutzende von Fragezeichen vor mein geistiges Auge. Sind unsere Kunden eigentlich dafür ausgerüstet? Kann man wirklich weiterhin acht bis zehn Leute in einen Raum packen und sie dann für acht Stunden an einem Tag mit einer digitalen Schulung bedienen? Ist es überhaupt möglich, ein Projektgespräch mit Führungskräften digital durchzuführen, wo doch meistens gefühlt Kilometer von Flipchart-Papier vollgeschrieben werden und dabei teilweise heftig durcheinander diskutiert wird? Ist es möglich, digital mit unseren Botschaften zu unseren Wunschkunden durchzudringen, um ihnen weiterhin unsere hochwertigen Lösungen für ihre größten Herausforderungen präsentieren zu können – und das auf eine Art und Weise, die in ihnen ein Verlangen weckt, welches ohne die Möglichkeit eines Präsenzbesuchs zu einem Vertragsabschluss führt?

Die Antworten auf all diese Fragen war leider erstmal ein ziemlich klares Nein.

Was wir in meinem Unternehmen deshalb jetzt brauchten, waren zündende Ideen, die das klare Nein in ein vorsichtiges, aber durchaus optimistisches Ja verwandeln konnten. Wir mussten uns also alle gemeinsam die Frage stellen, was wir eigentlich bisher in jedem einzelnen Fall genau tun, warum wir es tun, wie wir es tun und in welcher Reihenfolge wir es tun – oder in anderen Worten – wir mussten uns ein glasklares Bild von unseren eigenen, unternehmensinternen Prozessen verschaffen. Denn das war die Voraussetzung dafür, dass wir diese Prozesse verbessern, digitalisieren und sogar automatisieren konnten. Wir mussten unsere Prozesse also komplett neu denken – ja, neu erfinden und in einem für uns neuen Alltag zum Leben erwecken. Echte Prozessinnovationen mussten also her. Ziel war es, dass unser neu erfundener Unternehmensalltag mit neuen und geschärften Prozessen mindestens die gleichen oder bessere Ergebnisse für uns einfährt.

Für uns bedeutete das gleich zwei Dinge auf einmal: Zum einen mussten wir es trotz der Kontaktbeschränkungen schaffen, Geschäfte digital anzubahnen und abzuschließen und zum anderen, unsere Software erfolgreich in die Einrichtungen unserer Kunden zu implementieren. In den folgenden Abschnitten erfahren Sie mehr darüber, wie es uns gelungen ist, unseren Erfolg zu automatisieren.

AUTOMATISIERUNG – WAS SIE FÜR MICH BEDEUTET

Da ich Ihnen im Folgenden genau erzählen werde, was ich in der für mein Unternehmen durchaus spannenden Zeit der Prozessinnovation alles erlebt habe, möchte ich Ihnen zunächst beschreiben, was ich unter Automatisierung verstehe und unter welchen Bedingungen sie überhaupt stattfinden kann.

Wenn ein Vorgang, der sich ständig wiederholt, zuvor nur mit Bindung von Personal, sprich mit Beteiligung von menschlichen Ressourcen funktioniert hat, so umgestaltet werden kann, dass keinerlei Menschenhand mehr erforderlich ist, dann ist er automatisiert worden. Stellen Sie sich das vor wie die Geschichte der Herstellung des Automobils. Wurden Autos zuvor ausschließlich von Hand gefertigt, so gibt es jetzt Produktionsstraßen, die viele Roboter einsetzen, um beispielsweise mit einer zuvor undenkbaren Präzision Teile automatisch miteinander zu verbinden. Gleichzeitig erkennen Sie genau an diesem Beispiel, dass es auch Dinge gibt, die sich bisher nicht sinnvoll automatisieren lassen. So wird beim Automobilbau unter anderem die Endkontrolle immer noch von Menschenhand durchgeführt. Und das ist auch gut so, weil es von Qualität zeugt und den Kunden Sicherheit gibt.

Nun, das, was in der Automobilfertigung zum großen Teil mit speziellen, mit Computertechnik vollgestopften Maschinen möglich gemacht wurde, kann im Business häufig durch den Einsatz digitaler Softwarebausteine erreicht werden, die ich auch gerne Werkzeuge nenne.

Ich glaube an dieser Stelle dürfte Ihnen eines bereits klar geworden sein: Digitale Softwarebausteine sind Werkzeuge und Werkzeuge sollte man nur einsetzen, wenn man das Handwerk bereits versteht, denn durch den Kauf eines Werkzeugs lernt man nur selten direkt das Handwerk. Deshalb sollten Sie unbedingt zuerst das Handwerk der Prozessgestaltung lernen und erst danach über die notwendigen Werkzeuge, also Softwarebausteine, zur Realisierung Ihrer neuen, digitalen Prozesse nachdenken. Sonst laufen Sie Gefahr, etwas gekauft zu haben, was Sie gar nicht gebrauchen können!

Wenn Sie also etwas automatisieren möchten, dann lohnt sich das immer dann, wenn Sie in einem Prozess Schritte identifizieren, die sich wiederholen oder wenn sich der Prozess wiederholt. Bauen Sie zum Beispiel von einem Fahrzeugtyp mehrere tausend Stück, dann richten Sie dafür eine Produktionsstraße ein. Fertigen Sie einen Prototypen, dann machen Sie das meist von Hand. Möchten Sie mehreren tausend Menschen die gleiche Sache beibringen, dann erstellen Sie dazu einen Videokurs. Wollen Sie einem Kunden Details zu einer einmaligen Sache erklären, dann treffen Sie sich mit ihm in einer Videokonferenz.

Alles fängt also damit an, dass Sie Ihre bereits jetzt vorhandenen Prozesse möglichst genau kennen und verstehen. Sie haben noch gar keine Prozesse? Doch! Haben Sie! Sie sind sich ihrer nur noch nicht bewusst. Sie stecken in Ihrem Unternehmen und werden Tag für Tag gelebt, aber noch niemand hat sich die Mühe gemacht, die Prozesse Ihres Unternehmens für alle transparent zu machen. Fangen wir also am Beispiel meines Unternehmens damit an.

BEISPIEL 1: AUTOMATISIERUNG UNSERER PROJEKTREALISIERUNG

Betreten verboten! Das war also die Vorgabe kraft Gesetzes: Keine Meetings und keine Fortbildungsmaßnahmen in Präsenz mehr. Wow! Wie kann das digital funktionieren – ohne, dass dabei die Menschlichkeit verloren geht? Nur noch vor dem Bildschirm hängen – und das stunden- oder gar tagelang? Es war für mich und mein Team klar, dass die Projektarbeit nicht weniger werden kann. Die Fortbildungsstunden zur Schulung der Anwender konnten auch nicht gekürzt werden — sofern diese mit unserer Software wirklich zurechtkommen sollen. Aber – und jetzt kommen wir der Antwort etwas näher – es stand nirgends in Stein gemeißelt, dass alles in der gleichen Reihenfolge und in der gleichen Länge am Stück passieren muss. Ich erinnerte mich an meine Schulzeit zurück und daran, dass eine Schulstunde, sofern es eine Doppelstunde war, maximal 90 Minuten dauerte. Zu einem Thema bzw. in einem Schulfach gab es also maximal 90 Minuten lang Informationen an einem Stück. Das brachte mich auf eine Idee. Ich lud zwei befreundete Lehrer zu einer Videokonferenz mit meinem Team ein. Sie erklärten uns im Detail das pädagogische Konzept von Unterrichtsstunden, wie man diese Stunden vorbereitet und was passieren muss, damit das Gelernte auch in den Köpfen der Schüler, welches in unserem Fall die Anwender unserer Software sind, hängen bleibt. Das neue Motto für Fortbildungen war also geboren: Alles in gut verdaubaren Häppchen!

Jetzt lag viel Arbeit vor uns. Alle bisher richtig gut durchdachten und sehr praxisbewährten Fortbildungsmaßnahmen mussten komplett neu strukturiert und in viel kleinere Einheiten aufgeteilt werden. Dabei musste vieles beachtet werden, was zuvor nicht wichtig war: Hat die zu schulende Einrichtung die notwendige IT-Infrastruktur zur Durchführung von Videokonferenzen mit geteiltem Bildschirm? Wenn nicht, wie kann diese Infrastruktur durch Leihgaben oder Sonstiges rechtzeitig hergestellt werden? Dazu gehören unter anderem Kameras an den PCs oder Notebooks, ein ausreichend schneller Internetanschluss und eine gewisse Sicherheit im Umgang mit der Software für die Videokonferenzen. Es war also notwendig, verschiedene Checklisten zur Vorbereitung der Fortbildungsmaßnahmen zu erstellen, damit diese jeweils vor einem Fortbildungstag abgehakt werden können, um so dafür Sorge zu tragen, dass an einem Fortbildungstag nichts Entscheidendes fehlt. Es gibt Einrichtungen, die gemeinschaftlich in einem Raum lernen möchten und welche, die ihren Mitarbeitern das Lernen von einem individuellen und ruhigen Arbeitsplatz aus ermöglichen, teilweise auch aus dem Homeoffice. Für beide Fälle hat mein Team verschiedene Checklisten zur Vorbereitung ausgearbeitet und diese sogar teilweise noch an die Gegebenheiten einzelner Kunden angepasst.

Wenn ein Prozess überholt wird, stellt sich immer die Frage, ob es noch mehr alte Konzepte gibt, die man am Besten durch Neue ersetzen sollte. Bei uns war es die Frage, was besser digital als analog gemacht werden kann und was davon auch noch automatisiert werden kann. Schauen wir uns mal den Ursprung des Prozesses an, mit dem wir bis dahin Projekte realisiert haben und die Gedanken, die wir uns zur Überarbeitung dieses Prozesses gemacht haben.

Vor der Überarbeitung unseres Prozesses lief grundlegend Folgendes ab:

1. Projekt Kick-Off-Meeting beim Kunden vor Ort
2. Ist-Analyse beim Kunden vor Ort
3. Anpassung unserer Software an den Kunden
4. Vorstellung und Abnahme der angepassten Software bei dem Kunden vor Ort
5. Installation beim Kunden vor Ort oder online
6. Durchführung der Schulungen in den Einrichtungen des Kunden in mehreren Schritten
7. Testläufe beim Kunden vor Ort
8. Vor-Ort-Begleitung während der Überführung in den Echtbetrieb

9. Regelmäßige Projektstatus-Meetings zur Sicherung von Qualität und Fortschritt, meist vor Ort.

Nur nachdem uns alle neun Schritte klar waren, konnten wir damit anfangen darüber nachzudenken, wie wir die einzelnen Schritte digitalisieren und automatisieren.

Alle Meetings, die wir vor Ort durchführen, also die Schritte 1, 2, 4, 7, 8 und 9 mussten wir durch digitale Treffen ersetzen. Dabei hatten wir zwei Bedingungen. Zum einen mussten wir es schaffen, die Teilnehmer weiterhin sehen und hören zu können und zum anderen mussten wir ebenso in der Lage sein, den Teilnehmern weiterhin etwas von unserer Software zu zeigen, damit sie bestimmte Dinge gut verstehen können. Wir mussten uns also für die richtige Meeting-Software entscheiden. Das wiederum brachte weitere Gedanken auf den Tisch. Diese Software musste problemlos und kostengünstig beim Kunden einsetzbar sein, sie musste sich zwecks Terminmanagement problemlos in unsere vorhandene Office 365-Landschaft integrieren lassen und sie sollte es ermöglichen, dass sich Teilnehmer auch online zu einem Meeting anmelden können. Nachdem nun die richtige Meeting Software gefunden war, ergab sich die weitere Notwendigkeit zur Optimierung unseres Projektrealisierungsprozesses. Die Teilnehmer mussten vor jedem Meeting auf die Handhabung der Software und die erforderliche Hardware vorbereitet werden. Bingo! Hier kommt Automatisierungspotential zum Vorschein. Wir erstellten ein Video als Anleitung zur Vorbereitung sowie eine Checkliste mit Schritten zur Vorbereitung, die auch die Hardwarevoraussetzungen klärt. Diese Unterlagen bekommt jeder Teilnehmer automatisch 48 Stunden vor dem Termin, ohne dass noch ein Mensch tätig werden muss. Genauso ist es mit Terminerinnerungen an langfristig geplante Termine. Man könnte jetzt denken, dass sei alles, was unsere Prozessinnovation in Sachen digitale Meetings angeht. Nein! Es gibt da noch mehr. Befassen Sie sich mal mit dem Gedanken, dass digital durchgeführte Meetings aufgezeichnet werden können. Was für ein Innovationspotential! Die Aufzeichnungen können zur Nachvollziehbarkeit und zur Sicherung der Qualität verwendet werden. Zudem können sich verhinderte Teilnehmer die Videos im Nachgang anschauen und alle Teilnehmer können automatisch E-Mails mit den Links zu den Aufzeichnungen bekommen.

Nachdem wir Punkt 5, die Installation, etwas vernachlässigen konnten, da wir hier bereits in den letzten Jahren viele Installationen online durchgeführt haben, wandten wir uns dem ganz besonderen Punkt 6, den Schulungen zu. Hier ergab sich nicht nur Digitalisierungs- oder Automatisierungspotential, sondern auch noch Potential zur Gewinnmaximierung. Wir entschieden uns, möglichst alles, was sich ständig wiederholt, als digitale Schulungsvideos zu produzieren und in eine Online-Schulungs-Bibliothek zu packen. Dies mussten wir nur einmal tun. Mal davon abgesehen, dass wir unsere Software ständig weiterentwickeln und deshalb nach jedem Update auch hier ein paar Dinge aktualisieren müssen. Wir konnten also Videos einmal produzieren und sie dann x-fach verkaufen. Das taten wir allerdings nicht mit jedem einzelnen Video. Stattdessen haben wir alle Videos in sinnvolle Online-Kurse zusammengefasst und diese Online-Kurse zu einer persönlichen Erlebnisreise für jeden Teilnehmer gemacht. Es gibt in diesen Kursen nicht nur eine persönliche Fortschrittsanzeige, sondern auch ein Quiz zu jeder Lerneinheit zur persönlichen Erfolgskontrolle und ein persönliches Zertifikat am Ende des Kurses. Das Schöne dabei ist: Es geht alles automatisch. Nachdem ein Kunde einen solchen Kurs gekauft hat, werden die Teilnehmer automatisch im Mitgliederbereich dafür freigeschaltet und es kann losgehen. E-Mails zur Motivation können automatisch versendet werden und das Zertifikat wird nach erfolgreichem Abschluss auch automatisch erzeugt und an den Teilnehmer versendet. Denken Sie jetzt: Das ist ja cool! Eine Gelddruckmaschine! Nun, so ist es nicht – und das ist auch gut so. Dinge, die ausschließlich digital und automatisch ablaufen, sind für unsere Zielgruppe nicht geeignet. Menschen wollen Kontakt zu anderen Menschen. So beginnen wir jeden Kurs mit einer ersten Live-Schulung. Dazu setzen wir die gleiche Software ein, wie für unsere Meetings. Dadurch können wir unseren Teilnehmern alles zum Online-Kurs erklären, wir können ihnen die ersten, grundlegenden Schritte im Umgang mit unserer Software erklären und wir können Fragen direkt klären. Das gibt allen ein gutes Gefühl und ist superwichtig. Man kann es betrachten wie ein individuelles Onboarding. Weiterhin bieten wir den Kursteilnehmern regelmäßige Live-Meetings an, damit sie ihre Fragen loswerden können und so einen aktiven, echten Austausch mit anderen Teilnehmern erleben können. Diese Live-Meetings dauern 2 bis 3 Stunden und finden 1 bis 2 Mal pro Woche statt.

Sie sehen: Das Überarbeiten unseres Prozesses hat viele neue Prozessschritte hervorgebracht, gerade in der Vor- und Nachbereitung von Meetings und Schulungen. Aber dadurch wird der neue Prozess nicht komplizierter als der alte. Erst durch das konstruktive und transparente Nachdenken über unsere Prozessverbesserungspotentiale konnten wir die richtigen Werkzeuge zur Umsetzung unserer Ideen identifizieren. Wir haben jetzt eine Software im Einsatz, die es uns ermöglicht, Online-Meetings professionell und teilweise automatisch zu organisieren und durchzuführen. Sie sorgt unter anderem dafür, dass die Termine zusammen mit einem Link zur Konferenz in den Kalendern der Teilnehmer landen. Zusätzlich benutzen wir eine Software, die das Zusammenarbeiten aller Beteiligten an den Projektunterlagen gewährleistet. So bleibt für jeden beteiligte Mitarbeiter von uns und auch für jeden am Projekt beteiligten Mitarbeiter unseres Kunden jederzeit alles transparent und nachvollziehbar. Für die Online-Bibliothek mit Schulungsvideos setzen wir ebenfalls eine spezielle Software ein, die uns das Einrichten der oben beschriebenen Erlebnisreise für jeden Teilnehmer besonders leicht macht.

BEISPIEL 2: AUTOMATISIERUNG UNSERES VERTRIEBS

Hier möchte ich mit einem Disclaimer starten: Sie finden nachfolgend weder ein Patentrezept noch eine Schritt für Schritt-Anleitung für gutes Online-Marketing! Hier geht es primär darum, wie Sie am besten über die Automatisierung Ihres Vertrieb nachdenken können. Zur Vertiefung der Themen Vertrieb, Online-Marketing und Webinare lesen Sie bitte die Artikel von Oliver Kleboth und André Schneider in diesem Buch.

In Zeiten von Kontaktbeschränkungen ist die größte Herausforderung für den Vertrieb wohl das Fernbleiben der interessierten Wunschkunden. Früher haben Sie Messen und Roadshows besucht. Sie haben an Kongressen teilgenommen und Kundenveranstaltungen besucht. Und jetzt? Kaltanrufe von Telefonnummern aus den Gelben Seiten? Wahlloses Versenden von E-Mails in der Hoffnung auf einen Zufallstreffer? Hoffen, dass jemand das Kontaktanfrage-Formular auf der Internetseite ausfüllt? Nun – das alles sind Ideen, aber sicher nicht die besten Möglichkeiten in der heutigen Zeit. Willkommen in der sehr komplexen Welt des Online-Marketings mit unzähligen Coaches, noch mehr schön geredeten Konzepten und sich ständig ändernden Regeln durch täglich angepasste Algorithmen der Anbieter von bezahlter Werbung im Internet.

Achtung! Bevor Sie auf den Gedanken kommen, Geld in bezahlte Online-Werbung zu stecken, probieren Sie es erstmal mit Ihren Bestandskunden aus. Nichts ist wertvoller als Ihre eigene Kundenliste – vorausgesetzt Sie haben gute und zuverlässige Produkte. Denn: Wer einmal kauft, kauft immer wieder! Warum? Weil das Vertrauen in Sie und Ihre Produkte bereits vorhanden ist. Machen Sie es wie mein Team und ich. Denken Sie darüber nach, was Ihre Kunden als nächstes brauchen und verkaufen Sie es online an sie!

Wie das geht? Zusammenfassend könnte ich behaupten, dass es geht, indem Sie Ihren Kunden beibringen, Ihr Produkt zu kaufen. Das hört sich etwas merkwürdig an? Sicher! Sie haben vollkommen Recht. Aber denken Sie mal nach. Was wollen die meisten Menschen, wenn sie beruflich im Internet unterwegs sind? Sie suchen eine Lösung für ein Problem. Man könnte auch sagen, dass sie im Lernmodus unterwegs sind. Und genau davon gehen auch alle Anbieter von irgendwelchen

Suchmaschinen aus. Selbst die sozialen Netzwerke denken so. Das ist auch der Grund dafür, dass Suchmaschinen und soziale Netzwerke alles würdigen, was ihren Nutzern einen Mehrwert bietet. Im Gegenzug bestrafen sie alles, was ihren Nutzern nicht unbedingt von Nutzen ist. Wenn Sie also im Online-Marketing erfolgreich sein wollen, dann müssen Sie Ihren (Wunsch)kunden etwas von Wert vermitteln. Im besten Fall schaffen Sie es, ihnen etwas beizubringen, das dazu führt, dass sie ein gewisses Verlangen nach einem Ihrer Produkte aufbauen. Bringen Sie Ihnen bei, was sie tun müssen, um eines ihrer Probleme zu lösen und lassen Sie sie dann erkennen, dass der Weg zur Lösung mit Hilfe Ihres Produktes viel kürzer und effizienter wird. Lernen Sie, Ihr Wissen in wahre, authentisch erzählte Geschichten zu verpacken. So bleiben Ihre Botschaften ohne Probleme in den Köpfen Ihrer (Wunsch) kunden hängen. Deshalb probieren Sie das am besten erst mal mit Ihren Bestandskunden aus. Sie werden Ihre Geschichten und Ihre neuen oder Ihre zusätzlichen, praktischen Problemlösungsbeschleuniger (Produkte) lieben. Wenn es bei Ihren Bestandskunden funktioniert, dann wird es auch bei potentiellen Neukunden funktionieren. Genau so haben mein Team und ich es jedenfalls erlebt. Durch eine Gesetzesänderung mussten wir einerseits etwas für jene Kunden mit Softwarewartungsvertrag in unserer Software ändern. Andererseits ergab sich eine Möglichkeit für ein völlig neues Softwaremodul. Dieses neue Modul haben wir unseren Bestandskunden mit Hilfe eines automatisch ablaufenden Webinars angeboten. Wir haben in diesem Webinar viele, wahre Geschichten rund um die Komplexität der neuen Gesetzeslage erzählt und dann erklärt, was wir alles unternommen haben, um unseren Kunden mit Hilfe unseres neuen Softwaremoduls das Leben stark zu erleichtern. Zum Schluss haben wir den doch recht hohen, aber vollkommen gerechtfertigten Preis auf Basis einer Abschreibungszeit von fünf Jahren auf den einzelnen Pflegetag herunter gerechnet. So kamen nur noch Cent-Beträge heraus und die meisten hatten keine weiteren Fragen mehr. Ein gegen Ende des Webinars eingeblendeter Button zum Anklicken hat dann zu einem Online-Formular zur Anforderung eines konkreten Angebots geführt. Über dieses Webinar haben wir das neue Modul über einen Zeitraum von knapp drei Monaten an über 95 Prozent unserer Kunden verkauft. Zuvor, also ohne dieses automatisch ablaufende Webinar, hätten wir mindestens neun Monate gebraucht um alle 1 500 Kunden irgendwie zu erreichen und ihnen in langen Gesprächen den Sinn und den Preis des neuen Moduls zu erklären.

Sie sehen: Während uns der alte Prozess endlose Telefonate und somit viel Personaleinsatz gekostet hätte, läuft der neue Prozess bis zur Angebotsanforderung völlig automatisch ab. Er beginnt mit einer Einladung zu dem automatisch ablaufenden Webinar via E-Mail. Diese E-Mail enthält einen Link zur Anmeldung, der auf ein Online-Anmeldeformular verzweigt. Nach der Anmeldung bekommt der Teilnehmer eine E-Mail zur Bestätigung. Diese E-Mail enthält im Anhang einen Termin, den der Teilnehmer damit automatisch in seinen Kalender eintragen kann. Zur Absicherung bekommt er noch automatische E-Mails zur Erinnerung. Jede E-Mail enthält den Link zum Webinarraum. Durch einen Klick auf diesen Link kann der Teilnehmer der Webinarraum betreten und so am Webinar teilnehmen. Während des Webinars kann er in einem Chat Fragen stellen, die per E-Mail bei uns landen und zeitnah beantwortet werden. Nach etwa drei Viertel der Webinar-Zeit wird dem Teilnehmer ein Link zu einem Formular eingeblendet. Mit Hilfe dieses Formulars kann er ein Angebot anfordern. Dieses wird dann umgehend erstellt und ihm via E-Mail zugestellt.

Das war jetzt die Veranschaulichung der Automatisierung einer unserer Vertriebsprozesse. Mit dieser Herangehensweise haben wir auch alle anderen Prozesse überarbeitet. Unser Prozessportfolio für den Vertrieb umfasst jetzt drei elementare Bausteine:

1. Diverse, zielgruppenorientierte Live-Webinar-Funnel zur Neukundengewinnung.
2. Ein hybrides, hochpreisiges Anwendertreffen, das mit wenigen Teilnehmern live stattfindet und dem Rest unserer Kunden wie ein Hollywood Blockbuster in ihre Büros gestreamt wird.
3. Einen Online-Kongress, der unsere Kunden und Interessen über die neuesten Branchentrends in Verbindung mit unseren Produkten aufklärt.

ERFOLGSAUTOMATISIERUNG – KANN ICH DAS AUCH?

Wie Sie an den zwei Beispielen aus der Projekt- und Vertriebspraxis meines Unternehmens unschwer erkennen können, lässt sich durch Digitalisierung Erfolg automatisieren und Gewinn maximieren. Prozesse können digitalisiert werden, sich wiederholende Dinge können aufgezeichnet und immer wieder angeschaut werden. Wichtige Botschaften können so zur Verfügung gestellt werden, dass sie an sieben Tagen in der Woche vierundzwanzig Stunden lang abrufbar sind. Können auch Sie das alles erreichen?

Ganz klar: Ja! Handeln Sie nach dem folgenden Muster in vier einfachen Schritten:

1. Lassen Sie jeden Prozess, der Ihnen in der heutigen Zeit keine optimalen Ergebnisse mehr bringt, von jemandem auf Video aufzeichnen, der ihn genau kennt. In diesem Video sollte er genau beschreiben, was er tut, wie er es tut und warum er es tut. Die gleichzeitige Aufzeichnung eines Computerbildschirms kann dabei helfen, die Dinge näher zu skizzieren oder sie besser zu erklären.
2. Lassen Sie den Prozess dann von jemand anderem als Grafik visualisieren.
3. Diskutieren Sie anschließend mit den vom Prozess betroffenen Menschen über die Möglichkeiten und Notwendigkeiten der Veränderung und Digitalisierung. Hierbei fragen Sie sich: Was wiederholt sich in gewisser Art und Weise ständig und sollte deshalb automatisiert werden? Was kann zum Beispiel aufgezeichnet werden? Was kann live, aber online stattfinden und was kann oder darf tatsächlich nur live in Vor-Ort-Präsenz stattfinden? Wenn das geklärt ist, dann fragen Sie sich, welche Daten automatisch von A nach B wandern sollten. Beispielsweise könnte ein Kunde ein Online-Seminar bei Ihnen gekauft haben. Dann soll die Zahlung automatisch abgewickelt werden und der neue Kunde soll automatisch als Mitglied im Online-Seminarbereich angelegt werden.
4. Visualisieren Sie den neuen Prozess und setzen Sie ihn in die Tat um. Vergessen Sie dabei nicht meine Warnung, dass Sie erst Ihren neuen Prozess erfinden müssen, bevor Sie sich Gedanken zu den dafür erforderlichen Werkzeugen, sprich Softwaretools machen.

Vergessen Sie niemals, Ihre Mitarbeiter dabei einzubeziehen. Sie besitzen und leben die Prozesse. Wenn Sie also etwas ändern wollen, dann finden Sie einen Weg, dass Ihre Mitarbeiter selbst die dringende Notwendigkeit für Veränderung erkennen und Sie werden auf keinerlei Widerstand stoßen. Wenn dann ein neuer Prozess zum Erfolg führt, dann feiern Sie das gebührend. Nur so gewöhnt sich Ihre Belegschaft daran, dass Veränderung etwas Gutes ist.

Zum guten Schluss verrate ich Ihnen noch etwas. Sie wissen wahrscheinlich, dass es für einen Unternehmer wichtiger ist an seinem Unternehmen zu arbeiten als in seinem Unternehmen zu arbeiten. Was brauchen Sie dazu? Eine gehörige Portion Ihres wertvollsten Guts, Ihrer Zeit! Wo bekommen Sie diese Zeit her? Ganz einfach: Wenn Sie die Schritte der Erfolgsautomatisierung erfolgreich gegangen sind, dann haben Sie nicht nur diese Zeit, sondern auch mehr Zeit für sich, Ihre Familie und Ihre weiteren Herzensprojekte – genauso wie ich schon ziemlich lange.

Wie Sie leicht für sich selbst die nächsten Schritt gehen können:

Wenn Sie weiteres Interesse an der Automatisierung Ihres Erfolgs haben, dann lade ich Sie zu einem kostenlosen, zweistündigen Individual-Workshop mit mir ein. Diese Einladung richtet sich an jeden Unternehmer in jeder Branche, der seinen Kunden mindestens ein ausgezeichnetes Produkt oder eine ausgezeichnete Dienstleistung anbietet. Während meiner Jahrzehnte als Softwareentwickler im ERP Bereich habe ich schon vieles automatisiert und dadurch schon vieles zu neuem Erfolg geführt. Ich liebe das!

Wenn Sie im Mitgliederbereich zu diesem Buch auf den entsprechenden Link klicken, dann werden Ihnen mittels eines

Bewerbungsformulars zunächst ein paar Fragen gestellt. Diese helfen mir erstens dabei, zu erkennen, ob ich Ihnen mit meinen Fähigkeiten wirklich helfen kann und zweitens kann ich mich mit den Informationen besser auf unser Gespräch vorbereiten. Wenn das alles passt, dann kann ich mir sicher sein, dass unser Gespräch einen echten Mehrwert für Sie haben wird und dass keiner von uns Zeit verschwendet. Ist Ihre Bewerbung erfolgreich, dann erhalten Sie digitalen Zugriff auf meinen Kalender, damit Sie sich einen passenden Termin aussuchen können. Zum Schluss bekommen Sie eine Terminbestätigung mit dem Link zu unserer persönlichen Videokonferenz. Und das alles – natürlich – automatisch!

Ich freue mich bereits jetzt auf unser Gespräch.

Geschenk #6
INDIVIDUAL-WORKSHOP ZUR AUTOMATISIERUNG

Sie haben ein ausgezeichnetes Produkt oder Dienstleistung? Dann automatisieren Sie Ihren Erfolg! Ich lade Sie exklusiv zu einem zweistündigen Individual-Workshop mit mir ein.

Login Memberbereich:
https://weiter.link/mutfree

UNTERNEHMERPROFIL
Roland Wienen

IC-SYS INFORMATIONSSYSTEME

Roland Wienen ist geschäftsführender Gesellschafter der IC-SYS Informationssysteme GmbH. Das Unternehmen mit seinen 30 wunderbaren Mitarbeitern hat seinen Sitz in Gera. Es wurde 1991 gegründet und stellt seit mehr als 25 Jahren die Software ProfSys her, eine Branchenlösung für die Sozialwirtschaft. Über 1.500 Einrichtungen aus der Seniorenhilfe, Behindertenhilfe sowie Kinder- und Jugendhilfe setzen diese Software ein, um damit zu planen, zu dokumentieren, abzurechnen und ihren Erfolg zu steuern.

Roland hat das Unternehmen 2017 im Rahmen einer Unternehmensnachfolge zusammen mit einem Geschäftspartner gekauft. Er führt das Unternehmen als Geschäftsführer alleine.

Bereits als Kind im Alter von 12 Jahren hat Roland eine große Leidenschaft für die Kunst des Programmierens entwickelt. Mit einem Erfahrungsschatz von mehr als drei Jahrzehnten hat er sich auf die Architektur von Software spezialisiert. Roland sieht jegliche Software als Werkzeug zur Lösung von Problemstellungen und zur Verbesserung von Geschäftsprozessen. Software zu entwickeln bedeutet für ihn nur zu einem kleinen Teil sie zu programmieren. Im Wesentlichen kommt es für ihn darauf an, die richtige Lösung für eine aktuelle Herausforderung zu entwickeln und sie zeitnah in die gelebte Praxis zu implementieren. Ein an der York St. John University erfolgreich abgeschlossener Masterstudiengang in der Führung von Innovationen und dem damit verbunden Change-Management hat Roland dabei geholfen, die dazu erforderlichen Verfahren zu professionalisieren.

Gerade in Zeiten der Covid-19 Pandemie kam ihm das natürlich zugute. Die Prozesse in Rolands eigenem Unternehmen mussten so umgebaut und automatisiert werden, dass sie den Anforderungen der Kontaktbeschränkungen mit Kunden standhalten. Dieser Umbau und die dadurch unerwartet guten Ergebnisse haben Roland so viel Freude bereitet, dass er inzwischen auch Unternehmen aus anderen Branchen dabei hilft, deren Geschäftsmodelle durch Digitalisierung und Automatisierung zukunftsfähig zu machen und so die Grundlage für Unternehmenswachstum zu schaffen.

www.profsys.de

7

ELKE GRESS

Marketing

WIE SIE MIT STRATEGISCHEM MARKETING IHR BUSINESS AUF EIN NEUES LEVEL HEBEN UND SO ZUM KUNDENMAGNET WERDEN

Wer hätte gedacht, dass Corona unser Leben so auf den Kopf stellt? Vermutlich kaum jemand. Manche Unternehmen haben von der Pandemie profitiert, andere sind daran zerbrochen. Alles lief dennoch irgendwie weiter – wenn auch langsamer und anders als vorher. Leider hält das Leben jedoch nicht nur Corona als Krise für uns bereit. Im Business geht es immer wieder auf und ab. Das weiß ich selbst allzu gut. In meinem Kapitel geht es deshalb nicht ausschließlich um Corona, sondern um meine ganz persönliche Geschichte des Scheiterns, wie ich wieder auf die Beine kam und mit jeder weiteren Krise stärker wurde.

Manchmal kracht es im Leben richtig. Mit einem ordentlichen Kawumm realisierte ich an einem frühlingshaften Märztag im Jahr

2015, dass ich meine Firma voll an die Wand gefahren hatte. Ich hatte es nicht kommen sehen. Nein, anders: Ich wollte es nicht kommen sehen. Ich hatte eine Full-Service-Agentur mit sieben Angestellten und ein großes Büro mit Werkstatt für Folientechnik und Digitaldruck. Aber eines hatte ich nicht: einen Plan. Meine Kalkulation war schlecht, Mitarbeiterführung gab es nicht. Eigenes Marketing? Fehlanzeige. Ich stocherte ohne Sinn und Verstand vor mich hin – und das 12-14 Stunden täglich, sieben Tage die Woche. Als ich merkte, dass in meiner Firma einfach alles gehörig schief lief, war es eigentlich schon zu spät. In blindem Aktionismus versuchte ich, das Ruder herumzureißen. Ich investierte noch mal Geld, das ich eigentlich auch gleich hätte verbrennen können. Es nützte alles nichts. Die Kuh stand nicht mehr nur auf dem Eis, sie war bereits eingebrochen. Panik kroch in mir hoch. Das Gefühl, versagt zu haben, machte sich breit.

INSOLVENZ?

Das ist doch was für faule Idioten und Menschen, die unfähig sind. Fehler und Misserfolge haben in unserer Leistungsgesellschaft keinen Platz. Hätte mir jemand anderes diese Geschichte erzählt – ich wäre schnell darin gewesen, ein schlechtes Urteil über ihn zu fällen. Man weiß es schließlich immer besser. Und nun steckte ich selbst bis zum Hals im Schlamassel. Was also tun? Woche für Woche zögerte ich eine Entscheidung hinaus. Was sollten nur die anderen über mich denken? Partner, Eltern, Freunde, Mitarbeiter, Lieferanten, Kunden… Wer will denn dann noch etwas mit mir zu tun haben, wenn ich voll versagt habe?

DIE SUPPE AUSLÖFFELN

Irgendwann konnte ich das Unvermeidliche nicht mehr aufhalten. Jeder Tag kostete noch mehr Geld, Energie und Lebenszeit. Ich entschied mich für die Privatinsolvenz. Und es passierte etwas, was ich nicht für möglich gehalten hatte. Denn erst einmal fiel eine tonnenschwere Last von mir. Ich war erleichtert, endlich eine Entscheidung getroffen zu haben. Ich hatte sie so lange vor mir hergeschoben. Die Erleichterung währte jedoch nicht lange, denn auf der anderen Seite stand nun die Aufgabe, allen, die mit meinem Unternehmen zu tun hatten, Bescheid zu geben. Es war für mich der sprichwörtliche Gang nach Canossa. Bei jedem Kundenanruf schämte ich mich ein bisschen mehr.

Nichtsdestotrotz habe ich auch viel Zuspruch erhalten. Jeder Unternehmer, mit dem ich sprechen musste, hatte eine Krisengeschichte zu erzählen. Jeder wusste, wie es sich anfühlt, wenn etwas den Bach runtergeht. Es kamen Aussagen wie »Ohne Krisen kann es keine Erfolge geben«, »Das passiert auch den Besten«, »Wenn du mal mit dem Rücken an der Wand stehst, merkst du irgendwann, dass die Wand nicht nachgibt«. Da wurde mir klar: Es ist nicht das Ende. Höchstens das Ende dieses Kapitels.

Scheitern tut weh. Niemand mag das. Aber der richtige Umgang mit Niederlagen macht uns stark. Was ich in dieser Zeit gelernt habe? Wer die volle Verantwortung für sein Leben, seinen Erfolg und auch sein Scheitern übernimmt, hat alles in der Hand. Die Vergangenheit lässt sich nicht ändern, Fehler können nicht rückgängig gemacht werden. Aber daraus lernen – das kann man immer.

IN JEDER KRISE STECKEN CHANCEN

Ohne Wind kann niemand segeln. Gibt das Leben dir Zitronen, mach Limonade draus. Nach Regen kommt auch wieder Sonnenschein. Gib alles – nur nicht auf. Schlaue Sprüche, die uns auch in Krisenzeiten motivieren sollen, gibt es viele. Fakt ist: Krisen sind Chancen – aber in Arbeitskleidung. Sie erfordern dein Handeln. Sie bedeuten nicht das Ende. Auch wenn es sich im ersten Moment vielleicht so anfühlen mag. Das macht vor allem die negative Fehlerkultur in unserer Gesellschaft. Wer scheitert, ist als Verlierer abgestempelt. Aber das ist Quatsch. Denn nur wer nicht handelt, ist ein Verlierer. Scheitern setzt Handeln voraus und das bedeutet, dass du Verantwortung übernimmst. Ich begann, meine Einstellung zu ändern und mich wieder aus der Opferrolle und der Handlungsunfähigkeit freizuschaufeln. Das Leben will schließlich nicht mit Schonbezügen gelebt werden. Ich machte mich auf, an mir selbst zu arbeiten, wollte mich weiterentwickeln. Dafür nahm ich die Hilfe vieler Menschen in Anspruch.

Ich war bei Coaches und Unternehmernetzwerken, bei Hexen und Schamanen, ich besuchte Seminare und Trainings, suchte mir Vorbilder und Mentoren. Und ich setzte mich aktiv mit meinem Scheitern auseinander. Ich wollte herausfinden, wie es so weit kommen konnte, was falsch gelaufen war. Denn ich wollte auf keinen Fall dieselben Fehler wieder machen. Heute kann ich sagen, meine drei größten Versäumnisse waren:

1. Ich hatte für mein Unternehmen keine Ziele! Es gab keine Unternehmensstrategie, immerhin musste ich auch ständig arbeiten, wer soll sich denn da noch Ge-

danken darüber machen, wo das Unternehmen in 1, 2 oder gar 5 Jahren stehen soll.
2. Ich war zu billig! Aus Angst, dass keiner kauft, weil ich zu teuer sein könnte. Dass meine Preise umgekehrt oft nicht mal die Fixkosten deckten, habe ich erst gemerkt, als es schon zu spät war
3. Ich hatte kein Marketing! Man kannte mich nur in meinem kleinen Kundenkreis. Wir haben zwar viel dafür getan, dass unsere Kunden neue Interessenten finden, aber für uns selbst haben wir uns nicht darum gekümmert.

Zunächst wollte ich mich mit dem 1. Punkt beschäftigen – meinen »Zielen«. Was will ich mit einem Unternehmen erreichen, welchen Mehrwert möchte ich schaffen, welche Art von Unternehmerin will ich sein, wie kann ich anderen ein Vorbild sein? Ich schlug mir Tage und Nächte um die Ohren, um meine wirkliche Leidenschaft zu finden. Die eine Sache, die ich wirklich gut kann, die mich glücklich macht und die für andere einen Mehrwert schafft.

Gemeinsam mit einer Freundin feilte ich an einem Neuanfang. Aus meiner eigenen Misere schaffte ich eine neue Mission: Ich wollte nicht nur für mich, sondern auch für meine Kunden Websites erschaffen, die das Unternehmen näher zu Kunden bringen. Websites, die verkaufen. Die digitale Welt begeisterte mich immer mehr, und ich arbeitete mich in viele weitere Themen ein, um Technik mit Strategie und Grafik zu verbinden. Es ging mir darum, die Leidenschaft und Expertise meiner Kunden im Web sichtbar zu machen und so der Welt zu erzählen, was sie Tolles zu bieten hatten. Es fehlte allerdings noch etwas, um wirklich aus der Masse herauszustechen – die Sache war noch nicht rund. Und so erinnerte ich mich daran zurück, dass ich vor einiger Zeit mit einem meiner Kunden bei einem Coaching zum Thema Storytelling und Storymarketing war und wir sein Unternehmen mit dieser Strategie sehr erfolgreich nach vorne gebracht hatten.

STORYTELLING ALS ERFOLGSTOOL

Nichts hat mehr Potenzial als eine gute Geschichte. Das begriff ich schon nach dem ersten Dreitagesseminar beim Storytelling-Papst Alexander Christiani. Deshalb entschied ich mich noch vor Ort für ein langfristiges Mentoring bei ihm. Eine finanziell große Investition, die mir eine ganze Menge Angstschweißperlen auf die Stirn trieb. Aber ich wusste, dass genau dies das fehlende Puzzleteil war – und gleichzeitig die Lösung für Fehler 3 »Marketing«, nach dem ich so lange gesucht hatte.

Ich lernte in den darauffolgenden Jahren, welchen unglaublichen Unterschied es macht, wenn man mit authentischen Geschichten und einer klaren Botschaft kommuniziert, wenn man den Kunden sagt, welchen Nutzen sie davon haben, wenn sie das Produkt kaufen und dadurch konnte ich für meine Kunden noch bessere Arbeit leisten. Einzigartige Arbeit.

Ich lernte im Mentoring auch unheimlich viel über mich selbst, fing an, darüber nachzudenken, welche Geschichten ich mir eigentlich selber erzähle und wie verrückt die manchmal sind. Ich begann, anders mit meinen Kunden und Kollegen zu kommunizieren, hatte das Gefühl, das man mich besser versteht und ich auch mich besser verkaufen kann. Ich schaffte es, größeren Mehrwert zu stiften, und wurde von meiner Leistung immer überzeugter. Endlich! Das hatte auch zur Folge, dass ich plötzlich hinter meinen Preisen stand. Denn ich wusste: Meine Leistung ist es wert. Ich bin es wert. Was für ein Aha-Erlebnis! Das machte mich unglaublich stolz und zufrieden. Ein großer Meilenstein für mich – und eine Lösung für Fehler Nr. 2 »Preise« – Yehaa! Ich habe es also geschafft, für alle drei Ursachen meines Scheiterns eine Lösung zu finden und habe es mir gleichzeitig zur Aufgabe gemacht, andere Unternehmer vor diesen fatalen Fehlern zu bewahren.

GEMEINSAM MEHR ERREICHEN

Mittlerweile war ich aus meinem Homeoffice aus- und in eine Bürogemeinschaft eingezogen. Ich hatte mir die Entscheidung nicht leicht gemacht. Schließlich ging es wieder um eine Investition, eine monatliche Belastung in Form von Miete. War ich dafür schon wieder bereit? Die Angst, erneut zu scheitern, kam kurz in mir hoch. Aber ich entschied mich, ihr keinen Platz zu gewähren. Ich hatte ein gutes Gefühl bei der Sache – und bei weitem nicht so viel zu verlieren wie noch vor ein paar Jahren. Patrizia, eine Unternehmensberaterin mit viel Power, Grips und Herz, hatte ich bei einem Business-Netzwerk kennengelernt. Zwischen uns passte es wie »Arsch auf Eimer« – auch wenn wir doch ganz unterschiedlich ticken. Der Austausch mit ihr in unserer Bürogemeinschaft tat mir extrem gut. Ich lernte viel über mich, knüpfte spannende Kontakte, zog tolle Projekte an Land und merkte, dass ich noch weiter wachsen konnte. Ich hatte plötzlich so viel Luft zum Atmen und war glücklich wie noch nie mit meiner Arbeit. Endlich fühlte ich mich angekommen. Vor über drei Jahren zog Uli in die Bürogemeinschaft mit ein – auch ein Unternehmensberater, der jedoch wieder einen ganz anderen Fokus als Patrizia hatte. Wir merkten schnell, dass die Kombination aus Beratung, Strategie, Geschäftsmodell und Storymarketing unseren Kunden einen echten Mehrwert bieten könnte – und zwar um schneller und effizienter voranzukommen. Aber uns verband noch viel mehr. Die Idee, wie Unternehmertum sein sollte. Unsere Werte. Wie und für wen wir arbeiten wollten. Unsere Art, Kunden zu bedienen.

DEN SPRUNG WAGEN

Aus ein paar zunächst unverbindlichen Gedanken wurde ein immer konkreteres gemeinsames Projekt. Oder vielmehr: Eine neue Firmenidee, von der all die leidenschaftlichen, fleißigen Unternehmer und Selbstständigen da draußen profitieren sollten. Diejenigen, deren Anspruch es ist, am Markt zu bestehen, hochwertige Produkte zu vertreiben, für sich selbst und ihre Familien zu sorgen und ihren Mitarbeitern einen sicheren Arbeitsplatz zu bieten. Diejenigen, denen für Werbemaßnahmen die richtigen Ideen fehlen oder deren Umsetzungen nicht den gewünschten Erfolg bringen. Diejenigen, die vor einer Existenzkrise stehen, nicht vorankommen oder von vorn beginnen müssen.

Unser gemeinsames Unternehmen sollte eine Firma werden, die Unternehmern dabei hilft, mehr Zeit und Spaß im Business zu haben. Denn das ist es, was uns am Ende erfolgreich macht und antreibt. Wir wollten Unternehmern den Mut geben, sich selbst zu zeigen – mit einem klaren Produkt für eine eindeutige Zielgruppe, um so ihre Aufmerksamkeit zu bündeln und mit vollem Fokus viel mehr Power ins eigene Tun zu bekommen. Wir planten und planten. Im Frühjahr 2020 fiel dann der Startschuss für Funktory.

UND DANN KAM CORONA

Wäre alles vorhersehbar, wäre das Leben doch irgendwie langweilig. Im vorliegenden Fall hätte ich auf diese Überraschung allerdings gerne verzichtet. Direkt nach dem Startschuss folgte schon die Krise, mit der wohl keiner in dieser Form gerechnet hätte. Unser privates und natürlich vor allem unser berufliches Leben wurde plötzlich ganz schön durchgeschüttelt. Corona erwischte uns alle auf dem falschen Fuß. Die meisten Aufträge wurden erst einmal für unbestimmte Zeit auf Eis gelegt oder ganz abgesagt.

Im ersten Moment fühlte ich wieder dieses lähmende Gefühl wie schon bei meiner Insolvenz vor einigen Jahren. Die Angst kroch in mir hoch. Würde ich schon wieder scheitern? Ich war dem Aufgeben einen Schritt näher als dem Weitermachen. Ich war mit meinen Gedanken und Sorgen aber diesmal nicht allein. Ich hatte gelernt, mich zu öffnen, und hatte diesmal mit Patrizia und Uli starke Geschäftspartner an meiner Seite.

In Momenten des Zweifelns wie diesen können großartige Dinge entstehen, wenn wir uns darauf einlassen. Du hast immer selbst in der Hand, was du aus Krisen machst. Wenn du

Situationen nicht ändern kannst, dann ändere deinen Blickwinkel. Wir planten also um, entwickelten neue Strategien und fassten so auch neuen Mut.

Ich wollte mit der geschenkten Zeit, die mir durch die Krise gewährt wurde, positiv umgehen und Wege aus der Krise finden. Nicht nur mit Rat, sondern auch mit Tat. In allen Bereichen, in denen meine Expertise nötig sein würde. Auch wenn nichts mehr sicher war und keiner eine Ahnung hatte, wie sich die Situation entwickeln würde, wollte ich das Ruder partout nicht aus der Hand geben. Für mich und meine Mitstreiter war klar: Den Kopf in den Sand zu stecken, würde die Situation nicht besser machen. Statt in panischer Starre zu verharren, wollten wir die Möglichkeiten erkennen und am Schopfe packen, die sich uns eröffneten.

Ich steckte meine Zeit und Energie in die Themen Storymarketing, Webinare und Online-Marketing und entschied mich auch in der Krise ganz aktiv und bewusst für ein weiteres Jahresmentoring bei Alexander Christiani. Mitten im Lockdown kam dann der lang ersehnte Beschluss vom Amtsgericht: »Sehr geehrte Frau Greß, Ihre Restschuldbefreiung wurde gewährt.« Insolvenz vorbei! Aufgrund »guter Führung« ein Jahr früher als gedacht. Yeah, ich bin wieder frei und jetzt darf es mal so richtig losgehen.

DEIN MINDSET IST ALLES

Das entscheidende Learning für mich: Mach Krisen zu deinem Erfolgsmotor. Ändere deinen Blickwinkel, deine Herangehensweise, deinen Fokus oder auch deine Idee. Such dir Verbündete und Vertraute, erarbeite Lösungen und neue Wege. Gönn dir – wenn nötig – auch eine Pause, um neue Energie und Kraft zu sammeln. Und dann: Gib wieder Gas, bleib am Ball und setze deine Pläne in die Tat um. So werden aus Frust und Niederlagen die größten Erfolge. Mit meiner Geschichte des Scheiterns will ich dir Mut machen und dich bestärken, niemals aufzugeben. Es ist wichtig, immer einmal mehr aufzustehen. Du gewinnst durch eine Krise nicht zuletzt an Erfahrung. Diese Erfahrung sorgt dafür, dass du Fehler kein zweites Mal machst, einen anderen Blick auf die Dinge bekommst und dich nicht so leicht unterkriegen lässt. Ein wichtiger Bestandteil in jeder Krise ist dein Sicherheitsnetz. Es besteht nicht nur aus deiner Familie, deinen Freunden oder deinem Lebenspartner. Menschen, die wie du die Unternehmer-DNA in sich tragen und ein Business führen, sind ebenso wichtig. Vernetze dich mit ihnen, tausche dich aus – davon wirst du immer profitieren. Es sind Verbindungen, die viel wert sind und dich weiterbringen. Vor allem dann, wenn es mal (bitte entschuldige die Ausdrucksweise) richtig scheiße läuft. Dann weißt du, dass du nicht allein bist.

UND MEIN RESÜMEE?

Ich habe viel gelernt, verdammt viel. Auch wenn ich es manchmal gerne etwas »netter« erfahren hätte, aber wahrscheinlich hätte ich dann bei weitem nicht so viel geändert. Dafür bin ich mir heute sicher, dass ich diese Fehler nicht mehr machen werde. Vor allem den Fehler, kein eigenes Marketing zu betreiben.

Wir lernen in unserer Ausbildung oder Studium alles über unser Fachgebiet, werden wahre Experten. Aber niemand redet jemals darüber, wie du später Kunden gewinnen kannst. Du lernst alle Skills, aber kein bisschen Marketingskills. Und in dem Dschungel aus Werbemaßnahmen, Online-Marketing-Tools und tausenden Agenturen, die oft undurchsichtige Dinge tun, kann man sich nur schwer zurecht finden. Ich bin überzeugt davon, dass Unternehmer, die exzellente Produkte oder Dienstleistungen geschaffen haben, als wichtigste Fähigkeit wissen müssen, wie sie Kunden gewinnen. Wie sie klar und deutlich den Nutzen nach außen kommunizieren können, sodass Kunden die Chance haben, die Lösung für ihr Problem bei ihnen zu kaufen.

MARKETING IST KEIN MYSTERIUM

Peter F. Drucker, ein amerikanischer Pionier in der Unternehmensberatung, wusste schon vor Jahrzehnten: »Marketing heißt, das ganze Geschäft mit den Augen des Kunden zu sehen.« Und genau das habe ich im Storymarketing gelernt. Versetze dich in die Lage deiner Kunden, schlüpfe in ihre Schuhe und betrachte deine Produkte aus ihrer Sicht. Es hilft, sich einen imaginären Wunschkunden vorzustellen, der nicht selten der Version deines eigenen Ichs in der Vergangenheit entspricht. Für mich bedeutete dies, mich wieder in die Zeit hineinzufühlen, in der ich noch vor einigen Jahren stand: keine Ziele, keinen Budgetplan und vor allem kein Marketing. Gemeinsam mit Patrizia und Uli wurde ich zur Lösung für diese drei häufigen Probleme. Ich schlüpfte im Laufe der Jahre aus der Rolle »Kein Plan von Marketing« und verwandelte mich wie eine

Raupe in den Schmetterling »Expertin für Storymarketing«. Und als diese Expertin möchte ich Dir nun die Basis einer jeden Marketingstrategie an die Hand geben. Die folgenden vier Schritte sollen Dir helfen, die Grundlage Deines Marketings zu bilden und Du kannst jetzt gleich mit den passenden Fragen loslegen:

1. Deine Kunden – Erschaffe Deinen Wunschkunden-Avatar. Wer sind genau meine Kunden und welche Probleme haben meine Kunden, die ich lösen kann? Wenn Du schon Kunden hast, dann frag sie doch einfach mal, Du wirst überrascht sein, was du alles erfahren kannst.

2. Deine Lösung mit Nutzenversprechen – Schreibe hier kein Marketing-Blabla, indem Du ewig über das »Was« Deines Produktes sprichst. Gib dem Kunden den echten Mehrwert, den echten Nutzen Deiner Lösung.

3. Dein Produkt – Wie genau sieht Deine Lösung aus. Welche Schritte muss der Kunde gehen, wie lange braucht er dafür? Was ist der Preis dafür? Kannst ich vielleicht noch was on top legen, damit die Lösung noch cooler wird?

4. Du als Unternehmer – Inspiriere die Menschen mit Deiner Geschichte. Menschen folgen Dir eher, wenn sie das Gefühl haben, dass Dich nicht das Geldverdienen antreibt, sondern etwas Größeres, etwas, das sie fühlen können. Was ist mein Warum, was treibt mich an? Welchen Mehrwert will ich schaffen? Warum stehe ich jeden Morgen auf?

Im zweiten großen Schritt geht es an die Umsetzung, denn nur Überlegen bringt Dich ja nicht weiter. Und Marketing muss vor allem eins, Sinn machen! Frag Dich also immer: Macht das wirklich, wirklich Sinn? Ich höre von vielen Kunden oft: »Ich brauche eine Webseite«. Und wenn ich dann die Frage nach dem Warum stelle, dann ist die Antwort meist sowas wie: »Weil man das als Unternehmen doch haben muss?« Die richtigen Fragen vorab wären aber hier: Was bewegt Kunden dann dazu, bei mir zu kaufen? Wie erkläre ich meinen Kunden klar, wer ich bin und was ich verkaufe? Wie kommen genügend Besucher auf meine Webseite?

Du verkaufst nämlich nicht automatisch mehr, nur weil Du eine schicke Webseite hast. Versteh mich nicht falsch, eine Webseite macht für viele Unternehmen Sinn. Und wenn Du im Vorfeld all diese Fragen beantwortet hast und weißt, wie Deine Kunden ticken und was sie wirklich brauchen, um ihr Problem zu lösen, dann macht es auch total viel Sinn, das auf eine Webseite zu schreiben. Marketing ist nämlich kein Mysterium. Es verfolgt konkrete Ziele und ist systematisch und planbar. Marketing muss sich am konkreten Nutzen orientieren, an dem Deiner Kunden und an Deinem eigenen. Stelle deshalb immer erst einmal die Frage »Warum?«. Wenn Du die beantwortet hast, kommt erst die Frage nach dem »Wie«, »Was« und »Wo«. Daraus entsteht ein System und ein Plan, der Dir hilft, mehr Kunden zu generieren und dadurch mehr Umsatz zu machen.

Damit Dir das mit dem Plan und der Umsetzung noch leichter fällt, habe ich Dir die Unternehmer-Landkarte, die Dir als Basis für all Deine Marketingmaßnahmen dient, erstellt. Du erhältst ein Fragetool, das Dich Schritt für Schritt durch die Erstellung deiner Landkarte leitet und Dir an vielen Stellen Hilfestellung und Beispiele gibt. So fällt es Dir leichter, Antworten zu finden und diese auf die Landkarte zu bringen. Zusätzlich unterstützt Dich ein kostenloser, 30-minütiger Videokurs beim Ausfüllen. Auf Basis der Landkarte kannst Du im Anschluss Deinen Marketingplan erstellen. Die Unternehmer-Landkarte erinnert Dich bei allen Maßnahmen daran, wer Du bist, welche Vision Du verfolgst, was Deine Kunden brauchen und welchen Mehrwert Du für sie stiftest. So musst Du nicht jedes mal neu überlegen, sondern nimmst Dir einfach immer, wenn es um eine Marketingaktivität geht, Deine Landkarte zur Hand.

Also... zeig Dich, die Welt MUSS von Dir und Deinen exzellenten Produkten erfahren. Denn Du bietest Deinen Kunden für deren Problem eine Lösung, die ihr Leben besser macht :-) GO FOR IT!

Geschenk #7

KOSTENLOSE UNTERNEHMER-LANDKARTE

Erstelle mit der Unternehmer-Landkarte eine Basis für all Deine Marketingaktivitäten. Beim Erstellen unterstützt Dich unser Fragentool und ein 30-minütiger Videokurs.

Login Memberbereich:
https://weiter.link/mutfree

UNTERNEHMERPROFIL

Elke Greß

FUNKTORY

Elke Greß ist seit 2010 Unternehmerin und liebt die digitale Werbe-Welt sowie Storymarketing. Gemeinsam mit Patrizia Raders und Ulrich Oberndorfer, die beide Unternehmensberater sind, ist sie Inhaberin von Funktory – Let's grow up your Business mit Sitz in Augsburg.

Gemeinsam entwickelten sie die 7success© Methode, mit welcher sie Unternehmer*innen oder solche, die es erst noch werden wollen, richtig erfolgreich machen. Das Ergebnis: eine stabile Unternehmensstrategie, exzellente Produkte und Dienstleistungen, mehr Umsatz und ein Magnet für jede Menge neue Kunden. Was für die meisten Unternehmer*innen kompliziert klingt, ist mit Funktory so einfach wie der Hausbau. Unternehmensberatung ist die Planung, eine fundierte Marketingstrategie das Fundament. Kein »blindes« Umsetzen, in der Hoffnung, dass die Idee funktioniert, sondern hinterfragen, analysieren und mit Strategie planen, damit sich Ideen in Erfolg verwandeln. Die 7success© Methode zielt darauf ab, einen echten Turbo zu zünden. Möchten Sie, dass Ihr Marketing mit weniger Geld endlich mehr erreicht? Eine Strategie, bei der Sie sich sicher sein können, dass sie Erfolg bringt? Ein Geschäftsmodell mit einer klaren Ausrichtung, sodass jeder sofort versteht, was Sie verkaufen und was der Nutzen davon ist? Hervorragend! Denn Funktory unterstützt Sie mit einem großen Netzwerk, über 40 Jahren gemeinsamer Erfahrung und geballter Umsetzungskraft.

»Wir bei Funktory glauben: Wer den Mut hatte, sein eigenes Business zu gründen und dafür tagtäglich leidenschaftlich alles zu geben, hat es mehr als verdient, damit erfolgreich zu sein. Wir wollen, dass Menschen happy mit ihrem Business sind, denn glückliche Menschen tun weitaus bessere Dinge als Unglückliche und das macht die Welt ein Stück weit zu einem besseren Ort.«

www.funktory.de

ROBERT HOLZ

Mentorship

WIE TROTZ WEGFALL ALLER KUNDEN DER WANDEL ZUM MENTOR DIE EXISTENZ RETTET

DER LOCKDOWN

Samstag, 20. März 2020: Schwerin. Gespannt sitze ich vor dem Livestream der Pressekonferenz. Es spricht Manuela Schwesig, die Ministerpräsidentin. Es ist so weit! Wir sind auch betroffen! Ab dem 23. März! Das Corona-Virus hat uns Friseure eingeholt. Alle Friseursalons müssen schließen. Von heute auf morgen sind unsere Einnahmen gleich null. Wir müssen unsere 18 Mitarbeiter nach Hause schicken. Vergleichbar mit einem Fußballendspiel. Die Niederlage zeichnet sich ab. Ein Spiel, das wir nur verlieren können. Es trifft mich wie der Schlag. Das Tor fällt. Das Spiel ist verloren. Alle Geschichten, die wir uns bisher erzählt haben – zu Ende? Die Storys über wunderschöne Haare, Skalierung durch Spezialisierung für Friseure – wertlos? Was nützt der Traum vom Verkauf wunderschöner Haare, wenn wir gar keine Haare mehr machen dürfen? Ausgeträumt!

GEDANKENSPRUNG INS JAHR 2011

Ich habe einen Alptraum: Am Fuße des Berges vor einem Heizkraftwerk, da stehe ich. Dort ist meine Diskothek. Im Sekundentakt kommen normalerweise ab 23 Uhr die Lichtkegel der Autos unserer Gäste um die Ecke. Jetzt nicht. Kein Lichtkegel! Niemand kommt den Berg heruntergefahren. Ich wache auf – voller Angst, dass dieser Traum Realität werden könnte. Und genau so ist es gekommen! 2012 bleiben die Gäste weg. An einem Wochenende 1 200 Gäste, am nächsten nur noch 300. Es beginnt ein Kampf um die Diskothek. Nach einem Jahr ist dieser verloren. 2013 kommt die Insolvenz. Durch Fehler in der Geschäftsführung – meine Fehler – muss ich persönlich mithaften. Die Firma – pleite. Ich auch.

ZURÜCK ZUM 20. MÄRZ 2020:

Die gleichen Gefühle wie damals. Die Kunden bleiben weg. Der Salon – leer. Auf meiner inneren Leinwand spielt sich der Film ab, wieder pleite zu gehen. Aber warum dieser Angst-Trigger? Die Situation heute ist eine ganz andere als damals. Und trotzdem überwiegt in dem Augenblick des Lockdowns die Angst. Unser Geld haben wir in den Aufbau unserer Marke gesteckt. Seit unserem Entschluss im Februar 2019, unsere Marke katrin.meier Tressen zusammen mit unserem Coach Alex C. groß zu machen, befinden wir uns inmitten einer riesigen

Investitionsphase. Unsere Rücklagen sind komplett aufgelöst. Wir sind wie im Casino »All-in« gegangen. Zum 1. März haben wir zwei neue Mitarbeiterinnen eingestellt. Eine Mitarbeiterin kam aus Südtirol zurück, eine aus ihrer Elternzeit. Unser Konto erholt sich nur sehr langsam. Finanzdruck!

Nach unserer Kalkulation haben wir frühestens im August wieder richtig Luft zum Atmen. Und jetzt? Wir verlieren 25.000 Euro pro Woche! Niemand weiß, wie lange dieser Lockdown geht. Niemand weiß, wie wir diese Zeit überbrücken sollen. Am 24. März breche ich heulend vor meinem Computer zusammen! Ich kann nicht mehr! Mühsam schlurfe ich in die Küche. Es fällt mir schwer. Meine Frau schaut mich an. Ich sehe aus wie ein Vollidiot. »Was ist los mit Dir? Warum siehst Du aus wie drei Tage Regenwetter?«

Meine gestammelte Antwort: »Ich habe keine Ahnung, wie es weitergehen soll! Es ist einfach schrecklich!« Und wisst ihr, was ihre Antwort war? »Robert! Es geht weiter! Wir sind Storyteller!« Sie holt mich zurück. In diesen Moment. Ja! Wir haben das Storyteller-Mindset! Alle Geschichten, die wir uns bisher erzählt haben – zu Ende. Ja, und? Wenn unsere alten Storys zu Ende sind, dann schreiben wir eine neue Geschichte. Oder gleich mehrere.

ABER WIE?

Wenn Du an einem Punkt bist, an dem Du nicht mehr weiterkommst, hilft es, einen Mentor zu haben! Deine neuen Überlegungen können sein: Wie würde mein Mentor sich jetzt verhalten? Was würde er in meiner Situation tun?

Die Zusammenarbeit mit meinem Mentor bewirkt etwas. Ein neues Bild eröffnet sich mir. Ich sehe die Superheldin. Über den Dächern der Stadt. Sie steht stellvertretend für alle Friseure. Und ist bereit. Für all die langen Haare, die da wachsen, im Lockdown! An diesem Leitbild haben wir unser Unternehmen durch die Krise geführt. Mit dem Ergebnis, dass wir in der Pandemie unseren Umsatz um 70 Prozent gesteigert haben.

Vielleicht denkst Du: Super! Ich möchte auch so einen Mentor! Aber ich habe keine Ahnung, wie ich ihn finde?! Dann möchte ich Dir sagen: Das geht nicht von heute auf morgen, aber es funktioniert, wenn Du den Weg beachtest. Deshalb möchte ich Dir verraten, wie Du Deinen Mentor findest. Und warum es so wichtig ist, einen zu haben!

Stelle Dir ein Hochhaus vor. Das (aktuell) größte Hochhaus der Welt. Das Burj Khalifa. Es hat 163 Etagen. Und Du willst auf das Dach! Dort oben ist Deine unternehmerische Spitze! Dort oben steht der Held! Dort oben hast Du das Master-Level des Unternehmertums gemeistert! Dieses Master-Hochhaus hat, wie Du es kennst, einen Aufzug und Treppen von Etage zu Etage. Wenn Du zu Fuß alleine nach oben aufs Dach willst, dann wirst Du 500 Jahre benötigen. Diese 500 Jahre der Entwicklung deines Unternehmens bringen Dich zum Heldentum.

Jetzt weißt Du natürlich, dass Du keine 500 Jahre lebst, um nach oben zu laufen. Doch weißt Du, dass trotzdem viele Unternehmer genau das versuchen. Und sich dann wundern, dass sie scheitern. Du steigst also in den Fahrstuhl und drückst...

Aber was ist das denn? Du willst gleich nach ganz oben drücken, doch der entsprechende Knopf fehlt. Du siehst Dich im Aufzug um. Am überdimensionierten Spiegel hängt ein Hinweis-Schild: »Drücken Sie die Taste M, wenn Sie Unterstützung benötigen.« Und jetzt entdeckst Du auch die Taste M. Wie entscheidest Du Dich? »M« drücken oder aussteigen und zu Fuß gehen?

Beim Blick ins Treppenhaus stellst Du fest, dass Du diese Art von Treppen noch nicht kennst. Ja, Du hast schon mal von derartig unförmigen Treppenstufen gehört. Dennoch weißt Du nicht, ob Du hier alleine hochkommst. Die Treppe in die 1. Etage ähnelt eher einem Geröllhaufen, bei dem Dir jederzeit eine Stufe entgegenfallen könnte.

Zurück im Fahrstuhl, dann lieber doch die Taste »M« drücken. »M« steht für Mentor. Ein (passender) Mentor hat bereits das Wissen, die Erfahrung oder das Können für den Schritt, den Du als nächstes tun möchtest. Wer könnte Dein Mentor sein? Wer könnte Dir an dieser Stelle in die 1. Etage weiterhelfen?

Kennst Du jemanden, der diesen Weg bereits erfolgreich gegangen ist? Wer hat im besten Fall vielleicht schon die 1. Etage erreicht und weiß, wie auch Du diese erreichst? Dieser Mentor fährt mit Dir in die 1. Etage. Dort zeigt er Dir aus dieser Perspektive, wie Du die Treppenstufen meistern kannst. Der Mentor tauscht seine Zeit, seine Erfahrung und wertvolles Wissen gegen Geld. Er unterstützt Dich auf Deinem Weg zum Heldentum, zum Erreichen des nächsten Levels auf dem Weg zum Unternehmer-Master.

Dann fährt Dein Mentor mit Dir aus der 1. Etage wieder nach unten in das Erdgeschoss. Denn die Treppen gehen musst auf jeden Fall Du, um nach oben zu gelangen. Warum aber nicht in der 1. Etage weiterlaufen? Jetzt bin ich doch schon im Aufzug hochgefahren und bin eine Etage weiter. Warum nach unten? Und dann wieder hochlaufen? Das ergibt doch keinen Sinn, oder? Doch! Denn Dein Mentor kann Dir den Weg zeigen. Er kann Dir Hindernisse erklären. Dich an die Hand nehmen und Dich begleiten.

Aber für Dich gehen, das kannst nur Du. Dein Mentor kann mit Dir seine Erfahrung teilen. Er kann Dir diese mit auf den Weg geben. Dir einen Plan aufzeichnen und erklären. Aber Deine eigenen Erfahrungen sammeln, das kannst nur Du. Dein Mentor kann Dir Wissen zur Verfügung stellen. Sein angesammeltes Wissen über den Weg in die 1. Etage. Aber dieses Wissen anwenden, das kannst nur Du. Diesen Weg zu Fuß zu gehen, das ist Deine unternehmerische Basis.

Denn hier lernst Du, wie Du den Weg gehen kannst, sodass Du ihn dann auch wirklich gehst. Diese unternehmerische Basis benötigst Du, wenn Du die noch folgenden Master-Level meistern willst. Diese unternehmerische Basis fließt in Deinen Erfahrungsschatz ein, den Dir dann niemand mehr nehmen kann. Eine Etage nach oben, zu Fuß und alleine, dauert im Durchschnitt fünf Jahre! Und viele scheitern auf dem Weg. Geben auf. Wollen nicht mehr. Schmeißen hin. Bleiben stehen. Sagen, es funktioniert nicht. Und hier erkennst Du den Wert Deines Mentors!

Ja, die Stufen sind unförmig. Doch genau darauf bist Du vorbereitet. Ja, die Stufen sind schwer zu erklimmen. Doch genau darauf bist Du vorbereitet. Ja, die Stufen sind uneben und manchmal kommst Du ins Straucheln. Doch genau darauf bist Du vorbereitet.

Du gehst los. Mit dem Plan Deines Mentors im Gepäck. Du meisterst die ersten Stufen. Stück für Stück. Doch was ist das? Die Stufen sind jetzt zu allem Überfluss auch noch total ölig und rutschig. Das war zuvor nicht zu erkennen. Von festem Stand und einfach dem Weg weiter folgen ist hier nicht mehr die Rede. Hat Dich Dein Mentor auch darauf vorbereitet? Nachdem Du die ersten Stufen gegangen bist, hier auf dieser Treppe, erkennst Du, ob Du den richtigen Mentor hast. Hier merkst Du, ob der Plan nicht nur gut klingt, sondern sich auch in der Praxis bewährt. Hindernisse, die Du nicht gesehen hast. Ein Blick auf den Plan: Ja, auch diese Punkte sind darin berücksichtigt.

Im Mittelpunkt steht also die Frage: Was ist denn jetzt ein richtiger Mentor und gibt es dann auch falsche Mentoren?

Aktuell sprießen selbst ernannte Mentoren aus dem Boden. »Ich zeige dir, wie Du in nur einer Woche automatisch einen 5-stelligen Umsatz generierst, ohne je wieder arbeiten zu müssen.« Ja, solche Anzeigen sind immer wieder zu lesen.

Bei genauerem Nachdenken ist uns klar: So einfach ist es wohl doch nicht, oder? Und dennoch gibt es einige, die diesen Menschen folgen. Die sich dann wundern, dass sie den steinigen und rutschigen Weg zum Master-Level nicht meistern können.

Wenn Du Ausschau nach Deinem passenden Mentor hältst, dann achte bitte darauf, dass dieser Mentor auch hält, was er verspricht. Am besten weißt Du schon vor dem Loslaufen, ob er Dir einen guten Plan bietet, oder ob sein Gerede nur heiße Luft ist.

Als Leitfaden zur Prüfung, ob ein Mentor zu Dir passt, können Dir folgende zehn Fragen helfen:

» Bietet Dein potenzieller Mentor kostenlosen Inhalt an?

An dieser Stelle eine Erklärung zur ersten Frage, was dahinter steckt: Kostenloser Inhalt ist deshalb so wichtig, da Du in diesem schon erkennen kannst, ob Substanz hinter dem steckt, was dieser Mentor sagt. Es taugt Dir, wenn es Dich anspricht. Ein guter Mentor teilt gerne sein Wissen mit Dir. Gibt Dir Basiswissen kostenlos mit, denn er hat noch so viel mehr zu bieten.

» Lässt sich dieser Inhalt von Dir konkret anwenden?
» Kannst Du nur mit diesem geschenkten Wissen schon erste Erfolge erzielen?
» Passt die Chemie zwischen Dir und Deinem zukünftigen Mentor?
» Hast Du richtig Lust, mit diesem Mentor zu arbeiten, seine Dir vermittelten Inhalte auch wirklich in die Tat umzusetzen?
» Hat er die nötige Struktur für Dich?
» Springt seine Energie auf Dich über?
» Bist Du überzeugt davon, dass Du mit seiner Hilfe vor Fehlern besser geschützt bist?

» Bekommst Du das Gefühl, dass es sich für Dich wirklich lohnt?
» Willst Du mit diesem Mentor so richtig durchstarten?

Wenn Du von diesen zehn Fragen neun oder zehn mit »JA« beantwortest, dann könnte der Weg mit diesen Mentoren der Schritt in Deinen unternehmerischen Erfolg sein. Beantwortest Du nur acht oder weniger Fragen mit »Ja«, dann überdenke das Ganze nochmal.

Zurück zur öligen, rutschigen Treppe. Der richtige Mentor hat Dir vorher gesagt: »Nimm Dir drei oder vier Packungen Mehl mit, um die rutschigen Passagen zu meistern.« So klappt es dann auch. Dieses Hindernis ist gemeistert und Du läufst weiter.

Wenn Du jetzt auch noch genug Zeit hättest, um gleich weiter zu laufen. Oftmals hält Dich Dein Alltag davon ab. Kundentermine stehen an. Mitarbeitergespräche wollen erledigt werden. Es kommt immer wieder etwas dazwischen. Und ehe Du Dich versiehst, vergisst Du, dass Du in der 1. Etage stehst, obwohl Du doch auf das Dach möchtest. Auf das Dach des Master-Levels des Unternehmertums. Wenn Du an den Anfang denkst, dann erinnerst Du Dich, dass 500 Jahre nötig wären, um auf das Dach für unternehmerische Helden zu kommen. Jetzt hast weder Du, noch jemand anderes 500 Lebensjahre. Aber wenn es 500 Jahre bis nach oben dauert, keiner die 500 Jahre hat und dennoch manche oben stehen, wie schaffen sie das?

Zeit ist Dein Schlüssel, um zum Helden an der Spitze zu werden! Weil es so wichtig ist, wiederhole ich das noch einmal: Zeit ist Dein Schlüssel, um zum Helden an der Spitze zu werden!

Die Frage, mit der Du Dich an dieser Stelle beschäftigen musst, ist: Wo und vor allem wie kann ich Zeit gewinnen?

Denn mit dieser gewonnen Zeit kannst Du umsetzen. Raus aus dem Hamsterrad des Alltags. Am Unternehmen arbeiten. Dich um das Marketing kümmern. Netzwerke aufbauen und erneuern. Prozesse optimieren. Zeiten, die niemand bezahlt, aber notwendig sind, um Dein Unternehmen auf das Dach zu bringen. Du benötigst freie Zeit für Deine Umsetzung.

Was für Möglichkeiten stehen Dir also zur Verfügung?

- » Nutze besonders auch unscheinbare Zeitfenster. Denn auch 2 x 30 Minuten pro Woche ergeben in einem halben Jahr 1 560 Minuten mehr Umsetzung.
- » Kaufe Dir Zeit. Ja, Du kannst Dir Zeit kaufen, durch Mitarbeiter oder Freelancer.
- » Schaue Dich um nach cleveren Tools. Zum Beispiel Software, die die Arbeit erleichtert. Seitdem ich einen Onlinekalender nutze, kann ich Kundengespräche viel besser planen. Es sind Kleinigkeiten, wie dieser Kalender, der mir mittlerweile viel Zeit einspart.
- » Suche Dir an der passenden Stelle hervorragende Mitarbeiter, die Dir Dein Leben erleichtern.

Und natürlich hilft an dieser Stelle besonders der Blick in andere Branchen. Vermeide den Fehler, das Rad selbst neu erfinden zu wollen. Schaue Dich in anderen Branchen um.

Wie wird dieses eine Problem im Krankenhaus gehandhabt? Wie wird im Restaurant herangegangen? Was machen sie in der Formel 1 anders, dass sie so erfolgreich sind? Der Blick in andere Branchen hilft Dir zum einen bei Problemen und Lösungen. Zum anderen ist genau dieser Blick ebenfalls ein Gewinn von Zeit. Ich komme aus der Friseurbranche und wir schauen zum Beispiel, was macht ein 5-Sterne Hotel im Service besonders. Und dann nimmst Du Dir das davon, was du bei Dir integrieren kannst. Hebst Dich von Deiner Konkurrenz ab. Kaffee gibt es bei uns im Salon nicht mehr nur mit Untertasse, sondern auf einer Schieferplatte mit Obstsalat. Das ist das zweithäufigste neben der Frisur, was bei uns fotografiert und auf Instagram hochgeladen wird.

Denn: Wenn Du mit Lösungen, die nachgewiesenermaßen bereits funktionieren, an Deine Herausforderungen heran gehst, gewinnst Du Zeit. Zeit, die Du sonst mit der Lösungsfindung verbracht hättest. Zeit ist Dein Schlüssel, um zum Helden an der Spitze zu werden!

Und auch hier kannst Du diese Zeit nutzen, um Deinem großen Ganzen einen Schritt oder gar eine Etage näher zu kommen. Und natürlich ersparst Du dir viel Zeit mit dem richtigen Mentor an Deiner Seite.

Jetzt benötigst Du also keine fünf Jahre mehr für eine Etage. Sondern vielleicht nur sechs Monate. Du weißt jetzt, wie Du den für Dich richtigen Mentor findest und was Du davon hast!

Und ganz ehrlich: Allein schon über meinen Mentor nachzudenken, hilft mir. Mir vor Augen zu führen, wie er die Lage komplett zu seinen Gunsten drehen würde. Wenn Du Deine Dienstleistungen und Produkte nicht mehr anbieten darfst, hast Du die Wahl! Kopf in den Sand? Oder neue Produkte und Dienstleistungen kreieren.

Für mich ist der Weg klar: Option zwei! Denn ich will weiter, immer weiter!

Krisen bieten Chancen. Zum Beispiel die Chance, Größeres zu kreieren. Dein Business neu zu denken. Genau das haben Michi Jung und ich gemacht. Statt den Kopf am Beginn der Corona-Pandemie in den Sand zu stecken, habe ich gemeinsam mit Michi Jung von Cut for Friends das Bootcamp und die Masterclass ROCK YOUR SALON gegründet. Getreu unserem Motto »Als Friseur bist du ein Held und verdienst einen Arsch voll Geld« wollen wir einen Lohn für Friseur*innen erreichen. Andere Friseurunternehmer noch erfolgreicher machen. Unsere Expertise weitergeben. Die Bereiche Marketing, Mitarbeitergewinnung, Kalkulation und noch vieles mehr beleuchten wir aus der Erfolgsperspektive. Wir wollen helfen, Friseursalons zu der Bühne ihrer Friseure zu machen, die Bühne dieser Rockstars.

Wenn auch Du Friseurunternehmer bist oder der Meinung bist, dass der Friseurunternehmer Deines Vertrauens bei uns genau richtig ist, dann komm in unsere Facebook-Gruppe ROCK YOUR SALON.

Und natürlich ist dieses System auch in allen anderen Branchen möglich. Deswegen habe ich für Dich ein Unternehmertraining entwickelt. Wie Du aus Deiner Selbständigkeit ein

Unternehmen machst und wie Du mit Deinem Unternehmen einen Jahresumsatz von einer Million Euro machst, zeige ich Dir im diesem kostenlosen Webinar. Dein Unternehmen wird mit der richtigen Vorgehensweise unabhängig von Dir funktionieren – egal in welcher Branche Du tätig bist. Melde Dich jetzt zum kostenlosen Unternehmertraining an.

Ich wünsche Dir viel Freude bei Deiner Fahrt mit dem Fahrstuhl!

Dein Hair Holz

Geschenk #8

DAS 1 MIO-EURO-UNTERNEHMERTRAINING

Wie Du aus Deiner Selbständigkeit ein Unternehmen mit einem Jahresumsatz von einer Million Euro machst, und das unabhängig von Dir – egal in welcher Branche Du tätig bist.

Login Memberbereich:
https://weiter.link/mutfree

UNTERNEHMERPROFIL
Robert Holz

HAIR HOLZ GMBH

Robert Holz ist Gründer und Geschäftsführer der Hair Holz GmbH in der Lebenshauptstadt Schwerin. Die GmbH wurde 2019 ins Leben gerufen und beherbergt mittlerweile die Brands »MAD CUT«, »katrinmeier.extensions« und »ROCK YOUR SALON«.

Im Jahr 1997 brach Robert Holz die Schule ab, woraufhin er sich zwei Jahre einer Kochlehre widmete. Diese fand durch einen Einsatz des SEK in der Küche ein abruptes Ende. Er wechselte das Berufsfeld – später wurde er zum Nachtkönig von Schwerin gekürt.

Seine Familie war der Grund dafür, 2014 in die Beauty-Branche zu wechseln. Gemeinsam mit seiner Frau baute er aus einem kleinen Friseursalon, der damals nur sechs Mitarbeiterinnen beschäftigte, ein in der Branche fest etabliertes und bekanntes Unternehmen mit drei dazugehörigen führenden Brands auf.

Mit umfassenden Spezialisierungstools sowie revolutionären Weiterbildungskonzepten hilft Robert einer ganzen Branche, ihr schlechtes Image zu überwinden, denn mit katrinmeier.extensions vermittelt Robert Friseur*innen ein Tool, das sie zu wahren Mitarbeiter- und Kundenmagneten werden lässt.

Als Friseur bist du ein Held!

Hand in Hand mit der Seminarreihe ROCK YOUR SALON werden aus Schnippelbuden Hochglanz-Salons. Die Wertschätzung für Friseure kehrt zurück!

Love, Peace and Rock 'n' Roll

https://start.rockyour.salon

9

PATRICK STARKMANN
DR.-ING. DENNIS BAKIR

Fördermittel

SO WIRD DER TRAUM VON GESCHENKTEM GELD FÜR UNTERNEHMER WAHR

DER BEGINN EINER BESONDEREN LIEBESGESCHICHTE

Es ist ein überraschend warmer Frühlingssamstag im Jahr 2021. Die Luft ist klar, es fliegen kaum Flugzeuge und aus den anderen Gärten ist kaum etwas zu hören. Ich sitze mit meinem Cousin Dennis und meiner 30-monatigen Tochter im eigenen Garten und wir beobachten sie, wie sie einem Rotkehlchen einen Teil ihrer letzten Pommes anbietet. Diese wurde zuvor selbstredend liebevoll mit der einen Hälfte in Ketchup und der anderen Hälfte in Mayonnaise getaucht. Eine echte »Pommes Rot-Weiß«, wie wir im Pott dazu sagen würden.

Auf meine Frage, ob sie glaubt, dass Vögel in der Natur Pommes Rot-Weiß essen, antwortet sie nur recht kurz angebunden, (sie ist ja exzessiv mit Fütterungsversuchen beschäftigt, während ihr immer mehr von dem Rot-Weiß den Arm hinunterläuft) »Alle Kinder lieben Pommes, insbesondere Vogelkinder«. Sie fordert dementsprechend ein Foto von dieser Situation, um Mama zu zeigen, dass Vögel wirklich Pommes lieben – natürlich übernehme ich sofort den mir aufgetragenen dreifachen Job als Kameramann, Regisseur und Dokumentarfilmer einer außergewöhnlichen Mensch-Tier-Begegnung.

Ich notiere mir ihr Zitat »alle Kinder lieben Pommes, insbesondere Vogelkinder«, um dieses im O-Ton dann meiner Frau vorzutragen, die gerade Wassereis kauft. Kritischer Einschub: Meine Kleine bekommt zwischendurch auch mal etwas Nahrhaftes, sogar auch mal etwas Grünes und hier und da auch etwas Gesundes.

»Ganz der Papa!« höre ich meinen Dennis rufen, der die Szenerie gefilmt hat. Er weist mich unverblümt darauf hin, dass wir selbst vor wenigen Jahren noch dachten, dass bestimmte Dinge in sich so eindeutig und logisch sind, dass alle diese Chancen und Angebote nutzen müssen.

Auf mein Lächeln über diese scheinbar ultimative Wahrheit, dass es offenbar Dinge gibt, die alle lieben, trifft mich ein Gedanke wie ein Schlag und entstellt mein Schmunzeln! Ich werde meiner Kleinen schon sehr bald erklären müssen, dass es nur wenige Fotos aus ihrer Kindheit gibt, in der sie mit vielen anderen Kindern spielt, Eltern in gelöster Stimmung beisammen stehen und sich ggf. sogar berühren, wenn wir dieses nicht sehr bald ändern.

Insbesondere da, wo Entscheidungen für andere getroffen werden, hohe Komplexität durch Möglichkeitenvielfalt, vermutete Unsicherheiten, zu leistende eigene Aufwände und auch deutliche Risiken vermutet werden, werden Chancen nur allzu oft und gerne aktiv übersehen. Dies betrifft den Teller Pommes, der umgeben von hungrigen Familienmitgliedern verzehrt werden möchte, ebenso wie eine optimale Ausnutzung der eigenen unternehmerischen Innovations- und Zuschusspotentiale.

Pommes Rot-Weiß ist erst der Anfang, ein komplettes Gericht mit Getränkebegleitung ist das Ziel!!!

»GANZ DER PAPA« ODER DIE SUCHE NACH DER EINEN LIEBE

Im 21. Jahrhundert gelten insbesondere die Jahre 2007 und 2020 als einschneidende Meilensteine der erstmaligen und umfangreichen Nutzung der eigenen Fördermöglichkeiten für viele Unternehmer und Privatpersonen.

Zu Beginn des Jahrtausends werden viele feinstaubemittierende Diesel-Kfz mit direkt-bezuschussten Partikelfiltern aus- bzw. nachgerüstet. Der Hintergrund dieser Sonderförderungsmaßnahme ist, dass die Nachrüstung (zunächst) keine Pflicht ist, technologisch aber umsetzbar und auch grundsätzlich bezahlbar. Dennoch ist von den Besitzern eine Zusatzinvestition notwendig, um das Allgemeinwohl durch Reduktion der

Schadstoffpartikel in der Atemluft zu steigern. Immer dann, wenn Dinge grundsätzlich möglich erscheinen, einem höheren Zweck dienen, grundsätzlich bezahlbar UND nicht gesetzlich vorgeschrieben sind, sind dieses deutlich Anzeichen dafür, dass echte Fördermöglichkeiten (Subventionen) bestehen können.

Ich erinnere mich an meine Kindheit zurück, wo nicht nur in Flugzeugen geraucht wurde, sondern regelmäßig das Auto vor uns in Abgaswolken verschwand, um kurz danach wieder aufzutauchen. Zugleich freue ich mich darüber, dass meine Tochter hoffentlich diese Geschichten nur als Erlebnisse einer anderen Zeit abtun wird. Ich liebe Fortschritt!

Pandemisch bedingt ergehen seit 2020 deutschlandweit Bescheide über Soforthilfen, Kurzarbeitergelder und Überbrückungshilfen in geringem, aber auch in sehr deutlichem Umfang. Mit unterschiedlichen Maßnahmen sollen notleidende Unternehmen bzw. Unternehmen mit deutlichen Umsatzeinbußen besonders gefördert werden, um deren Fortbestand auch nach der Krise sicherzustellen. Relativ neu ist dabei der Aspekt der »Vorwärtsorientierung« weiterer Maßnahmen. Dies beschreibt nicht nur das nackte Überleben, sondern bezeichnet vielmehr eine Serie an Aktionen, mit denen genau diese besonders betroffenen Betrieben in den eigenen Um- und Ausbau sowie die Digitalisierung investieren und diese höchstbezuschusst bekommen können.

Die angeführten Gründe und auch auslösenden Faktoren für die Nutzung dieser »außergewöhnlichen Zuwendungen« sind maßgeblich den externen Umständen geschuldet und insbesondere für Unternehmer kaum vorhersehbar und noch weniger beeinflussbar. Bekräftigt durch mediale Berichterstattung und auch meine eigene Tätigkeit werden in diesen Tagen Zuschussmöglichkeiten durch immer mehr Unternehmer erkannt und vor allem genutzt. Die wenigsten Unternehmer haben zwischen den benannten Meilensteinen weitere Zuschüsse genutzt oder gar als strategische Komponente im Unternehmen eingesetzt. Und ja, auch ich gehörte zu diesen Menschen.

AKTIV UNTERLASSENE HILFELEISTUNG VERMEIDEN

Ich selbst gehe im Jahr 2011, nach erfolgreicher Umrüstung des PKW, noch einer kaufmännischen Tätigkeit mit hohem Klinkenputzanteil nach. Rückblickend glaube ich sogar, ich habe einige Klinken dermaßen poliert, dass diese heute noch strahlen! So stehe ich also tagtäglich mit Unternehmern in Kontakt (B2B) und biete Produkte mit echtem Mehrwert an. Zusätzlich erfahre ich im familiären Rahmen von den scheinbar unfairen Möglichkeiten, die einige Unternehmen zusätzlich besitzen, aber nur selten vollständig nutzen.

Ohne dass ich es ahnte, hatte ich in diesem Moment eine meiner stärksten Inspirationen gefunden. Ein bis dahin nur als »ein Kunde« abgestempelter Gründer und Geschäftsführer eines mittelständischen Unternehmens. Er hat mir in verschiedenen Verkaufsgesprächen immer wieder erzählt, dass er den Vertrag noch nicht unterschreiben kann, da er erst auf »diese eine Zusage« warten muss. Ich selbst tue derlei Aussagen - in diesem Moment Stadium meiner unternehmerischen Reife - noch als Vorwand ab und hinterfrage daher nochmals seine wahre

Motivationslage. Die Geräte muss er dringend erwerben, insbesondere um seine überlasteten Arbeitsprozesse zu optimieren. Der Preis für die benötigten Geräte hatte er bereits zu wirklich guten Konditionen grundsätzlich abgenickt, aber er bleibt standhaft und will »oder darf« sich noch nicht festlegen.

Als er zum Ende des Monats von sich aus anruft, kann ich nicht länger an mich halten. In mir strömen Wellen von Fragen aus der dunkel-grummelnden Bauchregion bis hin zum rapide schlagenden Herzen und treffen sich mit den weiteren Fragewellen, der Hirnregion entstammend direkt auf der Zunge und bahnen sich final den Weg:

Warum unterschreiben Sie nicht den Auftrag, der Ihr Leben massiv vereinfacht und Sie darüber hinaus auch noch bares Geld sparen?! Auf welche Zusage und wofür überhaupt warten wir hier genau?! Wo sind Stolpersteine, die ich mithelfen kann zu beseitigen?!

Er lacht und erklärt mir kurz, dass es nicht die Zusage seiner Frau ist, die aussteht. Gefühlte 0,45 Sekunden später erteilt er den Auftrag und klärt mich endlich auf. Er bestätigt, dass er massiven Druck hat, die Geräte anzuschaffen und die Mehrwerte überdeutlich und klar sind. Gleichzeitig muss er aber seine Finanzen stark im Auge behalten, da diese Anschaffungen nur ein Teil seiner Digitalisierungsstrategie sind. Also klärt er mich auf, dass er Zuschüsse für die Integration des Dokumenten-Management-Systems beantragt hat, es jedoch immer wieder Rückfragen und Nachforderungen gab.

Das Ergebnis lässt sich sehen, er bekommt nun auch meine Geräte subventioniert: WOW!

Ich weiß von der verhaltenen Finanzsituation durch unsere Vertriebsgespräche und konnte vor allem durch meine Einsparrechnung bei ihm punkten. Aber, dass er nun die Geräte zum halben Preis und damit weit unter Marktwert bekommt, ließ mich nicht los. „Warum nutzen nicht alle meine Kunden diese Möglichkeit." Und viel wichtiger: „Wieso unterlasse ich es als Vertriebler, meine Kunden über die Möglichkeiten aufzuklären?" Rückblickend ist dieser Moment die Geburtsminute unseres inoffiziellen Credos »Mache dich niemals der (aktiven) unterlassenen Hilfeleistung schuldig«, das seit diesem Zeitpunkt Antrieb und Zweck meines beruflichen Daseins ist.

UMSETZUNGSINTELLIGENZ: PASSIERSCHEIN A 38 IM FÖRDERMITTELDSCHUNGEL BENÖTIGT

Und dann kommt dieses eine Wochenende, das den Wendepunkt in meinem (Vertriebs-)Leben darstellt. Wie auch immer kommt bei einem Familientreffen in unserem Garten das Fördermittel-Thema auf. Mein Cousin erzählt mir von weiteren Zuschussmitteln, die in die verschiedenen Bereiche von Unternehmen oder Lehrinstituten fließen. Leider sind diese aber schwierig zu finden, noch schwerer zugänglich und bedeuten für die Unternehmen immer ausschweifende Antragsprozesse mit langen Einarbeitungszeiten.

Getoppt wird dieser Spaß nur noch von einem immensen, mit einer Förderung unmittelbar verbundenen, bürokratischen

Prozess. Dieser gleicht häufig der berühmten Erwirkung des Passierscheins A 38 im »Haus, das Verrückte macht« im Film Asterix erobert Rom. Gerüchten zufolge wurde dieser sogar im neuen Rundscheiben »B 65« festgelegt.

Als Vertriebler in einer durchaus hart umkämpften Branche bin ich naturgemäß immer auf der Suche nach verkaufsunterstützenden Mehrwerten für meine Kunden – jedoch sicherlich nicht nach zusätzlichen Bürokratieaufwänden! Ich kann mich dennoch von den Gedanken der direkten Bezuschussung für meine eigenen Angebote gar nicht mehr lösen. Folglich sind die nächsten Wochen geprägt von der Einholung von Informationen zu unterschiedlichen Programmen und Wegen und beginne diese zu studieren. Final habe ich viele Informationen, um diese Art der Zuschussoption meinen Kunden aufzuzeigen.

Und was soll ich sagen? Mein Verwandter hatte mit allen positiven, wie auch dunkleren Facetten, der Fördermittelmacht Recht behalten. Im Ergebnis hatte ich das beste halbe Jahr in dieser Firma. Umsatz mehr als verdoppelt und eine ansehnliche Jahresprovision. Doch wie genau passt das zusammen? Und warum hat er in meinen Augen trotzdem Recht behalten? Nun, ich habe seine Aussage genutzt, die Informationen und damit einhergehenden Aufwände für meine Kunden greif- und auch beherrschbar zu machen. Ohne es zu wissen, habe ich damals einen Grundstein des Konzepts , das wir heute als „Umsetzungsintelligenz" bezeichnen, geschaffen. In allen weiteren Entwicklungsschritten meiner beruflichen und privaten Laufbahn nutze ich fortan die Möglichkeiten der Bezuschussung.

Heute bin ich (von der Geburtsminute an), Teil unseres Familienunternehmens und verantworte das Partnermanagement sowie unser Zuschussradar. Das vollelektronische Zuschussradar screent und analysiert dabei kontinuierlich über 10.000 unterschiedliche Zuschussprogramme in Deutschland, Österreich, Schweiz und den Niederlanden. Final bringt es diese (sich stetig ändernden Richtlinien) mit den Angaben unserer mittelständischen Partner (Mitarbeiter, Umsatz, Region, Förderungswünsche) zusammen. Dabei werden grundsätzlich Förderungen aus allen zwölf unterschiedlichen unternehmerischen Facetten beleuchtet. Denn erfahrungsgemäß konzentrieren sich die meisten Unternehmen lediglich auf ein bis drei und lassen somit aktiv Chancen liegen.

Dadurch stehe ich weiterhin tagtäglich im direkten Kontakt mit umsetzungsorientierten Unternehmerpersönlichkeiten aller Art. Aus über 4.000 geführten Ergründungsgesprächen (früher hießen die noch Vertriebsgespräche) haben wir gemeinsam u. a. präzise identifiziert, wieso Fördermittel auch heute noch von vielen Unternehmern im Tagesgeschäft strategisch NICHT genutzt werden. Dieses scheint mehr als nur ein erlerntes Verhalten zu sein, denn die Hauptargumente und somit Struktur der weiteren Ausführungen lauten immer wieder:

» unübersichtliches Angebot
» Überfrachtung an Möglichkeiten
» stark bürokratische und zeitintensive Verfahren
» zuständige Entscheider sind eher Verwalter statt Gestalter
» Tagesgeschäft hat Vorrang

> » das hat in der Vergangenheit nicht geklappt
> » einer meiner Urahnen hat gesagt, geschenktes Geld gibt es nie ohne Gegenleistung

Getreu unserem inoffiziellen Motto »Mache dich niemals der (aktiven) unterlassenen Hilfeleistung schuldig«, sind diese (und mehr) hinderlichen Gründe und Bedenken von Unternehmern umfassend analysiert und allumfassende Gegenmaßnahmen entworfen worden. Dieses Vorgehen trägt den Namen Umsetzungsintelligenz® und steht einzig den wahren Wirtschaftshelden, dem Mittelstand, zur Verfügung.

Denn auch heute noch nutzt nur ein verschwindend geringer Anteil aller Kleinen und Mittleren Unternehmen (KMU), die ihnen zur Verfügung stehenden Fördermittel strategisch sowie umfassend. Bei Konzernen sind es hingegen nahezu neun von zehn! Ob diese Tatsache allein das Missverhältnis der beiden Gruppen erklärt oder gar eine Folge dessen ist, ist das anhaltende Henne-Ei-Problem des Mittelstands im 21. Jahrtausend, an dem wir liebend gerne weiter forschen.

Wir haben uns daher mit dem Zuschussradar auf den Weg gemacht, genau diesen Missstand zu beheben und geben so selbst Klein- und Kleinstunternehmern die Möglichkeit der allumfassenden und kostenlosen Orientierung und späteren Nutzung der Fördermittellandschaft. Auf unserem gemeinsamen jährlichen Strategieworkshop in Südamerika beschließen wir daher bereits Anfang 2020, kurz vor dem neu festgelegten Ende des Maya-Kalenders und zugleich kurz vor einer Flut an pandemischen Einschränkungen unseres Lebens, unsere eigenen Dienstleistungen und Produkte noch greifbarer und vor allem digitaler zu gestalten. Die gemeinsam formulierte Aufgabe ist einfach: Von überall auf der Welt und zu jeder Zeit wollen wir unterlassene Hilfeleistung im Mittelstand vermeiden und aktiv bekämpfen. Zugleich stehen wir für Effizienz und Effektivität unseres Handelns und möchten – wo immer möglich – unsere negativen Einflüsse auf die Umwelt reduzieren.

Mit dieser gemeinsamen Mission vor den Augen hebeln wir zugleich ein weiteres, sehr grundlegendes Problem des Mittelstands aus. Das Fehlen von belastbaren und stets aktuellen Grundlagen sowie der Zugang zu den wesentlichen, stark verdichteten Informationen auf den verschiedenen Wegen durch den Förderdschungel. Oftmals gelingt nun, durch die Nutzung ansonsten vergessener kleinerer Zuschussprogramme, den Einstieg in die Förderwelt darzustellen. Bspw. stellen ein Zuschuss über 15.000 Euro für die weitere Digitalisierung des eigenen Geschäftsmodells oder eine geförderte Automatisierung der elektronischen Vertriebsstrategie, bis hin zu modernen Online-Funnels, solche Einstiege mit belastbarem Mehrwert dar. Besondere Freude bereitet uns dabei die Begleitung von Unternehmen, die gefördert endlich ungeahnten Potenziale entfalten und effizienter, innovativer, digitaler und sichtbarer werden.

DEN ERFOLGSFAKTOR FÖRDERMITTEL IM MITTELSTAND PROAKTIV NUTZEN

Essentiell für das Verständnis des Zuschussgedankens ist der eigentliche Zuwendungszweck. Fördermittel ergehen gemeinhin dafür, dass bestimmte Aktivitäten umgesetzt werden, die nicht gesetzlich vorgeschrieben, aber von volkswirtschaftlicher und damit unternehmerischer Relevanz sind sowie über den aktuellen Stand der Technik hinausgehen. Nahezu alle relevanten Fördergelder sind dabei als Beihilfe einzustufen. Dies bedeutet, dass diese als finanzieller Anteil eines Gesamtvorhabens in Form eines echten Zuschusses ergehen. Die finanzielle Last von Unternehmen wird also gesenkt. Dies geschieht bei gleichzeitiger Erhöhung des administrativen Aufwands bspw. für die Identifikation und Beantragung der Subventionen, des Nachweises der korrekten Mittelverwendung und des notwendigen Berichtswesens.

Welche Freude kann größer sein, als wenn wir unseren Impulsgebern und Mentoren etwas von Wert zurückgeben können?

Genau derselbe Unternehmer, der zu Beginn mit seiner Eigeninitiative meinen persönlichen Einstieg in die weite Welt der Fördermittel bedeutete, kommt zwischen den beiden historischen Meilensteinen der Fördermittelnutzung über den Service des heutigen Zuschussradars wieder auf uns zu. Dieses Mal will er einen Schritt weiter gehen und eine volldigitale Vernetzung seiner Unternehmenszweige Konstruktion und Fertigung umsetzen. Der Unternehmer selbst ist sich aber ebenfalls bewusst, dass er die Abläufe innerhalb der Unternehmenszweige insgesamt effizienter gestalten muss und war über eine Empfehlung auf unser Angebot der umfassenden Zuschusseinwerbung gekommen. Die Wiedersehensfreude ist logischerweise auf beiden Seiten riesig!

Bisherig rein als Auftragnehmer tätig, entwickeln die Mitarbeiter und der Geschäftsführer seit Jahren einzigartige Lösungen für die Industrie und den Handel. Selbst haben sie dieses Potenzial aber nie für sich genutzt [Spoiler: Er hatte erneut nicht die richtigen Informationen und litt an entsprechender Verunsicherung]. Eigene Produkte zu entwickeln und in ihrer eigenen Fertigung zu produzieren wurde immer abgelehnt, da dieses leider nicht zum Unternehmensfokus passt. Aus heutiger Sicht ein wahnsinniger Verlust an Fördermitteln, aber vor allem an zusätzlichen Geschäftschancen.

Zusätzlich hatte der Unternehmer auch immer einen klaren weiteren Einwand. Die Entwicklungskosten bergen ein hohes Investitionsrisiko. Was passiert, wenn das Projekt wider Erwarten scheitert? Und so wurden gute Ideen der Mitarbeiter zwar aufgenommen und auch wunderschön strukturiert abgelegt, aber nie umgesetzt. Die Folge waren eine prall gefüllte Schublade mit Entwicklungsansätzen und latent unzufriedene Mitarbeiter in der Konstruktion.

»Ich wusste ja nicht, dass ich mir diese risikobehafteten Entwicklungen so krass bezuschussen lassen kann«, hallt es in meinen Ohren. Und erneut werde ich ergriffen von Wellen aus unsortierten Gedanken und recht gut sortierten Beschimpfungen, die sich den Weg durch meine Innereien suchen. Ein unbekannter Fakt ist, dass die Leber neben Giften auch Beschimpfungen zu filtern scheint – somit ergibt sich stattdessen ein sehr konstruktiver Dialog.

Nach ersten positiven Rückmeldungen zu seinen aktuellen Projekten ergründen wir in seinem Unternehmen die bisher ungenutzten Zuschussmittel, unter dem flapsigen Titel »Hätte, hätte Fahrradkette«.

> » Die ersten festgestellten (eigentlich förderfähigen) 500.000 Euro an Investitionen in ein Entwicklungsprojekt hat er noch gut und auch ohne Subventionen stemmen können, berichtet er.
> » Er nimmt also zähneknirschend auf, dass seine neue Marketingassistenz diesen Dingen hauptverantwortlich nachgehen soll. Kurz überschlagen, hat er auch bei der Einstellung dieser neuen Fachkraft mindestens 25.000 Euro verschenkt.
> » Ins Schwitzen kommt er jedoch in dem Moment, in dem wir feststellen, dass die bereits getätigten Investitionen in seinen Neubau ebenfalls bezuschussbar gewesen wären. 25 Prozent Zuschuss wären auf sämtliche Posten möglich gewesen?!

Da muss auch ein gestandener Unternehmer mehr als einmal durchschnaufen und nachrechnen, wie viel Mehrumsatz er in seinem regulären Geschäft darstellen muss, um die entgangene Förderung zu kompensieren. Seine Umsatzrendite ist ansehnlich in einem niedrigen zweistelligen Bereich. Wir kommen somit gerade eben noch auf einen siebenstelligen Mehrumsatz, der durch die Förderkomponente in das weitere Unternehmenswachstum hätte investiert werden können. Autsch – das sitzt natürlich und innerhalb weniger Sekunden weicht sämtliche Farbe aus seinem Gesicht! Nachdem ich relativ trocken eine Bluttransfusion angeregt habe, stellen wir lachend fest, dass seine Leber scheinbar nicht so effektiv Schimpfwörter herausfiltert, wie es meine noch vor kurzem tat. Wir stellen den Abend erneut unter ein sehr ehrliches Motto »Krönchen richten und weitermachen«. Dann testen wir unsere Lebern erfolgreich auf die reguläre Funktionstüchtigkeit mit hochprozentigerer Kost...

Der nächste Tag startet folglich unwesentlich später als zunächst geplant. Im Ergebnis stellt sich ein drastischer Wandel ein, aus welcher Perspektive er sein Unternehmen an sich betrachtet. Bis dato sieht er sich als reines hochspezialisiertes Dienstleistungsunternehmen im Bereich der Konstruktion und der Protoypenfertigung für Dritte an. In Kombination mit den (ebenfalls bezuschussten) Positionierungs- und Innovationsworkshops, die wir mit ihm und seinen Angestellten durchführen, um Innovations- und Entwicklungsansätze zu identifizieren, kristallisiert sich das Bild eines besonders innovativen Konstruktionsunternehmens heraus, der eigene Produkte hervorbringt.

Der in den Workshops erarbeitete Plan, den wir in den nächsten Monaten in die Tat umsetzen, hatte an Fahrt aufgenommen. Die Potenziale der Entwicklungsideen werden in den kommenden Tagen gesichtet und ein Entwicklungsstrang von drei Projekten initiiert. Bezuschussungen flankieren nun seine Produktentwicklung und münden in einen subventionierten Patentantrag, der durch einen subventionierten Innovationsbeauftragten begleitet wird.

Heute ist das Unternehmen nicht mehr ein reiner Dienstleister, sondern auch Patentinhaber, Ideengeber, Innovationspreisträger und Produzent. Das Team ist in voller Aufbruchsstimmung und etabliert eigenständig einen Innovationskreis. Abhängigkeiten von einzelnen Auftraggebern wurden aufgeweicht und durch die Digitalisierung die

Prozesse weiter geschärft. Hatte man uns beim ersten Treffen noch kritisch beäugt und erst einmal keine Verbesserungsideen seitens der Belegschaft geäußert, wurden wir an diesem Tag mit extrem gut ausgearbeiteten Vorschlägen und konstruktiven Fragen regelrecht überschüttet.

Wir stehen weiterhin regelmäßig im Kontakt und sprechen stetig über seine Wunschlisten und nutzen aktuell die Zuschüsse für den digitalen Markteintritt zur Sichtbarkeitssteigerung und zur weiteren Markenbildung.

In diesem Beispiel zeigen sich viele unserer zuvor Identifizierten Hauptargumente wieder:

» Keine Informationen zu den wirklich zur Verfügung stehenden Möglichkeiten
» Keine freie Zeit zur Beantragung und keine Muße für bürokratische Prozesse
» Das eigene Tagesgeschäft hat Vorrang und lässt den Fokus verlieren
» »Das kann doch nicht sein, dass mir das sonst niemand sagt«

DER HÖHEPUNKT EINER LIEBESGESCHICHTE

Noch heute sehen wir uns immer wieder gerne das Video unserer gemeinsamen Aktion der Fütterung der Vogelkinder an. Und noch immer bin ich mir noch nicht gänzlich sicher, ob wirklich alle Kinder Pommes lieben, aber der berühmte Blick über den Tellerrand lohnt sich in jedem Fall. Aus eigener Erfahrung kann ich jedoch mit absoluter Sicherheit berichten, dass alle unternehmerisch denkenden Menschen echte Zuschüsse lieben müssen. Zudem sind die meisten der geäußerten Einwände gegen die strategische Nutzung dieser außergewöhnlichen Finanzierungsoption eher erlernte Vorwände und bereits an anderer Stelle gelöste Probleme.

Kurzum: Wer einmal am Fördertopf genascht hat, fragt nicht mehr nach dem einzelnen Gericht, sondern nach der Menüfolge und auch nach der dazu optimal passenden Getränkebegleitung.

Mein impulsgebender mittelständischer Fördermittelheld hat in weniger als drei Jahren, allein durch die geschickte Kombination und Nutzung unterschiedlicher Zuschussfacetten, nun deutlich siebenstellig gespart und dabei niemals inhaltlich Vorhaben beschneiden müssen. Diese Summe hätte er ansonsten in seinem regulären Tagesgeschäft unbemerkt und fahrlässig liegen lassen. Viel wichtiger als die finanzielle Komponente sind aber die Effekte der »beschleunigten Evolution« und des »inhaltlichen Ausbaus« der Vorhaben. Gemeint ist damit, dass geförderte Vorhaben viel intensiver angegangen werden können und somit inhaltlich an Tiefe und Präzision gewinnen können. Zugleich werden diese Vorhaben schneller fertig gestellt und ein viel schnellerer Markteintritt ist die Folge, während die Risiken der alternativen Zielerreichung finanziell abgemildert werden.

Ein Teil genau dieses Engagements für den Mittelstand zu sein und so täglich die Liebe zu bislang ungenutzten Fördermitteln (und Pommes) zu wecken, wirken jeden Tag inspirierend und motivierend zugleich. Wir glauben fest daran, dass in einer idealen Welt mittelständische Unternehmer zu jeder Zeit alle vorteilhaften Chancen kennen und vollständig bewerten sollten.

Daher steht für die Leser dieses Beitrags die elektronische Version des Zuschussradars unter nachfolgendem Link gerne kostenfrei zur Verfügung. Dieses bietet nicht nur absolute Transparenz und Orientierung im Fördermitteldschungel, sondern darüber hinaus den direkten Aufschlag zum Start der ersten eigenen Fördermittelinanspruchnahmen.

Innerhalb von weniger als drei Minuten und mit nur wenigen Fragen sind somit nicht nur die wirklich nutzbaren Facetten der Bezuschussung bekannt, sondern darüber hinaus werden konkrete Hilfestellungen zur Umsetzung angeboten. Scannen Sie dazu einfach den QR-Code rechts und loggen Sie sich in den Mutmacher-Memberbereich ein.

Geschenk #9

GRATIS ZUSCHUSSRADAR

Wir stellen Ihnen die elektronische Version des Zuschussradars kostenfrei zur Verfügung. Damit bekommen Sie im Fördermitteldschungel endlich Durchblick und gleichzeitig konkrete Hilfe zur Umsetzung.

Login Memberbereich:
https://weiter.link/mutfree

UNTERNEHMERPROFIL

Patrick Starkmann & Dr.-Ing. Dennis Bakir

INNOVATOR GRUPPE

Der Gründer des INNOVATOR Gruppe, Dr.-Ing. Dennis Bakir (der Cousin aus dem Beitrag von Patrick) prägte die Marken Umsetzungsintelligenz® und Innotainment® und bekennt sich damit klar zu 1) Innovationsorientierung mit Mehrwert, 2) Umsetzung von Chancen und 3) dem Willen, großartige Leistungen sichtbar zu machen.

Im Herzen des Ruhrgebiets fördern die Innovatoren vorwiegend mittelständische Partner. Dies gilt insbesondere für die gezielte Innovationsentwicklung, die Einwerbung verschiedenster Umsetzungszuschüsse und die Steigerung der Sichtbarkeit von Marken & Menschen.

Patrick Starkmann, stolzer Vater und passionierter Ehemann, ist Leiter der Business-Unit „Zuschussradar" im INNOVATOR Gruppe. Er verantwortet seit der Gründungssekunde des Familienunternehmens sämtliche neuen Potentiale und das Empfehlungspartnermanagement.

Sein Team verhilft Unternehmern tagtäglich dabei, bislang brachliegende Möglichkeiten zu erkennen und endlich umzusetzen. Ungelöste Problemstellungen in Unternehmen zu finden, diese gerne mit Hilfe von Zuschüssen zu beseitigen und daraufhin die exzellenten Lösungen sicht- und kaufbar zu machen, sind ihr besonderer Antrieb.

Insbesondere, wenn es um den weiteren strategischen Ausbau mittelständischer Unternehmen geht, drehen Patrick und Dennis (wandelnde Zuschusslexika mit Helfersyndrom) gemeinsam so richtig auf. Sie sehen es sogar als aktiv unterlassene Hilfeleistung, Interessenten nicht vollumfänglich in allen 12+1 Facetten des Leistungsangebots zu durchdringen.

Aus über 4.000 geführten Ergründungsgesprächen entwickelte sich ein wirklich besonderes Gespür für die wesentlichen Lösungen des Mittelstands, der nun digitalisiert und mit künstlicher Intelligenz bereichert werden soll. Das Zuschussradar steht den Lesern des Buches nun kostenlos zur Verfügung. Innerhalb von weniger als drei Minuten sind ein Großteil der wirklich erzielbaren Förderkomponenten bekannt:

https://zuschussradar.de/storyhelden

10

CONSTANTIN CHRISTIANI

Kommunikation

WIE SIE IHR UNTERNEHMEN DURCH MEHR AUTHENTIZITÄT KRISENSICHER MACHEN

DIE GEHEIMFORMEL FÜR WIRTSCHAFTLICHEN ERFOLG TROTZ KRISE.

Die Krise nimmt Fahrt auf. Die schwarzen Zahlen färben sich langsam rot. Unruhe, Ungewissheit und Angst kommen auf. Neue Umsätze müssen her, um dem Verlust entgegenzuwirken. In Nacht- und Nebelaktionen werden neue Kampagnen ausgearbeitet – die Angst steuert uns wie eine Marionette. Ich merke zunehmend, dass ich nicht mehr ich selbst bin.

Wie durch Zufall las ich einen Artikel mit der Überschrift »Die Kunst authentisch zu sein.« Ich spürte die Wichtigkeit dieser Botschaft, die genau zur richtigen Zeit in mein Leben kam. Denn ich fühlte den Druck von außen, der Tag für Tag zunahm.

Ich schaute auf mein Business und fragte mich: »Verstelle und verbiege ich mich gerade, weil ich mein Business retten will?« Ich hatte das Gefühl, dass es wirklich eine Kunst ist, authentisch zu sein, obwohl das ja eigentlich das einfachste der Welt sein sollte.

Dieser Gedanke ließ mich nicht mehr los und beschäftigte mich mehr, als ich selber wahrhaben wollte.

PROBLEM #1: WARUM UNTERNEHMEN SICH IN KRISEN INSZENIEREN.

Lass uns mit einer kleinen Zeitreise beginnen – wir gehen zurück ins Mittelalter. Wie war damals die Wirtschaft organisiert? Zu Beginn des Mittelalters, also um das Jahr 500 n. Chr., gab es noch den Tauschhandel. Dort wurden Waren und Dienstleistungen direkt gegen andere Waren und Dienstleistungen getauscht. Beide Seiten besaßen ein wertvolles Angebot. So profitierten also beide Parteien davon, miteinander zu tauschen.

Einige 100 Jahre später, im 11. Jahrhundert tauchte dann die Mark als Gewichts- bzw. Währungseinheit auf.

Somit wurde es Menschen ermöglicht, Waren und Dienstleistungen mit Geld einzukaufen. Das wiederum führte dazu, dass lebensnotwendige oder andere wichtige Materialien zum

Herstellen von Gütern mit Geld eingekauft werden konnten, auch dann, wenn kein eigenes wertvolles Gut im Tausch geboten wurde.

Menschen boten also Waren an, die sie besaßen oder produzierten, oder Dienstleistungen, die sie erlernt hatten. Das Angebot hatte immer den klaren Nutzen eines der Grund- bzw. Existenzbedürfnisse (nach Maslow) zu befriedigen.

Der Gerber verkaufte sein Leder zum Anziehen. Der Milchbauer verkaufte seine Milch als Nahrungsmittel. Und der Hufschmied verkaufte seine Hufeisen an seine Mitbürger für ihre Pferde, damit diese wiederum Geld verdienen konnten. Und weil es meist nur einen Anbieter in der Siedlung gab, wusste jeder, wo diese lebensnotwendigen Waren und Dienstleistungen zu bekommen waren.

Wenn wir uns die Wirtschaft zur damaligen Zeit anschauen, dann wird eines sehr schnell klar: Menschen hatten ein Angebot, das andere Menschen dringend gebraucht haben. Entweder zum direkten Überleben, zum Beispiel Nahrungsmittel, oder wichtige Materialien zur weiteren Verarbeitung.

So, lass uns nun wieder einige 100 Jahre in die Zukunft springen – ins heute: Wir leben im 21. Jahrhundert und der Lebensstandard in den Industrienationen ist so hoch wie nie zuvor. Die Konsequenz daraus ist, dass wir uns keine Gedanken mehr ums Überleben machen müssen. Die Grundbedürfnisse sind gestillt. Es gibt keinen täglichen Kampf mehr, bei dem wir Dinge besorgen oder organisieren müssen, die wir brauchen, um zu überleben.

Der Markt ist geflutet von Lebensmittelgeschäften, die uns täglich mit Nahrungsmitteln aus aller Welt versorgen. Wenn wir Hunger haben, können wir uns in Sekundenschnelle etwas zu essen besorgen. Die Zahl an Unternehmen und das damit verbundene riesige Angebot ermöglichen uns alles zu kaufen, was das Herz begehrt.

Durch den Einzug der Digitalisierung wird das Angebot noch viel größer. Wir brauchen sogar noch nicht einmal unser Haus zu verlassen. Wir gehen einfach ins Internet und mit wenigen Klicks können wir unsere Bedürfnisse sofort befriedigen.

Der Bedarf zum Überleben ist also gedeckt. Wir »brauchen« nichts mehr zum Überleben, sondern wollen Dinge »haben« für ein besseres Leben.

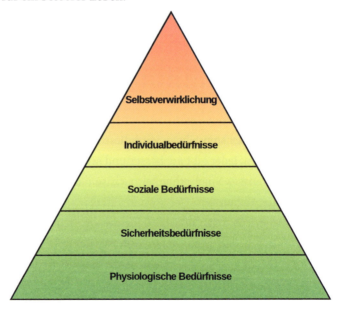

Wir befinden uns also in der Maslowschen Bedürfnispyramide im oberen Sektor.

Zunehmend geht es in unserer Welt also um das Bedürfnis nach Anerkennung, Wertschätzung und vor allen Dingen Selbstverwirklichung. Und genau dieser Unterschied ist so entscheidend. Denn dadurch ändern sich die Anforderungen an die Unternehmenskommunikation. Kommunikation muss plötzlich andere Bedürfnisse ansprechen und erfüllen als noch vor einigen Jahrzehnten.

Unternehmen versuchen sich deshalb gegenseitig zu übertreffen und bombardieren uns mit Werbebotschaften, um genau diese Sehnsucht nach dem Produkt oder der Dienstleistung künstlich zu generieren. Durch die Digitalisierung nimmt die Anzahl an möglichen Kanälen stetig zu, über die der Kunde erreicht werden kann. Und das nutzen Unternehmen gnadenlos aus.

Glaubt man einigen Studien, so prasseln über 5 000 Werbebotschaften jeden einzelnen Tag auf uns ein. Und das ist grade der Anfang. In den nächsten Jahren wird diese Entwicklung noch weiter zunehmen. Jeder gibt an, besser und schöner zu sein als alle anderen. Dieses Spiel schaukelt sich seit Jahrzehnten in unerreichbare Höhen auf. Das Resultat: Unternehmen kommen mit Versprechungen um die Ecke, die sie niemals halten können, nur um den gestiegenen Anforderungen der Menschen gerecht zu werden. »Persil wäscht weißer als weiß!«, »Actimel aktiviert Abwehrkräfte«, wie bitte?

Große Unternehmen versuchen mit allen Mitteln, ihren Umsatz im Interesse aller Stakeholder zu steigern. Und dabei vergessen sie vor lauter Zahlen, dass sie es mit Menschen zu tun haben. Dass der Sinn eines Unternehmens ausschließlich darin besteht, Probleme zu lösen und Nutzen zu stiften. Wir befinden uns entsprechend in einem undurchsichtigen Dschungel. In Krisen wird der Fokus leider noch viel stärker auf die Zahlen gelegt, da durch Umsatzeinbrüche die Wirtschaftlichkeit des Unternehmens zunehmend gefährdet ist. Deshalb ist es wichtiger denn je, seine starke Botschaft authentisch am Markt zu platzieren. Und wie das geht, zeige ich Dir gleich. Vorab sollten wir uns noch den zentralen und wichtigsten Faktor im Business anschauen, den Menschen.

PROBLEM #2: WARUM MENSCHEN SICH INSZENIEREN.

Eines Abends wurde mir klar, dass diese Verhaltensweise nicht nur bei Unternehmen zu finden ist.

Ich saß auf der Couch, der Tag war wieder einmal sehr stressig und ich erholte mich, indem ich auf meinem Handy herumspielte. Ich blieb auf Instagram bei einem Bild eines Bekannten stehen – ein Urlaubsbild von den Malediven. Sein Kommentar dazu: »So ein toller Urlaub, genauso wie ich mir das Paradies vorgestellt habe.« Solche Bilder kannte ich bisher nur aus Hochglanzbroschüren von irgendwelchen Reiseanbietern. Hellblaues Wasser, Palmen, weißer Sandstrand und mein Bekannter steht mit seiner rosa Badehose, braungebrannt mitten im flachen Wasser und lächelt glücklich in die Kamera. In dieser Sekunde erinnerte ich mich, dass ich genau diese Person am Morgen beim Bäcker getroffen hatte. Und eins kann ich Dir sagen: Er sah gar nicht glücklich aus. Tiefe dunkle Augenränder als Zeichen totaler Erschöpfung seiner 16 Stunden-Arbeitstage. Keine Spur vom angeblichen Paradies, in dem er lebt. Ich konnte das »Klicken« meines Gehirns in diesem Moment quasi hören!

Donald Trump würde an dieser Stelle auf »Fakenews« plädieren!

Egal, wo wir hinblicken, sei es Instagram, Facebook, Fernseh-Werbung, Zeitschriften etc., sehen wir eine inszenierte Welt.

An dieser Stelle ein kleines Rechenexempel für Social Media: Ich habe mal ausgerechnet, wie viel wir eigentlich aus dem Leben anderer, sogenannter Influencer, erfahren, wenn wir ihnen auf einem Kanal folgen. Nehmen wir für dieses Beispiel einmal Instagram: Wenn eine Person 20 Instagram-Stories à 15 Sekunden aufnimmt, dann summiert sich das Ganze zu fünf Minuten. Auf einen ganzen Tag, also 24 Stunden, hochgerechnet, sind das gerade einmal 0,3 Prozent des Tages.

Durch diese Erkenntnis war mir eins sehr schnell klar: Wir sehen immer nur Mini-Sequenzen aus dem Leben anderer und erhalten damit ein verzerrtes Bild der Realität. Das wird anschließend noch weiter auf die Spitze getrieben, indem so gut wie alle Bilder mit Bearbeitungsprogrammen optimiert werden. Der Himmel strahlt so blau, wie wir ihn in der Realität haben noch nie blau strahlen sehen. Grüne Augen funkeln so grün, wie wir sie in der Realität haben noch nie grün funkeln sehen. Und ohnehin schöne Models mit Top-Figur werden in mehrstündigen Photoshop-Einheiten zu Idealen aufgewertet, die für uns unerreichbar sind.

Und genau hier geht die Authentizität verloren, weil Menschen meinen, sich inszenieren zu müssen. Denn authentische Menschen wirken wahrhaftig, ungekünstelt, offen und entspannt. Sie strahlen aus, dass sie zu sich selbst stehen, zu ihren Stärken und Schwächen. Genau diese Eigenschaften sollten wir in unserem Business nutzen, um in jeder Wirtschaftslage eine emotionale und authentische Bindung zu unseren Kunden aufzubauen und zu halten.

Das Resultat unserer inszenierten Welt: Unsere wahrgenommene Realität verschiebt sich zu Idealvorstellungen, die wir niemals erreichen können. Und das hat verheerende Folgen: Wir glauben etwas sein zu müssen, das wir gar nicht sein können.

In schlechten Zeiten, in Krisen, fällt es uns noch viel schwerer zu uns zu stehen und authentisch zu sein. Gerade dann haben wir das Bedürfnis »das Silberbesteck« auspacken zu müssen, weil sonst keiner mehr etwas mit uns zu tun haben will.

Wir schämen uns, haben Angst, Fehler und Schwächen einzugestehen. Und nach und nach entsteht der Irrglaube, dass es uns persönlich schlecht geht. Schnell kommt der Gedanke auf »Hätte ich doch nur A oder B...«

Dieses Gedankengebäude entsteht, weil Unternehmen sich inszenieren und Menschen anfangen, sich selbst zu belügen.

Nicht nur Unternehmen, sondern auch viele Menschen stürzen infolgedessen in Krisen.

Der Schlüssel für wirtschaftlichen Erfolg in Krisensituationen liegt also auf der Hand.

AUTHENTISCH SEIN – AUTHENTISCH KOMMUNIZIEREN.

Bevor wir loslegen, möchte ich noch eine Sache klarstellen!

Ob Du wahrhaftig authentisch bist, erkennst Du an Deinem Fokus. Richtet sich dieser darauf, Deine Problemlösung zu optimieren und den Nutzen für Deinen Kunden zu maximieren? Stehst Du jeden Tag auf und krempelst die Ärmel hoch, weil Du Deinen Kunden eine bessere Welt liefern willst? Wenn ja, dann besitzt Du eine krisensichere Einstellung, die Dich langfristig erfolgreich machen wird.

Das heißt, in erster Linie solltest Du daran arbeiten, dass Du ein hochwertiges Angebot hast, das einen überdurchschnittlichen Nutzen für Deine Kunden liefert. Das ist schon die halbe Miete. Wenn Du das hast, dann fehlt Dir nur noch die passende Kommunikation, diesen Nutzenvorsprung authentisch zu vermitteln. Dann steht Deinem Erfolg, auch in Krisenzeiten, nichts im Wege.

Die größte Chance für Unternehmer und Selbständige in der Krise.

Halten wir die zwei erarbeiteten Erkenntnisse kurz fest. Unternehmen kämpfen um die Aufmerksamkeit der Kunden und werfen mit Superlativen um sich. Sie stellen eine Behauptung nach der anderen auf und vergessen, dass sie es mit Menschen zu tun haben. Durch nichtssagende und anonyme Thesen gelingt es ihnen nicht, eine emotionale Beziehung mit ihren Kunden aufzubauen.

Und wir persönlich versuchen einem Ideal hinterherzueifern, das wir nicht erreichen können. Alle verbiegen sich in alle Richtungen, nur um irgendwas künstlich Erschaffenem gerecht zu werden.

Menschen möchten gesehen, gehört und verstanden werden. Sie wollen bei ihren realen Problemen abgeholt werden. Um es kurz zu machen: Menschen wollen authentische Menschen – egal ob beruflich oder privat – ,die ein wahres Interesse an ihren Problemen haben und dafür eine gute Lösung bereitstellen.

Also, wie können wir nun in jeder wirtschaftlichen Lage dafür sorgen, dass unser Unternehmen floriert und trotzdem authentisch sein?

Es gibt eine klare Reihenfolge, um Dein Unternehmen krisensicher zu machen:

1. Du brauchst ein hochwertiges Produkt oder eine hochwertige Dienstleistung

Egal, ob der Markt boomt, oder eine Krise uns das Leben schwer macht, sorge dafür, dass Du mit Deinem Angebot einen absoluten Nutzenvorsprung hast. Dieser kann sowohl objektiver Natur sein, als auch subjektiver. Doch was heißt das?

Ein objektiver Nutzenvorsprung liegt vor, wenn Dein Angebot tatsächlich im direkten Vergleich einzigartig ist und das Problem des Kunden besser löst als die Konkurrenz. Diesen kannst Du beispielsweise dadurch erreichen, dass Du Dich spitz positionierst. Spezialisierst Du Dich auf eine konkrete Problemlösung, so sammelst Du in kurzer Zeit überdurchschnittlich viel Knowhow und überholst Deine Konkurrenz in null Komma nichts.

Ein tolles Beispiel dafür ist einer unserer Top-Umsetzer-Kunden Sascha Sadeghian. Seine ursprüngliche Positionierung lautete »Finanzdienstleister«. Er ging mit der Behauptung an den Markt, er kenne alle Finanzbereiche. Angefangen bei Finanzierungen über Versicherungen bis hin zur Altersvorsorge.

Lass mich hier eine schnelle Frage stellen. Ist es glaubwürdig, ein Experte auf all diesen Gebieten gleichzeitig zu sein? Sehr schwierig.

Also, was haben wir gemacht?

Sascha hat sich auf den Bereich der Immobilienfinanzierung konzentriert und gründete sein Unternehmen am 01.01.2020. In kürzester Zeit sammelte er unzählige Referenzen in diesem Bereich und sein Knowhow wuchs rasant an. Damit konzentrierte er sich auf eine konkrete Problemlösung und konnte schnell, klar und prägnant auf den Punkt bringen, wieso er der beste Immobilienfinanzierer ist. Trotz Corona und Lockdown realisierte er dank seiner überragenden Lösung bereits nach acht Monaten 120 Prozent des Umsatzes vom Vorjahr.

Wenn Du ein einzelnes Thema besetzt, dann vertrauen die Menschen schneller darauf, dass Du auf dem Gebiet ein wahrer Experte bist. Es fällt Dir vor allen Dingen viel leichter, authentisch darüber zu kommunizieren.

Der subjektive Vorsprung ist die Art und Weise, wie Dein Gegenüber diesen Nutzenvorsprung durch Deine Kommunikation wahrnimmt. Und hier ist es wichtig, dass Du demonstrierst statt behauptest. Und damit sind wir schon beim zweiten Schritt.

2. Verpacke den Nutzenvorsprung in spannende Geschichten

Stories haben seit 100 000 Jahren eine klare Funktion: Sie erzeugen in den Köpfen der Zuhörer ein Bild bzw. einen ganzen Film. Sie schildern Situationen unmissverständlich. Und hier siehst Du direkt, wie wichtig es ist, dass die Qualität Deiner Produkte absolut top ist. Wenn Du nämlich mit einem unterdurchschnittlichen Produkt handelst, bist Du entweder dazu gezwungen die Wahrheit zu vertuschen oder zum Beispiel mit einer besonders hochwertigen Verpackung um die Ecke zu kommen.

Die gute Nachricht ist, dass Du »nur« ein gutes Produkt brauchst. Du musst nicht zwangsläufig ein »anderes« Angebot haben als Deine Konkurrenz. Ok – es ist super, wenn Du etwas Besonderes hast, aber es muss eben nicht sein.

Der springende Punkt ist, dass Du weg von Behauptungen hin zu Demonstrationen kommen musst. Genau das ist Unterschied zwischen Storytelling und Nicht-Storytelling. Wenn Du hingehst und sagst: »Ich habe exzellenten Service«, »Ich kann alles im Bereich der Finanzdienstleistung«, dann ist das nur eine Behauptung. Das ist einfachstes Marketing-Deutsch.

Das Verblüffende ist allerdings, dass fast 90 Prozent aller Firmen auf dieser simplen Schiene fahren. »Wir haben langjährige Erfahrung, wir haben hochwertige Produkte.« Bla, Bla, Bla! Das steht auf fast allen Webseiten. Das merkt natürlich auch der potenzielle Kunde: »Boah. Langweilig. Das erzählen mir alle anderen auch.« Das sind diese 5 000 Botschaften, die jeden Tag auf uns einprasseln.

Du solltest Dir diese Erkenntnis merken oder sogar aufschreiben:

Storytelling bedeutet NICHT, dass Du Deinen Nutzen einfach nur behauptest. Frei nach dem Motto: »…wir haben langjährige Erfahrung, wir wissen, wie es geht…«.

Storytelling bedeutet, dass Du Deinen Nutzenvorsprung für den Kunden innerhalb einer Geschichte demonstrierst. Im Kopf muss ein »Film« entstehen, in dem der Kunde seinen Nutzen »sehen« kann. Das ist nämlich exakt das, was Emotionen erzeugt und Deine Glaubwürdigkeit ausmacht. Und wenn Du Deinen Kunden emotional berührst, dann baust Du mit ihm eine langfristige, emotionale Beziehung auf, die auch in Krisenzeiten dafür sorgt, dass es Dir wirtschaftlich weiterhin gut geht.

Sascha Sadeghian erzählt nun folgende Geschichte: Stell Dir vor, Du hast dein Traumhaus gefunden. Nun brauchst Du eine Immobilienfinanzierung mit schneller Zusage und den günstigsten Konditionen. Wir sprechen über Zoom und ich zeige Dir auf meinem Bildschirm den besten Zins aus über 500 Banken für Deine individuelle Lebenssituation. Und wenn Du möchtest, hast Du am Ende des Gesprächs bereits eine Finanzierungszusage für den Makler und kannst Dir Dein Traumhaus sichern.

Hier kann der Kunde den Lösungsvorsprung »sehen«, bevor er ihn erlebt hat.

3. Deine Geschichte wird zu Deiner Botschaft

Wenn Du nun glaubwürdig und authentisch Deinem Interessenten zeigen kannst, warum Deine Lösung die beste ist, dann hast Du auch eine Botschaft. Eine Botschaft fasst Deinen Nutzenvorsprung in der Regel in wenigen Sätzen zusammen. Eine kurze, prägnante und spannende Botschaft ist eminent wichtig. Durch die vielen Werbebotschaften und den hohen Wettbewerb musst Du in kürzester Zeit die Aufmerksamkeit Deiner Zielgruppe erreichen und sie »in den Film« schießen.

Drei Beispiele für starke Botschaften:

Chirurg: »OP-Erfolg bedeutet, dass das operierte und ausgeheilte Gelenk 10 Prozent stärker ist als das gesunde Gelenk vorher war!«

Personal Trainer: »Gib mir 180 Tage jeden Tag 20 Minuten – und Du bekommst von mir die gute Gewohnheit, für den Rest Deines Lebens regelmäßig Sport zu machen – oder Du bekommst Dein Geld zurück!«

Immobilien-Finanzierer: »Ich zeige Dir in einem kostenlosen 60 min Gespräch aus über 500 Banken, wo du den günstigsten Kredit für Dein Traumhaus bekommst und erhältst bereits am Ende des Gespräches eine Finanzierungsbestätigung. «

Deine Botschaft zieht sich wie ein roter Faden durch Deine gesamte Kommunikation. Wenn Du sie mit Geschichten belegst, dann wirst Du als authentischer und ehrbarer Kaufmann wahrgenommen.

4. Erzähle Deine Botschaft an den richtigen Lagerfeuern Deiner Branche

An dieser Stelle gilt es nur noch den richtigen Ort für Deine Geschichten zu finden. Stelle Dir die Frage: »Wo sind die Menschen, die meine Botschaft am dringendsten brauchen und am meisten wertschätzen?« Durch seine Spezialisierung hatte Sascha plötzlich ein tolles Angebot für Zielgruppenbesitzpartner. Dadurch wurden seine früheren Konkurrenten in der Finanzdienstleistung zu seinen Kooperationspartnern, da sie sich gegenseitig das Business vermitteln konnten. So profitieren wieder beide Seiten von einer authentischen Positionierung. Zudem hat er nun für Immobilienmakler ein äußerst attraktives Angebot. Er kann für die Kunden des Maklers einen einzigartigen Service anbieten, damit diese eine schnelle und sichere Finanzierungsbestätigung erhalten.

Denke daran, dass Deine Botschaft und Deine Stories nicht für jeden sind. Je besser Du Deine Zielgruppe kennst und weißt, wo sie sich aufhält, desto mehr Aufmerksamkeit und Wertschätzung erhältst Du für Deine Tätigkeit. Genau hier treffen dann die Zahnräder aufeinander und fügen sich passgenau ineinander.

Krisen stellen unsere Authentizität auf den Prüfstand. Denn die Angst steuert uns wie eine Marionette. Umso wichtiger ist es, dass wir lernen in jeder Wirtschaftslage authentisch zu sein, damit unser Erfolg nicht gefährdet ist. Die gute Nachricht ist, wenn Du diese vier Schritte befolgst, dann bist Du nicht nur authentisch, sondern kommunizierst es auch in einer Form, die Deine Kunden sofort verstehen. Wenn Du Dein Herz auf der Zunge trägst und sich Deine Seele in Deinen Augen widerspiegelt, dann bist Du authentisch. Das gibt Dir die Selbstsicherheit, die Du in der Krise benötigst und zeigt, dass Du eine starke Unternehmerpersönlichkeit bist. Dein Business steht auf einem stabilen Kommunikations-Fundament, ist krisensicher und versorgt Dich in jeder Wirtschaftslage mit einem stabilen Strom an Neukunden.

Wenn Du lernen willst, wie Du Schritt für Schritt Deine starke Unternehmer-Botschaft kreierst, die Dir in Krisenzeiten die nötige Selbstsicherheit und das Vertrauen in Dein Unternehmen gibt, dann buche Dir ein kostenfreies Strategie-Gespräch im Mutmacher-Mitgliederbereich.

Geschenk #10

KOSTENLOSES STORYTELLING-STRATEGIEGESPRÄCH

Lernen Sie, wie Sie Ihre Unternehmer-Botschaft kreieren und vereinbaren Sie dafür Ihr kostenloses Strategiegespräch.

Login Memberbereich:
https://weiter.link/mutfree

UNTERNEHMERPROFIL

Constantin Christiani

INSTITUT FÜR STORY-MARKETING

Constantin Christiani ist Geschäftsführer des Familienunternehmens Institut für Story-Marketing GmbH mit Sitz in Hürth – gegründet 2015, also rund zwei Jahre, bevor in Deutschland erstmals eine renommierte Werbe- und PR-Agentur auf Storytelling setzte.

Constantin vergleicht sich gerne mit Obelix, der als kleines Kind in den Zaubertrank gefallen ist. In seinem Leben dreht sich alles um Marketing und Storytelling. Er atmet das Wissen, für das viele Menschen sehr viel Geld bezahlen, seit über 7 Jahren tagtäglich ein. Nach seinem Abitur absolvierte er sein Studium »Media Management« an der Rheinischen Fachhochschule in Köln mit »sehr gut«.

Die Christianis verhelfen ihren Kunden durch eine kristallklare und authentische Kommunikation zu deutlich mehr Aufmerksamkeit und Umsatz.

In den letzten zwei Jahren durfte Constantin über 60 Persönlichkeiten im »Unternehmer Mentoring«, dem Jahresprogramm der Christianis, begleiten und über 250 Unternehmer im achtwöchigen Online-Coaching »Blockbuster StorySkript« coachen. Das schönste Gefühl für ihn ist es, wenn seine Kunden »endlich wieder Bock auf ihr Unternehmen« bekommen, weil sie einen Marketing-Durchbruch nach dem anderen feiern.

Seine Überzeugung ist, dass Unternehmer, die etwas auf dieser Welt verändern wollen, dafür sorgen müssen, dass emotionale Verbindungen zwischen Menschen entstehen – und das geht nur, wenn man authentisch ist.

www.storymarketing-institut.de
www.constantinchristiani.de

11

UTE UND ARNO BALK

Gesundheit

WIESO ZEIT FÜR DIE EIGENE GESUNDHEIT GLEICHZEITIG EINE INVESTITION IN IHR BUSINESS IST

FIT UND LEISTUNGSFÄHIG ALS UNTERNEHMER

Beep-beep-beep – unsanft und hartnäckig reißt mich der Wecker aus meinem unruhigen Schlaf. Ich fühle mich jetzt schon gerädert – und es ist gerade mal Montagmorgen. Unser Fitness- und Gesundheits-Studio ist jetzt seit drei Wochen zu, wir sind mitten im zweiten Lockdown, der nicht nur unseren Geschäftsbetrieb blockiert, sondern durch diese zeitliche Ungewissheit und Perspektivlosigkeit inzwischen auch jede Art von Motivation und Kreativität in meinen Gedanken lähmt. Natürlich bin froh, dass zumindest meine Heilpraxis weiterläuft und mir damit eine gewisse Struktur im Alltag erhalten bleibt, aber unsere Haupteinnahmequelle wurde gerade wieder von oben abgeschaltet – was das tatsächlich bedeutet, werden wir wohl erst in einigen Monaten in voller Konsequenz erfahren.

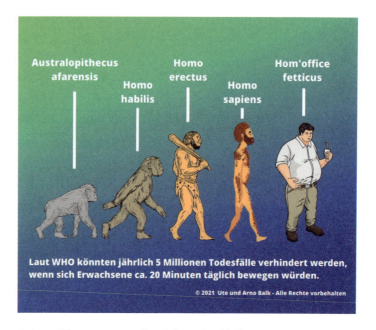

Beim Zähneputzen gehe ich gedanklich meinen Vormittag durch – seit Beginn der Lockdowns steigt die Zahl an Patienten mit massiven Rücken- und Gelenkproblemen. Wen wundert es, schließlich wurden wir ja alle von den Werbevideos des Bundes dazu ermuntert, zu »Corona-Helden« zu mutieren: Indem wir auf der Couch herumlümmeln und Fastfood, Chips und Cola in uns hinein schaufeln. Es schüttelt mich jetzt noch, wenn ich daran denke. Aber was kann ich momentan tun – natürlich, als Heilpraktiker kann ich mit ein paar gezielten Griffen akute Symptome behandeln, so dass Frau Schmidt und Herr Meier zumindest kurzfristig wieder aufrecht aus der Praxis laufen können. Aber das, was für sie am wichtigsten wäre und nicht an den Symptomen, sondern wirklich an den Ursachen ansetzt, sind: Gezielte Bewegung, Mobilisation und Kräftigung! Und das kann, nein darf (!) ich ihnen momentan bei uns im Studio nicht bieten. Ein Jammer, vorsichtig formuliert.

Während ich sehnsüchtig darauf warte, dass der Kaffee endlich seinen Dienst tut und mich irgendwie in Schwung bringt, wird mir auf einmal bewusst, wie gut es uns doch eigentlich geht. Mit unserem eigenen Studio im Rücken, das wir, Lockdown hin oder her, jederzeit nutzen können, um uns fit und leistungsfähig für den Alltag und unseren Job zu halten. Wie machen das eigentlich andere Unternehmer? Ich weiß – viele meiner Patienten liefern sich (auch in Nicht-Lockdown-Zeiten) mit »Das Geschäft braucht mich« eine wunderbare Begründung, dass sie ja so gar keine ZEIT haben, sich um ihre Gesundheit zu kümmern und haben damit auch nach außen immer eine angesehene Entschuldigung parat. Aber ZEIT ist immer da und auch gerecht verteilt – jeder hat 24 Stunden davon am Tag. Was wir damit machen, ist eine Frage der Priorität – und damit gestaltet sich die Frage für oder gegen das Zeithaben auch als Frage für oder gegen unsere Gesundheit. Und Hand aufs Herz – ich habe noch niemanden kennengelernt, der es nicht geschafft hat, sich die Zeit für Arztbesuche oder Krankengymnastik im Terminkalender freizuschaufeln, wenn es akut notwendig ist…

Kaum bin ich im Geschäft, ruft mein Steuerberater an und kündigt mir eine saftige Steuernachzahlung an. Puh, aber naja, verwunderlich ist das nicht, ich hatte schon fast erwartet, dass sie mir die Sonderausgaben nicht anerkennen. Gerade im Moment tut die Nachzahlung natürlich noch mehr weh als sonst, aber immerhin ist das Thema damit für mich erledigt, sobald ich gezahlt habe. Mir schießt durch den Kopf, wie schön das wäre, wenn das auch für unsere Gesundheit gelten würde! Wie bei der Steuererklärung auch, bekommen wir doch irgendwann, ob wir wollen oder nicht, die Quittung für alles, was wir tun oder auch nicht tun. Allerdings mit dem gewaltigen Unterschied, dass angerichtete Schäden nicht einfach mit einer Zahlung aus der Welt zu schaffen sind und wir nun einmal nur diese eine Gesundheit haben.

Mein erster Patient heute ist genau so ein Fall. Ein erfolgreicher Unternehmer vor dem Herrn, 60 Stunden-Job, nur Zahlen, Daten und Fakten im Kopf. Vor ein paar Jahren hatte er mich nachts angerufen und ich spüre noch heute die Angst, die mit seiner Stimme durchs Telefon schwappte. Ein unbekannter Schmerz hatte ihn jäh aus dem Schlaf gerissen und ihm unerwartet und heftig vor Augen geführt, an welchem seidenen Faden sein Leben und damit natürlich auch sein ganzes Geschäft hängt, wenn er nicht funktioniert. Er, der sonst immer alles unter Kontrolle hatte, wurde von einer Sekunde auf die andere zur Marionette seiner selbst, geführt von Schmerz, Existenzangst und Panik. Dieser Warnschuss damals war für ihn der Wendepunkt – seitdem habe ich ihn begleitet und mit ihm gemeinsam seinen Glaubenssatz »Dafür habe ich keine Zeit« in »Gesundheit ist, was du daraus machst – act or accept« transformiert. Als Personaltrainer gehe ich Woche für Woche mit ihm in kleinen, für ihn realisierbaren Schritten gemeinsam diesen lohnenswerten Weg – aus dem anfänglichen Trampelpfad ist so schon eine komfortable Bundesstraße geworden; bis zur Startbahn, zum Abheben braucht es nicht mehr viel. Heute ist er wieder zur Blutentnahme da (ich bin sicher, die Bilderbuchwerte werden jeden Laboranten neidisch machen) und sagt von sich selbst, er habe seitdem »überflüssige Pfunde gegen unbändige Energie getauscht, sei leistungsfähiger und um mindestens 30 Prozent produktiver« geworden und hätte dadurch wieder viel mehr Quality-Time mit und für seine Familie gewonnen. Wow. Ich liebe es, Menschen zu unterstützen, egal wo sie herkommen, ob einfacher Arbeiter oder Großunternehmer. Aber wie genial ist es bitte schön, Menschen begleiten zu dürfen, die irgendwo, tief in ihrem Inneren ahnen: »Da geht noch was« – und dann mitzubekommen, wie sie mit Feuereifer ihre neu gewonnene Energie unter anderem dazu nutzen, mit ihren Dienstleistungen oder Produkten diese wunderschöne Welt ein kleines bisschen besser zu machen!

Während ich auf die nächste Patientin warte, lese ich einen Artikel über die Biontech-Impfung auf Basis der mRNA, diesem winzigen Informationsschnipsel, der unserem Immunsystem einen kompletten Leitfaden für sein Duell gegen das Coronavirus liefert. So hat unser Körper nach dem »Malen-Nach-Zahlen«-Prinzip schon seine fix und fertige Strategie parat, wenn dieser fiese Eindringling es einmal wagen sollte, uns höchstpersönlich zu bedrohen. Spontan schießt mir ein Bild in den Kopf – irgendwie kommt mir unser Gesundheits-Coaching gerade wie die mRNA für Unternehmen vor – kleine Wissenshäppchen darüber, was notwendig ist, um uns vor Krankheit zu schützen. Und wenn wir mal davon ausgehen, dass ein Unternehmen nur so gesund ist wie die Menschen, die darin arbeiten, dann erhalten wir damit nicht nur die Menschen, sondern ganze Unternehmen »gesund« und leistungsfähig.

Die nächste Patientin reißt mich aus meinen Gedanken. Sie kommt gerade von ihrem Hausarzt und grinst trotz ihrer Verspätung über alle Backen wie ein Honigkuchenpferd. Als Selbstständige und Mutter von drei noch kleinen Kindern hatte sie die Diagnose ihres Arztes »Diabetes 2« vor ein paar Monaten schwer getroffen – zu deutlich hatte sie noch den

Verlust ihrer eigenen Mutter im Kopf, die in ihren letzten beiden Lebensjahren aufgrund von Diabetes erblindet und dann früh an einem Herzinfarkt verstorben war. Nach dieser niederschmetternden Diagnose hatte sie sich mir anvertraut und unter unserer Anleitung nach und nach sowohl ihre Ernährung als auch ihre Bewegungsgewohnheiten optimiert. Sie, die immer von sich behauptet hatte, Sport sei nichts für sie! »Was sie denn gemacht hätte«, wollte der Arzt heute ungläubig von ihr wissen, ihre Blutzuckerwerte hätten sich dermaßen gebessert, dass sie ab sofort komplett auf ihre Medikamente verzichten könnte. Ja, natürlich, in der Theorie ist es mir absolut bewusst, dass Gesundheit nicht von alleine passiert, sondern die Summe der Entscheidungen ist, die du triffst. Aber trotz allem haut es mich jedes Mal wieder um vor Glück und Dankbarkeit, wenn ich erlebe, was es mit einem Menschen macht, der plötzlich Verantwortung für sich und seine Gesundheit übernimmt – und wie viel mehr dabei passiert! Wenn aus dem »Wie viel Zeit MUSS ich mir nehmen« auf einmal »Wie viel Zeit WILL ich mir nehmen« wird – pure Wertschätzung für sich selbst, aber auch für seine Liebsten, die im Ernstfall ja notgedrungen mitleiden müssen. Welche Lebensfreude und Energie hier auf einmal wieder sprüht, Zukunftsvisionen plötzlich wieder realistisch wirken und Projekte angepackt werden, die man jahrelang vor sich hergeschoben hat. Ich liebe meinen Beruf!

Während wir Mittag essen, verkündet das Radio, dass der Lockdown um mindestens vier weitere Wochen verlängert wird. Um Himmels willen. Ich sehe jetzt schon unseren Briefkasten mit einer Flut von Kündigungen von Fitnessstudio-Mitgliedern überquellen, die Menschen haben es langsam satt, sie sehen einfach keine Perspektive mehr. Die Kündigung einer großen sozialen Trägerschaft, mit denen wir acht Jahre lang eine Kooperation hatten, kam schon letzte Woche wie ein Schuss vor den Bug hereingeflattert – warum sollte Otto-Normalbürger da anders reagieren?! Während des ersten Lockdowns war das noch anders, da war das alles neu. Die Menschen waren verunsichert, in Schockstarre, aber noch nicht in wirtschaftlicher Notlage, und ein großer Teil unserer Mitglieder hat uns solidarisch die Stange gehalten, einfach, damit es hinterher wieder weitergehen kann. Jetzt ist das anders. Die Menschen sind frustriert, erschöpft, verzweifelt – es ist einfach nicht absehbar, wie lange das noch so geht. Viele haben schon ihre Beitragszahlung gestoppt und diejenigen, die weiterzahlen, haben selbstverständlich Anspruch auf Kompensation. Wir diskutieren, was wir ihnen zum Ausgleich anbieten können – denn eins ist klar: Wenn alle auf ihre Freimonate bestehen, sobald das Studio wieder öffnet, können wir auch gleich zulassen, dann sind wir insolvent und 33 Jahre Unternehmensgeschichte waren für die Katz.

Im ersten Lockdown hatten wir ein Video nach dem anderen gedreht und auf die Homepage gestellt und zusätzlich Live-Kurse angeboten, damit unsere Mitglieder sich auch zu Hause bewegen können, denn darüber ist sich die Wissenschaft heute einig: Gesundheit und insbesondere auch ein gesundes Immunsystem braucht neben den richtigen Nährstoffen gezielte Bewegung und regelmäßige Muskelaktivität, damit es richtig funktionieren kann! Anfangs war die Resonanz ganz gut, aber schon nach wenigen Wochen bröckelten die Teilnehmerzahlen. Bei den Live-Kursen hatten viele ein Zeitproblem – es ist einfach was anderes, ob ich irgendwo hin gehe und dann wirklich weg bin oder ob drei Kinder, zwei Katzen und ein Hund um mich herumturnen und Hunger haben, ihren Lieblingspulli suchen oder sich um eine Playmobilfigur streiten. Die Kurse auf der Homepage, die man jederzeit »On demand« einschalten und notfalls auch unterbrechen konnte, waren da schon beliebter – allerdings ließ auch hier bei vielen recht bald die Motivation nach.

Woran konnte das liegen? Immerhin sind die meisten unserer Mitglieder schon jahrelang bei uns und wissen genau, wie wichtig regelmäßiges Training für sie ist (Thema Gesundheit) und wie gut es ihnen tut (Thema Glückshormone usw.). Klar, die Ablenkung zu Hause ist das eine, aber viele waren anscheinend auch verunsichert, WAS sie WANN tun sollten! Bei uns im Studio haben sie ihre Ziele, ihre regelmäßig wechselnden Pläne, ihre Übungen, aber zu Hause selbst entscheiden zu müssen, hat die allermeisten einfach überfordert. Das brachte uns auf eine Idee: Wir kreierten aufeinander aufbauende Kurse, aufgeteilt in Wochen-Pläne: Mit kurzen Morgenroutinen für die Beweglichkeit, Stabilisations- und Cardioeinheiten, durchgetaktet von Montag bis Sonntag, mit einem Click zum passenden Video, alles aufeinander abgestimmt. Und, wie wir heute wissen, war es genau das, was unseren Mitgliedern gefehlt hat. Auf einmal war sie wieder da, die Motivation: Sie hatten wieder ein Ziel vor Augen, einen Plan »zum Abhaken« mit ihren Übungen und ließen damit dem inneren Schweinehund keine Chance mehr auf dem Weg von »Was mache ich denn heute?« beim Suchen von Kursen abzudriften zu »Ach, eigentlich habe ich heute doch keine Lust und die Blumen müssten ja auch noch gegossen werden«. Auch jetzt, elf Wochen nach Beginn unserer Kurse, bekommen wir nach wie vor begeisterte Rückmeldungen, wie konsequent und mit wie viel Spaß unsere Teilnehmer immer noch am Ball sind.

Mein erster Patient am Nachmittag kommt zu einem seiner vierwöchigen Termine zur Bioimpedanzmessung – ein Higtechgerät, das uns nicht nur die Körperzusammensetzung unserer Kunden verrät. Wie mit einem Blick in die Glaskugel können wir damit auch innerhalb von drei Minuten das Risiko für drohende Krankheiten sowie den aktuellen Status des Immunsystems ermitteln – einfach genial, um darauf aufbauend die entsprechenden Ernährungs- und Trainingsempfehlungen auszuarbeiten und regelmäßig wieder zu optimieren. Heute erzählt K. mir, wie sein Kollege in Österreich ihn nicht nur darum beneidet, wie motiviert und konsequent er trainiert, seit er bei uns ist, sondern auch darum, dass sein Blutdruck sich von 150-100 wieder in den Normbereich bewegt hat. Natürlich hatte K. ihm auch von unserem Ernährungsprogramm erzählt, das wir schon länger online anbieten, aber unsere Hightech-Trainingsgeräte können wir leider nicht nach Österreich zoomen.

Mein nächster Termin hat abgesagt – das gibt mir ein wenig Luft. Mir geht dieser Unternehmer-Kollege in Österreich nicht aus dem Kopf. Einerseits hätte dieser schon lange den Punkt »Jetzt reicht's. Jetzt muss sich was ändern!« überschritten, andererseits wäre dann immer gleichzeitig diese kleine, feine, manchmal auch laute Frage im Kopf »Wie?! Wo soll ich anfangen?«. Und das lässt augenblicklich jede Form von Motivation im Keim ersticken. Mir geht es doch genau so! Wenn ich weiß, was wann zu tun ist und ich mir diese Schritte auch zutraue, dann gehe ich wer weiß wo hin. Aber wenn da dieser

Nebel ist, dieses Ungewisse, ein schier unüberwindbarer Berg von Aufgaben und ToDos, dann fange ich doch gar nicht erst an.

Für die Ernährung haben wir das ja mit unserem täglichem E-Mail-Coaching schon super umgesetzt. Aber wie wäre es, wenn wir dieses Konzept speziell für Unternehmer so erweitern, dass auch die Bewegung spielend leicht in den Alltag eingebaut werden kann, auch wenn man das Gefühl hat, eigentlich gar keine Zeit zu haben?! Spätestens seit »Sitzen ist das neue Rauchen« wissen doch die meisten, dass man mit diesem so harmlos anmutenden Sitzen brutal gegen die Natur arbeitet – ein absoluter Supergau für Körper und Gesundheit. Bezüglich Sitzen und »Thema Corona« fällt mir ein: Wenn die Lunge (wie z.B. bei langem Sitzen und entsprechend flacher Atmung) nicht in alle Ecken belüftet wird, bieten wir damit allen Formen von Viren und Bakterien ein absolutes Wohlfühl-Paradies und erhöhen so ganz massiv unser Infektionsrisiko, nicht nur, aber selbstverständlich auch für Coronaviren! Paart sich dann noch ein wenig Stress dazu, der in unserem Arbeitsalltag nicht nach dem früheren »Fight or Flight« (Kampf- oder Flucht)-Prinzip abgebaut werden kann, dann kommt eins zum anderen, die Wirkung vervielfältigt sich und macht uns langfristig zu 100 Prozent krank.

Ein paar Minuten habe ich noch – ich brauche dringend neue Laufschuhe! Ich flitze um die Ecke in das Sportgeschäft unseres Vertrauens (ja, bisher ist der Einzelhandel noch geöffnet...) und fasse es nicht. Das gesamte Laufschuhregal ist wie leergefegt, gähnende Leere, nach welcher Marke ich auch schaue. Das wird heute also nichts. Eigentlich hätte ich es mir denken können – viele versuchen jetzt, mit Laufen ihrem Bewegungsmangel entgegenzuwirken. Prinzipiell ein wirklich guter Gedanke, Laufen gehört ja zu den natürlichsten Fortbewegungen, die die Menschheit kennt. Einziges Problem dabei: Die wenigsten KÖNNEN heute noch laufen! Als Schreibtischtäter haben die meisten weder ausreichende Stützmuskulatur noch die richtige Technik und produzieren sich darüber leider über lang oder kurz noch mehr Probleme und landen dann wieder in meiner Heilpraxis. In meiner Welt bräuchten die meisten erst mal ein sinnvolles Stabilisations- und Beweglichkeitstraining und am besten auch eine Laufschulung, bevor sie Schritt für Schritt ihre Knie, Hüfte und Rücken mit dem Mehrfachen ihres Körpergewichtes malträtieren.

Auf dem Weg zurück ins Studio steht mein Entschluss fest: Wir sollten ein spezielles Business-Paket unseres Online-Coachings kreieren, mit dem wir auch noch so eingespannte Unternehmer Schritt für Schritt an die Hand nehmen können. Es gibt verschiedene Analysetools, mit Hilfe derer wir auch online erst mal den aktuellen Status Quo ermitteln können (für diejenigen, die es nicht zu uns schaffen). Anschließend zahlen tagtäglich kleine Mini-Coachings und -Bewegungseinheiten auf die verschiedensten Konten der Problemlösung ein und ermöglichen so einen kinderleicht umsetzbaren, sinnvoll aufeinander aufbauenden Start in ein gesundes und erfolgreiches Leben. Natürlich, Ernährung wird dabei eine wichtige Rolle spielen, aber ebenso Bewegung, Mindset und auch kognitives Training. Den Unternehmer möchte ich kennenlernen, der nicht durch verbesserte Leistungsfähigkeit, Konzentration und geistige Wachheit um mindestens 10-30 Prozent effektiver würde! Mal ganz abgesehen vom subjektiven Wohlfühlfaktor.

Abends feilen wir gemeinsam noch ein paar Eckpunkte aus, bis das Konzept glasklar vor uns über dem Berberteppich schwebt und sich schon zum Anfassen real anfühlt. Wieso sind wir da nicht früher draufgekommen? Brauchte es dazu wirklich so etwas wie die Corona-Krise? Uns hat das Virus geschäftlich vor vollendete Tatsachen gestellt und uns schonungslos aufgezeigt, dass wir in Zukunft um eine verstärkte Digitalisierung gar nicht herumkommen werden, wenn wir überleben wollen. Sowohl um Risiken zu minimieren und sich nicht ständig von Rechnung zu Rechnung kämpfen zu müssen, aber vor allem, um die richtigen Werkzeuge an der Hand zu haben, um endlich unsere Träume und Visionen real werden zu lassen. Dasselbe gilt für die Gesundheit – wer nicht rechtzeitig seine Komfortzone verlässt, läuft Gefahr, irgendwann schwarz auf weiß die Quittung präsentiert zu bekommen. Und dann ist es eventuell zu spät. Aber wer die Verbesserung seiner Gesundheit vielleicht ein wenig spielerisch als Schatzsuche sieht und sich selbst als den Perlentaucher, der Perle für Perle an die Oberfläche holt, der hat verstanden, dass die Gesundheit schon längst in uns wohnt und wir die dazu notwendigen Kräfte nach und nach mit geringem Aufwand aktivieren und aus ihren Schlupflöchern locken können.

Kurz bevor ich so dankbar und glückselig wie schon lange nicht mehr ins Bett falle (heute schlafe ich mit Sicherheit wieder so, wie ich es von mir kenne: Tief und fest wie ein Baby, bis ich kurz vor dem Wecker erholt aufwache), kommt mir spontan noch der Gedanke, dass der eine oder andere von Ihnen nun vielleicht doch neugierig geworden ist. Wenn Sie, lieber Leser, also jetzt wissen möchten, was Sie für Ihre Gesundheit tun können, aber gerade als Unternehmer denken, dass Sie dafür gar keine Zeit haben, dann haben wir ein Angebot für Sie: Gehen Sie in den Mutmacher-Mitgliederbereich und melden Sie sich zu unserem kostenfreien Live-Webinar an. Dort zeigen wir

Ihnen einen einfachen Weg, wie Sie Ihren Körper zu Ihrem Kraftort machen können.

Lassen Sie sich inspirieren und lernen Sie die sieben wichtigsten Fakten (Perlen) und fünf einfachsten Techniken kennen, mit denen Sie Ihre Gesundheit und Leistungsfähigkeit (und damit auch die Ihrer Firma) auf ein neues Level heben können – sowohl als Erste Hilfe als auch als krisenfestes Patentrezept für Ihre erfolgreiche und gesunde Zukunft.

Wir freuen uns auf Sie!
Verbessere Deine Gesundheit. Verbessere Dein Leben.
Verbessere die Welt!

Geschenk #11
LIVE GESUNDHEITS-COACHING GRATIS

Lernen Sie alles über die sieben wichtigsten Fakten und fünf einfachsten Techniken, um Ihre Gesundheit und Leistungsfähigkeit (und damit auch die Ihrer Firma) auf ein neues Level zu heben.

Login Memberbereich:
https://weiter.link/mutfree

UNTERNEHMERPROFIL

Ute & Arno Balk

BALK-MEDISPORT

Ute und Arno Balk sehen sich seit fast 34 Jahren als »Vermögensverwalter« für die langfristige Gesundheit von Menschen. Ein Burnout nach seinem Hauptschulabschluss und seiner Ausbildungszeit als Bäcker und Konditor ließ Arno am eigenen Leib spüren, dass das klassische Berufsleben heute häufig vollkommen am Menschen vorbei geht. Mit seiner leidenschaftlichen Leistungssportler- und Bundesligaturner-Mentalität holte er daraufhin auf dem zweiten Bildungsweg sein Abitur nach und studierte in Mainz Sportwissenschaften. Dort lernte er auch seine zukünftige Frau Ute kennen, als sie (ehemals im Jugend-Nationalkader Judo) ihn in der Turnhalle buchstäblich aufs Kreuz legte.

1988 gründeten sie ihr Fitness- und Gesundheitsstudio in Lahr/Schwarzwald, schrieben ein paar Bücher und Fachartikel und Arno optimierte sein Wissen nebenher mit seiner Ausbildung zum Heilpraktiker. Auf dieser breiten Basis entwickelten die beiden verschiedene Tools, ganz im Einklang mit dem gelebten Judo-Prinzip »Nutze die Kraft deines Gegners« (hier: deines Körpers). Damit konnten sie schon über 5.000 Menschen motivieren, mit dem richtigen Mindset sowohl gesunde Ernährungs- als auch Bewegungsgewohnheiten einfach und langfristig in ihren Alltag zu integrieren.

Ausgelöst durch die Coronakrise optimierten sie schließlich auch ihr Erfolgscoaching »KetoBalance« für Unternehmer, so dass nach ihrem Prinzip der »Daily Dots« (kleine, täglich umsetzbare Mini-Ziele) dies auch im Bereich Bewegung wirklich für jeden umsetzbar ist, egal, wie wenig Zeit er/sie zu haben meint.

Möchten Sie endlich Ihre Leistungsfähigkeit und die Ihres Teams »krisensicher« maximieren? Nicht mehr nur Ihren Alltag überstehen, sondern wieder unbändige Energie für all die Projekte haben, die Ihnen wirklich am Herzen liegen?

Dann lassen Sie uns reden und gemeinsam Ihren Weg finden.

Verbessere Deine Gesundheit. Verbessere Dein Leben. Verbessere die Welt!

www.balk-medisport.de

12

DIETER HOMBURG

Finanzen

WENIGER STEUERN, MEHR RENTE UND VERSICHERUNGEN, DIE SINN MACHEN: SO GEHT'S!

Als Unternehmer und Selbstständige sind wir jeden Tag damit beschäftigt, die Welt zu retten, unseren Kunden einen tollen Dienst zu erweisen und Lösungen zu entwickeln, die unsere Gesellschaft nach vorne bringen. Glauben Sie mir, so geht es mir auch jeden Tag und gerade in der jüngsten Krise umso mehr. Nur wie viel Zeit nehmen wir uns bei all der Arbeit für uns selbst? Wann haben Sie z. B. das letzte Mal Ihre Finanzen so richtig auf Vordermann gebracht? Will heißen, Ihre längst verstaubten Ordner aus dem Schrank geholt und Ihre wichtigsten Versicherungen und Sparverträge auf den Prüfstand gestellt? Vielleicht werfen Sie jeden Monat gutes Geld aus dem Fenster und Sie und Ihre Familie sind noch nicht mal gegen die wirklich wichtigen Risiken ausreichend abgesichert. Möglicherweise sparen Sie für Ihr Alter noch immer aus versteuertem Einkommen und die bisherigen Anlagen machen nicht Sie, sondern weiterhin die Banken und Versicherungen reich. Deswegen möchte ich Sie einladen, die Krise als Chance zu sehen, sich endlich auch mal um sich selbst zu kümmern. Denn wenn Sie demnächst weniger Versicherungsausgaben haben, weniger Steuern zahlen, mehr staatliche Förderung kassieren und Ihr Geld dann noch krisensicher anlegen, dann haben Sie die Zeit doch richtig gut für sich genutzt. Deswegen bekommen Sie auf den folgenden Seiten sofort anwendbare Finanztipps, von denen Sie einige sofort umsetzen und sparen können. Sie erfahren dabei, wie Sie:

1. Ihre Versicherungskosten um 2.000 bis 8.000 Euro pro Jahr senken.
2. Bei Ihrem Vermögensaufbau bis zu 25.000 Euro an staatlicher Förderung kassieren. Pro Jahr!
3. Sich selbst das gute Gefühl bescheren, endlich das Richtige für sich und Ihre Familie getan zu haben. Plus einen Vermögensaufbau zu betreiben, der jede Krise überlebt und Sie in Würde und selbstbestimmt bis ins hohe Alter am Leben teilhaben lässt.

Wenn das für Sie spannend klingt, dann lassen Sie uns keine Zeit verlieren und gleich loslegen. Persönlich habe ich die Corona Krise übrigens dazu genutzt, das komplette Unternehmen zu digitalisieren, um mehr Menschen wie Ihnen bei Ihren Finanzen mit Rat und Tat zur Seite stehen zu können. Jahrelang mussten wir immer wieder Stopps für neue Kunden setzen, weil ich als Unternehmer einfach nicht die Infrastruktur dafür geschaffen habe. Umso glücklicher bin ich jetzt, Ihnen nicht nur diese Tipps geben zu können. Sondern wenn Sie an irgendeinem Punkt sagen: »Ganz ehrlich, Dieter, das ist mir alles viel zu viel Arbeit und ich muss mich auf mein Kerngeschäft kümmern« – dass Sie mir den Krempel einfach rübergeben können und ich weiß, dass wir im Team Ihnen kompetent helfen können. Ohne Corona wäre dies voraussichtlich auf Jahre noch nicht möglich gewesen.

1. STEUERN IN PRIVATES VERMÖGEN UMWANDELN

Wissen Sie, was für viele die größte Ausgabenposition in Ihrem Leben ist? Sie haben vermutlich richtig geraten, die Steuer. Nicht nur dass Sie bis zu 50 Prozent Ihres hart verdienten Einkommens an Vater Staat abgeben müssen, es kommen obendrein noch Verbrauchssteuern wie die Umsatzsteuer, Mineralölsteuer, Stromsteuer, Tabaksteuer und die Alkoholsteuer. Zusammengefasst zahlen wir auf unser Einkommen schnell bis zu 70 Prozent an Steuern. Nur wie schaffen es große Konzerne wie Amazon, Apple, Google und Co in unserem Land nur so wenige Steuern zu zahlen? Sie beschäftigen ganze Expertenteams, um ihre Steuerlast Jahr für Jahr gegen Null zu drücken. Zum Glück können wir klein- und mittelständischen Unternehmer aber auch davon profitieren. Das geht allerdings nur dann, wenn wir bereit sind uns mit diesem wichtigen Thema zu beschäftigen. Wenn Sie dieses Thema spannend finden, dann erklären Sie es zur Chefsache und lassen Sie sich richtig fit machen. Dafür gibt es sehr gute Kurse am Markt und wenn Sie das wichtigste Grundwissen haben, können Sie anschließend Ihren Steuerberater ganz anders für sich arbeiten lassen. Hier ein paar einfache Beispiele anhand der in Deutschland üblichen Abgeltungssteuer, die Sie je nach aktueller Situation nutzen können, um Steuern in privates Vermögen umwandeln zu können.

Nichtveranlagungsbescheinigung ausstellen lassen

Sollten Sie minderjährige Kinder haben oder planen welche zu bekommen, dann fördert Sie Vater Staat nicht nur mit Kindergeld, sondern auch mit großen Steuervorteilen. Besonders spannend ist dabei die sogenannte Nichtveranlagungsbescheinigung (kurz NVA). Was klingt wie Bürokratendeutsch ist aber im Endeffekt ganz einfach erklärt: Legen Sie Geld für Ihre minderjährigen Kinder an, dann brauchen diese auf die Gewinne keine Steuer zu bezahlen. Zumindest wenn die Gewinne unter 9.744 Euro pro Jahr liegen (Grenze für 2021, die jedes Jahr angehoben wird). D. h. Sie können ohne Weiteres ein Depot für Ihr Kind eröffnen und dort bis zu knapp 10.000 Euro jedes Jahr steuerfrei an Zinsen kassieren! Sie brauchen also nicht die sonst übliche Abgeltungssteuer abzuführen. Das Einzige, das Sie dafür tun müssen ist, die NVA beim Finanzamt zu beantragen. Diese gilt für längstens drei Jahre und muss dann lediglich neu beantragt werden. Steuern sparen wird hier also besonders leicht gemacht!

Als Aktienkäufer nur 1,5 Prozent Steuern zahlen

Wenn Sie mit Aktien handeln, kann es sehr schlau sein, dies nicht weiterhin privat, sondern in einer Kapitalgesellschaft zu machen (§ 8b KStG – Schachtelprivileg). Gewinne aus Veräußerung von Aktien werden dann nicht mit 25 Prozent Abgeltungssteuer (plus Kirche und Soli knapp 30 Prozent) belegt, sondern innerhalb der Kapitalgesellschaft nur mit ca. 1,5 Prozent Steuern. Sofern Sie also immer noch privat anlegen, kann es sehr spannend sein, eine Kapitalgesellschaft dafür zu gründen (Holdingstruktur). Zumindest wenn Ihr Unternehmen mehr Geld abwirft als Sie zum Leben brauchen und Sie mit dem verbleibenden Geld gut arbeiten möchten. Wie das genau funktioniert und wie Sie dabei am schlausten vorgehen, erfahren sie u. a. hier: *www.dieterhomburg.de/storyerfolg* Reiter »Holdingstruktur«.

Liegt Ihr Steuersatz krisenbedingt unter 25 Prozent, sparen Sie Abgeltungssteuer

Ihre Bank führt auf Gewinne, Zinsen und Dividenden automatisch die Abgeltungssteuer von knapp 30 Prozent inkl. Kirche und Soli an Vater Staat ab. Wenn Sie in einer Krise aber wirtschaftlich gesehen schlechte Jahre erleben, können Sie zumindest Ihre Steuerlast bei Ihren Anlagen deutlich senken. Liegt Ihr persönlicher Steuersatz nämlich unter der Abgeltungssteuer, dann bekommen Sie die Differenz mit der nächsten Steuererklärung vom Finanzamt zurück. Beträgt Ihr Steuersatz in einem Jahr z. B. nur 10 Prozent, können Sie sich mehr als die Hälfte der abgeführten Steuern zurückholen. Dafür brauchen Sie lediglich Ihre Kapitalerträge am Jahresende in Ihrer Steuererklärung abgeben. So haben Sie in der Krise bzw. wirtschaftlich schlechten Jahren zumindest einen schönen Steuervorteil beim persönlichen Vermögensaufbau.

Das ist nur ein ganz kleiner Auszug derjenigen Bereiche, in denen Sie Steuern in privates Vermögen umwandeln können. Wenn Sie mehr dazu wissen möchten, schauen Sie sich beispielsweise diese Expertenseite an: *www.dieterhomburg.de/storyerfolg* Reiter »Steuern sparen«.

2. WENIGER VERSICHERUNGSAUSGABEN FÜR MEHR RENTE

Jedes Jahr geben Sie viel Geld für unterschiedlichste Versicherungen aus. Die meisten Anbieter arbeiten wie Supermärkte und haben in einigen wenigen Sparten besonders gute Preise, um Ihnen alle möglichen zusätzlichen Versicherungen teuer mit zu verkaufen. Wir Deutschen sind dabei regelmäßig zu teuer und völlig an den wirklich existenzbedrohenden Risiken vorbei versichert. Sie können also nicht nur viel Geld bei Ihren bestehenden Versicherungen einsparen, sondern gleichzeitig sich und Ihre Familie in den wirklich wichtigen Absicherungsthemen für immer aus der Schusslinie bringen. Das ersparte Geld nehmen Sie dann wiederum, um z. B. Ihren Vermögensaufbau und Ihre Altersvorsorge voranzutreiben. Um Ihnen nur mal einen kleinen Eindruck davon zu geben, was alles möglich ist, hier einige Versicherungen mit besonders großem Einsparpotenzial.

Private Krankenversicherung

Sie sind privat krankenversichert oder spielen mit dem Gedanken sich privat zu versichern? Dann haben Sie sich vielleicht auch mal die Frage gestellt, wo das mit den ganzen steigenden Beiträgen noch enden soll und ob Sie sich guten Gesundheitsschutz im Alter überhaupt noch leisten können?! Leben Sie dann vielleicht am Ende nur noch für die Beiträge Ihrer privaten Krankenversicherung? Dann habe ich gute Nachrichten für Sie. Für die, die bereits versichert sind, gibt es per Gesetz die Möglichkeit Ihren Tarif von Zeit zu Zeit zu wechseln. Das bietet Ihnen die Möglichkeit Ihren Beitrag dauerhaft zu senken. Für alle, die noch nicht versichert sind: Sie können es von Anfang an richtig machen und sich nicht nur einen möglichst preisstabilen Anbieter suchen, sondern auch noch mithilfe des Staates und intelligenter Anlage Ihrer Ersparnis ein sechsstelliges Reservepolster fürs Alter aufbauen. Sie haben dann Ihre Krankenversicherung im Alter ausfinanziert und zahlen keine oder nur sehr geringe Beiträge.

Für bereits Versicherte: Die Geheimformel, mit der ich bereits über 1.000 FOCUS Online Lesern bei Ihrer privaten Krankenversicherung zwischen 1.000 bis 6.000 Euro pro Jahr eingespart habe, heißt geltendes Gesetz schlau zu nutzen. Zum Glück gibt es nämlich den sogenannten Paragraph 204 des Versicherungsvertragsgesetzes, der es Ihnen ermöglicht, den Tarif innerhalb Ihrer Versicherung zu wechseln. Das geht monatlich jederzeit und auch mit Vorerkrankungen. Die nackte Wahrheit ist nämlich die, dass Ihre Krankenversicherung sich nicht für Ihren Geldbeutel interessiert und jeden Anlass dafür nutzt, mal wieder die Beiträge zu erhöhen. Dabei arbeiten die meisten privaten Krankenversicherer wie die Deutsche Telekom. Sie legen regelmäßig günstigere Tarife für neue Kunden auf. Dort versichern sie dann junge, gesunde Menschen und bieten ihnen besonders gute Konditionen an. Nur was ist mit uns Altkunden, wenn keine gesunden, jungen Menschen mehr in unsere Tarife versichert werden? Genau, die Beiträge steigen und steigen. Die eigene Versicherung ist bei einem Wechsel in einen günstigeren Tarif meist wenig behilflich. Auch kann man sehr viele Fehler beim Wechsel des Tarifes machen, die man später bitter bereut. Die meisten sogenannten »Tarifoptimierer« am Markt sind keine wirkliche Hilfe. Diese haben dabei in erster Linie ihr eigenes Interesse im Auge und empfehlen Ihnen in möglichst billige Tarife zu wechseln, was mit großen Nachteilen verbunden ist. Wenn Sie es von Anfang an vernünftig machen möchten, dann gehen Sie gerne auf eine Informationsseite, die ich speziell dafür gebaut habe: *www.dieterhomburg.de/storyerfolg* Reiter »PKV Beitrag senken«. Wenn möglich zahlen Sie den Beitrag immer drei Jahre im Voraus und erlangen volle Absetzbarkeit des Beitrages im Jahr der Einzahlung. Dadurch bedingt schaufeln Sie sich Ihre übrigen Vorsorgeaufwendungen (bei Selbständigen 2.800 Euro pro Jahr) die nächsten drei Jahre wieder frei und können alle anderen Versicherungen wie Lebensversicherungen, Berufsunfähigkeit, Unfall, Haftpflichtversicherung absetzen.

Für alle, die sich privat versichern möchten: Machen Sie es gleich richtig und wählen den Anbieter nicht danach aus, wer besonders schöne Fernsehwerbung macht, das Geld für eine Allianz Arena oder einen Signal Iduna Park raushaut, seine Mitarbeiter fürstlich entlohnt (teure Strukturvertriebe), sondern nachweislich stabile Beiträge über mehrere Jahrzehnte nachweisen kann. Dann legen Sie die Ersparnis, die Sie gegenüber der gesetzlichen Kasse erzielen noch konsequent auf ein gut verzinstes Gesundheitskonto und freuen sich über erstklassigen und bezahlbaren Gesundheitsschutz bis ins hohe Alter. Da das genaue Vorgehen und alle Tipps und Tricks dabei dieses Kapitel sprengen würden, gehen Sie gerne auf: *www.dieterhomburg.de/storyerfolg* Reiter »Richtig Krankenversichern«.

Berufsunfähigkeit

Hier sind sich alle Verbraucherschützer einig: Wer seine Schäfchen noch nicht im Trockenen hat und darauf angewiesen ist körperlich oder geistig zu funktionieren, der ist gut bedient sein wichtigstes Gut, seine eigene Arbeitskraft, gut abzusichern. Sie ist für uns Unternehmer die wohl wichtigste Versicherung im persönlichen Einflussbereich. Hierbei sollten Sie auf zwei Sachen besonders achten:

Erstklassige Bedingungen zu einem günstigen Preis. Gute Tarife zahlen Ihnen bereits dann die volle vereinbarte Rente von z. B. 5000 Euro im Monat, wenn Sie nur ein halbes Jahr nicht in der Lage waren Ihren individuellen Beruf zu weniger als 50 Prozent der normalen Zeit auszuüben. Dafür reicht heutzutage schon eine einfache Krankschreibung, so dass Sie sich den ganzen bürokratischen Leistungsantragskram sparen können und schnell an Ihr Geld kommen. Die Versicherung zahlt Ihnen dann so lange die Rente weiter, bis Sie wieder genesen sind, im Zweifelsfall bis zum Rentenalter. Leider sind die Preisunterschiede je nach Beruf dermaßen hoch, dass zwischen dem günstigsten und dem teuersten Anbieter 300 bis 500 Prozent Beitragsunterschied bestehen. Gerade in den letzten Jahren haben sich die Versicherer um die Gunst von uns Kunden einen regelrechten Preiskampf geliefert. Grund genug, bestehende Verträge wieder auf den Preisprüfstand zu stellen. Die meisten Vergleichsplattformen im Internet haben dummerweise immer den Anbieter oben stehen, der ihnen am meisten Provision zahlt. Das ist keine wirkliche Hilfe. Deswegen empfehle ich Ihnen sich für einen neutralen Vergleich an die nächste Verbraucherschutzzentrale zu wenden oder auf *www.dieterhomburg.de/storyerfolg* Reiter »Neutraler Berufsunfähigkeitsvergleich«.

Die meisten Unternehmer sind viel zu gering und/oder zu teuer versichert. Oder sie verlassen sich darauf, dass sie über ihre Unfallversicherung oder gesetzlich ausreichend abgesichert sind. Genauso wie viele Freiberufler, die glauben, dass in einer solchen Situation das Versorgungswerk einspringen würde. All das ist ein großer Trugschluss, den man erst bemerkt, wenn es einem selbst an den Kragen geht. Deshalb: Packen Sie dieses wichtige Thema unbedingt einmal richtig an, dann haben Sie fortan Ruhe.

Aber machen Sie es bitte richtig. Versichern Sie sich anfangs immer lieber möglichst hoch und zahlen im Zweifelsfall etwas mehr. Wenn Ihr Unternehmen wächst und Sie nach und nach mehr passives Einkommen generieren, können Sie den Schutz reduzieren oder auflösen. Bis dahin standen Sie aber im höchsten Risiko und waren ausreichend hoch versichert. Viel zu oft sehe ich Unternehmer mit 1.500 oder 2.000 Euro Monatsrente versichert. Die Frage ist, wer soll davon dauerhaft leben und dann auch noch seine Altersvorsorge weiter betreiben. Fast immer enden solche Fälle im finanziellen Ruin. Das muss nicht sein, von daher beschäftigen Sie sich besser gestern als heute damit.

Betriebliche Versicherungen

Richtig viel Einsparmusik liegt auch im Bereich Ihrer betrieblichen Versicherungen. Teilweise zahlen Sie viele Tausend Euro im Jahr für die unterschiedlichsten Versicherungen wie die eigene Berufshaftpflicht-, Geschäftsinhalts-, Gebäude-, Maschinen-, Betriebsunterbrechungs- und viele, viele weitere Versicherungen. Diese Verträge von Zeit zu Zeit vergleichen zu lassen, lohnt sich erfahrungsgemäß richtig für Sie. Sie sparen dabei meist viel Geld und es werden – mit Unterstützung eines richtig guten Experten – auch regelmäßig eklatante Leistungslücken ans Tageslicht gerückt. Diese können Sie Kopf und Kragen kosten und schweben unbemerkt wie das berühmt berüchtigte Damoklesschwert über Ihnen. Nutzen Sie gerade Krisenzeiten auch dafür, hier endlich wieder mal Licht ins Dunkel zu bringen.

3. STAATLICHE FÖRDERUNG INTELLIGENT ANZAPFEN

Es gibt zwar seit Jahren keine Zinsen mehr für Ihr angelegtes Geld, aber es gab seit Bestehen der Bundesrepublik Deutschland auch noch nie so viele Möglichkeiten, Zuschüsse zum Vermögensaufbau von Vater Staat zu erhalten wie heute. Sie erhalten beispielsweise Zuschüsse

1. zur Eigenkapitalbildung Ihrer nächsten Immobilie
2. zur Entschuldung Ihrer bereits erworbenen Immobilie

3. für Familie und Kinder
4. für Ihre Ruhestandsplanung
5. für die Beitragsentwicklung Ihrer privaten Krankenversicherung im Alter

Sie können also Vater Staat an diversen Stellen Ihres Vermögensaufbaus beteiligen. Das geht nicht nur in guten Zeiten, sondern auch in jeder Krise. Je weniger Geld Sie selbst aufwenden müssen und umso mehr Geld von Vater Staat kommt, umso krisensicherer kommen Sie von A nach B. Leider herrschen oft unbegründete Vorurteile gegen nahezu jede Art der staatlich geförderten Vorsorge. Nehmen wir einmal das Beispiel Basisrente für uns Selbstständige und Unternehmer. Wir können derzeit bis zu 25.787 bzw. 51.574 Euro (Singles/Verheiratete) im Jahr über diesen Weg steueroptimiert zurücklegen. Da wir uns in einem progressiv verlaufenden Steuersystem befinden, lässt sich damit eine jährliche Steuererstattung von ca. 11.000 bis 22.000 Euro im Jahr erzielen. Geld, das ansonsten auf der Straße liegen bleibt. Ungenutzt bleibt dieser spannende Fördertopf aus Unkenntnis oder eben, weil wir einem der vielen Vorurteile folgen. Dabei lässt sich ein intelligent gestalteter Vertrag in besonders kostengünstige ETFs investieren, bleibt flexibel in der Ansparphase, bietet Insolvenz- und Hinterbliebenenschutz. Die spätere Rente ist dabei regelmäßig zu großen Teilen steuerfrei, da (ausgenommen Freiberufler) wir im Alter keine großen steuerpflichtigen Renteneinnahmen zu erwarten haben. Auch im Bereich der betrieblichen Altersvorsorge lassen sich bei richtiger Anwendung erhebliche Steuervorteile generieren. Es besteht sogar die Möglichkeit, sich darüber innenfinanziert erhebliche Liquidität zu verschaffen und zusätzlich im Alter davon zu profitieren. Wenn Sie bisher keine staatlichen Fördertöpfe für Ihren Vermögensaufbau anzapfen, dann informieren Sie sich gerne über die für Sie sinnvollsten Möglichkeiten.

4. IHR VERMÖGEN KRISENSICHER ANLEGEN FÜR MEHR ALTERSVORSORGE

Der Öl-Milliardär John D. Rockefeller sagte einst, dass es sinnvoller sei, sich einen Tag pro Monat um sein Geld zu kümmern, als einen Monat dafür zu arbeiten. Wenn Sie der Frage nachgehen, wie Sie Ihr Geld am besten für mögliche Eurokrisen sattelfest machen, dann gilt:

1. Sachwerte bieten den wesentlich besseren Schutz als Geldwerte.
2. Eine Streuung der Anlagen verringert das Risiko. Legen Sie nicht alle Eier in einen Korb.
3. All Ihr Geld in Gold zu investieren wäre genauso falsch, wie nur noch Aktien zu kaufen.

Allen Finanzkrisen zum Trotz: Echte, anfassbare Werte wie Immobilien, Gold, Rohstoffe oder Unternehmensbeteiligung haben schon immer den besten Inflationsschutz geboten. Leider liegt das Gros der deutschen Vermögen in Geldwertanlagen wie Versicherungen, Pensionskassen und auf Sparkonten. Nur ein kleiner Teil fließt in krisenfeste Sachwerte. Diese Art der Anlagestrategie — wenn sie überhaupt als solche bezeichnet werden kann — bringt nicht nur mickrige Zinsen, sondern ist in Extremsituationen besonders risikoreich. Das gilt insbesondere für Ihre so wichtige Altersvorsorge. Stellen Sie sich einmal vor, Sie hätten bereits 1940 eine ähnliche Strategie verfolgt, wie es die meisten Anleger hierzulande immer noch tun. Sie hätten zwei Lebensversicherungen und einen Bausparvertrag abgeschlossen sowie einen Teil Ihres Vermögens auf dem Sparbuch oder Festgeldkonto geparkt. Beim großen Währungsschnitt 1948 wäre es

Ihnen mit dieser Strategie sogar noch etwas besser gegangen als nach der Währungsreform nach dem Ersten Weltkrieg im Jahr 1924. Sie wären nämlich nicht komplett pleite gegangen. Ihr Guthaben in Lebensversicherungen, Bausparverträgen und das Geld auf Bankkonten wäre immerhin im Verhältnis zehn zu eins von Reichsmark auf D-Mark umgerechnet worden. Rund 90 Prozent Ihres Geldes wären aber trotzdem futsch gewesen. Wie hätte es aber ausgesehen, wenn Sie schon damals den Großteil Ihres Geldes in Sachwerte wie Aktien(fonds), Immobilien und Gold gestreut hätten? Ganz richtig, Sie hätten Ihr Vermögen bisher mehr oder minder unbeschadet durch jede Wirtschaftskrise bekommen. Zwischenzeitlich hätten Sie sich für Ihre Aktien oder Immobilien nicht viel kaufen können, aber über kurz oder lang hätten sich Ihre Werte immer wieder zusammen mit der Wirtschaft erholt. Nach all den Irrungen der letzten Eurojahre, sollten Sie sich als Investor mit dem »Worst Case« vertraut machen. In jeder Zeit der Geschichte hätten Sie auf einem sanften Ruhekissen geschlafen, wenn Sie Ihre Schäfchen in Form von Sachwerten ins Trockene gebracht hätten, sprich fernab jeder möglichen willkürlichen Zugriffsmöglichkeit des Staates und fernab der Reichweite der Zentralbanken, die immerhin die Macht haben, eine Geldentwertung herbeizuführen. Bezogen auf die Geldanlagemöglichkeiten gibt es hierzu folgende Tipps:

Bestehende Lebensversicherung prüfen: Die meisten Deutschen zahlen Monat für Monat treu in diese Anlageform ein. Obwohl längst klar ist, dass sie in vielen Fällen einfach nur gutes Geld schlechtem Geld hinterherwerfen. Wenn Sie noch derartige Verträge haben, dann rechnen Sie sie unbedingt nach. Alle Zahlen, die Sie dafür brauchen bekommen Sie von Ihrer Versicherung.

Dann wissen Sie schon heute, mit welchen Zinsen Sie bis zum Vertragsende rechnen dürfen. Oft erlebe ich es, dass bestehende Verträge hochgerechnet nicht mal mehr die Inflation ausgleichen. Und das obwohl noch 10, 20 oder 30 Jahre Restlaufzeit bestehen, in denen Sie Ihr Geld viel sinnvoller hätten anlegen können. Da helfen dann auch keine vermeintlichen Steuervorteile von alten Verträgen und Garantiezinsen, die bei genauerer Betrachtung viel geringer ausfallen als beworben. Wenn Sie herausfinden möchten, ob es bei Ihnen genauso ist, habe ich Ihnen ein einfaches Prüfschema gebaut (Einseiter): Gehen Sie einfach unten auf *www.dieterhomburg.de/storyerfolg* Reiter „Prüfschema bestehende Lebensversicherung.".

Ja, Sie sollten investieren, und nein, mit den richtigen Anlagen ist noch nie jemand pleite gegangen. Edelmetalle, Rohstoffe, Aktien, Immobilien in rechtssicheren Ländern und Exoten wie Kunst, Antiquitäten und Oldtimer kommen dafür in Frage. Für eine Unze Gold konnten Sie sich schon vor 1.000 Jahren einen Anzug maßschneidern lassen und Sie können es noch heute.

Entwerfen Sie eine Anlagestrategie und lösen Sie sich möglichst von allen Anlagen, die im Risiko der Geldentwertung stehen. Mehr Informationen zu diesem wichtigen Thema finden Sie hier: *www.dieterhomburg.de/storyerfolg* Reiter „Krisensicher anlegen".

Und da ich weiß, dass es bei diesen so wichtigen Themen oft mehr Fragen als Antworten gibt, möchte ich Sie unterstützen. Sie können sich übr den Mitgliederbereich ein 20-minütiges Expertengespräch sichern, in dem wir all Ihre Fragen beantworten und darüber sprechen:

- Wie Sie mit dem richtigen Plan 3 bis 5 Jahre früher in Rente gehen können
- Wie Sie bei Ihrer Risikoabsicherung 2.000 bis 3.000 Euro pro Jahr einsparen und
- Warum nur fünf einfache Schritte reichen, um 1.000 Euro mehr Rente dauerthaft zu kassieren

Geschenk #12

20 MINUTEN EXPERTENGESPRÄCH GRATIS

Sichern Sie sich Ihr Expertengespräch und nutzen Sie diese Vorteile: 3-5 Jahre früher in Rente gehen, einfach Schritte für 1.000 € mehr Rente und bei der Risikoabsicherung bis zu 3.000 € einsparen.

Login Memberbereich:
https://weiter.link/mutfree

UNTERNEHMERPROFIL
Dieter Homburg

FACHZENTRUM FINANZEN

Dieter Homburg holt mit Ihnen das nach, was an Schulen und Universitäten nicht gelehrt wird: Finanzielles Erwachsenwerden! Dabei geht es darum Ihre Versicherungskosten und Steuerausgaben um 30 bis 50 Prozent zu senken und gleichzeitig dafür zu sorgen, dass Sie in Würde und selbstbestimmt bis ins hohe Alter weiterleben können. Dafür hat er unter anderem den Amazon Bestseller »Altersvorsorge für Dummies« geschrieben, gibt regelmäßig Finanztipps im Nachrichtenmagazin FOCUS, bei RTL und vielen weiteren Medien. Vor allem nimmt er Ihnen aber auf Wunsch den gesamten Versicherungskram ab, so dass Sie sich auf Ihr eigentliches Kerngeschäft konzentrieren können. Dabei arbeitet er in Ihrem Sinne, wie es sonst nur ein guter Freund tun würde. Seit 1999 sorgt er dafür, dass Sie keinen Cent zu viel ausgeben und durchschnittlich 2 000 bis 8 000 Euro bei Ihren wichtigsten Absicherungen im Jahr einsparen. Dabei greift er insbesondere auf sämtliche staatliche Fördertöpfe zurück und stellt sicher, dass Ihr Portemonnaie immer geschont bleibt und Ihre Altersvorsorge gleichzeitig wächst. Sie brauchen sich also um den ganzen Versicherungs- und Anlagezettelkrieg nicht mehr selbst zu kümmern, sondern können bequem die Arbeit an ihn und sein Team auslagern. Im ehemaligen preußischen Landratsamt in Lippstadt oder auch online finden Sie Dieter Homburg und sein Fachzentrum Finanzen. Er berät bundesweit.

Ihre Vorteile im Überblick:

1. Weniger Steuern, weniger Versicherungsausgaben, mehr Rente und mehr Zeit für sich selbst!
2. Versicherungskosten senken um 2.000 bis 8.000 Euro pro Jahr.
3. Privat Krankenversicherte sparen weitere 1.000 bis 6.000 Euro pro Jahr dauerhaft ein.
4. Sie erfahren, wie Sie Vater Staat jährlich um bis zu 25.000 Euro an Ihrer Altersvorsorge beteiligen.
5. Endlich das gute Gefühl das Richtige zu tun und sich und seine Familie gut abgesichert zu wissen. Damit schläft es sich ruhiger!

13

GIORGO PAPANIKOLAOU

Mitarbeitergewinnung

MEHR ERFOLG DURCH MITARBEITER, DIE PERFEKT ZU IHREM UNTERNEHMEN PASSEN. SO FINDEN SIE SIE

EINE FRAGE DER HALTUNG

War das der Anfang vom Ende? Da saß ich nun an einem Freitagabend, auf dem Boden im Kinderzimmer meines jüngsten Sohnes. Meine Hände verdecken das Gesicht. Wäre ich bloß unsichtbar. Am liebsten würde ich im Erdboden versinken, wie ein Regentropfen, der auf die Erde fällt und sich dort auflöst. Ich fühle mich einsam und innerlich leer. Wie ich dorthin gekommen bin …?

Vor einigen Jahren entschied ich mich bewusst, das »klassische« Headhunter Business zu verlassen, mit dem klaren Ziel, die Arbeitswelt zu verändern. Ich ging als einer – wenn nicht sogar der – erfolgreichste Headhunter der Geschichte aus dem Angestelltenverhältnis eines großen internationalen Unternehmens. Es waren 18 Millionen Euro(!), die mein damaliger Arbeitgeber Jahr für Jahr an Umsatz durch meine Tätigkeit und Erfolge erwirtschaftete. Doch ich hatte es einfach satt, nur Lebensläufe von A nach B zu verschicken. Nicht nur, dass es sich nicht mehr richtig anfühlte, auf Teufel komm raus Provisionen nachzujagen und den Kunden jeden erdenklichen Kandidaten zu verkaufen, ob passend oder nicht. Mir fehlte schlicht und ergreifend die tiefe Beziehung zu den Menschen. Außerdem fand ich den Gedanken furchtbar, dass Arbeit nur zum Geldverdienen da sein sollte und keinen Spaß und Erfüllung bringen muss. Nach dem Motto: Arbeit ist Arbeit und Spaß ist Spaß. Das Leben beginnt erst mit der Rente, hörte ich jahrelang meinen Vater und andere sagen. Aber irgendetwas fühlte sich an diesem Satz nicht richtig für mich an und ich dachte: Was für eine Verschwendung der Lebenszeit! Wir verbringen doch mindestens ein Drittel unseres Lebens bei der Arbeit.

Also gründete ich mein eigenes Unternehmen, um wirklich etwas zu bewegen. Mein Ziel und meine Vision waren und sind es bis heute noch, die richtigen (besser: passenden) Menschen mit den richtigen (passenden) Unternehmen zusammenzuführen. Denn ich bin überzeugt, dass jeder Mensch einzigartige Potenziale, eine einzigartige Persönlichkeit und Denkweisen mit in dieses Leben bringt. Abgerundet durch das, was wir erlernen und an Erfahrungen machen. Übrigens: Das gilt genauso für Unternehmen. Denn ein Unternehmen ist ein lebendiger Organismus, der von Menschen gegründet, entwickelt und geführt wird. Demnach musste es doch bei diesen Unternehmen, die besondere Erfolge vollbrachten, etwas geben, das über das Übliche hinausging? Davon war ich felsenfest überzeugt. Und ich fand heraus, dass es die menschlichen Verbindungen waren, die den Unterschied machten. Egal welche besonderen Leistungen von Unternehmen ich mir genauer anschaute, ich entdeckte immer wieder diese starken Verbindungen des Miteinanders, der Wertschätzung, des Zusammenhalts und der Offenheit. Es herrschte eine Atmosphäre des Wir-Gefühls. Bestleistungen erfordern eben bedingungsloses Streben. Und Erfolg ist kein Zufall, sondern das Ergebnis von Anspruch. An sich selbst und an seine Ziele, egal was andere in einem sehen.

(BERUFS-) LEBEN IST BEZIEHUNG

Beziehungen und Verbindungen haben in meinem Leben schon immer eine prägende Rolle gespielt. So folgte ich als Kind meinen Eltern in ihren Nebenjobs und staubsaugte die Praxen von Ärzten, um mich ihnen nahe zu fühlen. Meine Eltern arbeiteten gefühlt Tag und Nacht in Fabriken oder in einem ihrer vielen Nebenjobs, auch an Wochenenden und an Feiertagen. Ihr ganzes Leben drehte sich um Arbeit und den Gelderwerb. Ich hatte zwar »alles« Materielle, was ich brauchte oder wollte, aber ich fühlte mich einsam. Mein Inneres durstete nach authentischer Nähe. Ich wollte gesehen und wahrgenommen werden, als Mensch!

Das Welt- und Beziehungsbild, welches mir in die Wiege gelegt wurde, war das der harten Arbeit, des Kampfes und des bedingungslosen Gelderwerbs. War das Leben tatsächlich so hart? Meine inneren Bilder vom Leben waren grundsätzlich andere. Leichtere und Lebendigere. Aber wie so oft übernahm ich Stück für Stück die Glaubenssätze meiner Ursprungsfamilie. Schließlich führten sie mich zu einer sehr erfolgreichen Karriere. In dem Bestreben, mein Leben nach mehr Geld und Besitz auszurichten, spürte ich immer diese Sehnsucht nach Lebendigkeit. Doch haben mehr Geld und Erfolg meine Beziehungen nicht wirklich verändert.

Ich habe deshalb nie aufgehört, daran zu glauben, dass es um mehr geht, und dass viel mehr möglich sein musste, wenn ich ehrlich und offen mit Menschen in Beziehung trete. Ich habe meine eigenen Lebenserfahrungen gemacht und eine kompromisslose Haltung dafür entwickelt, was für mich erstrebenswerte Mitarbeitergewinnung ist.

Ich wollte ein moderner Dienstleister sein, für ein ganzheitliches Zukunftsmodell. Komplementär und verbindend denken, statt in Entweder-oder-Kategorien zu agieren. Neue Perspektiven schaffen und wertvolle An- und Aussichten verkörpern, die eine neue, menschlichere Arbeitswelt erzeugen. Für Unternehmer und deren sich verändernde Ansprüche, aber auch für die Bedürfnisse moderner Mitarbeiter. Sodass gemeinsam eine wertschätzende Arbeitskultur gestaltet werden kann mit Sinn und Selbstbestimmung. Die Raum für Dinge und Menschen gibt, die einem wichtig sind. Und zwar für alle Beteiligten im System.

Mit meinem eigenen Unternehmen konnte ich diese Vorstellungen endlich umsetzen. Ich nahm mir fortan für jeden Menschen viel Zeit. Setzte ihn in den Mittelpunkt meiner Arbeit und ich hörte hin. Was war seine Geschichte außerhalb des Werdegangs? Wer war dieser Mensch wirklich? Was machte ihn aus? Was waren seine Wünsche und Träume und was seine Potenziale? So durfte ich hinter die Fassade blicken und bekam wertvolle Details, die ich bis dato in keinem meiner tausendfach geführten Bewerbungsgespräche bekommen hatte. Dafür musste ich aber zuerst meine eigene Maske fallen lassen und mich öffnen. Nur so verspürte mein Gegenüber das nötige Vertrauen und die Sicherheit, dies auch selbst zu tun. Wir können die Haltung und den Charakter eines Menschen ohnehin nur dann gut erkennen, wenn wir ihm nahekommen. So nah, dass wir auch wirklich in Beziehung mit ihm treten.

Aber wissen Sie, was erstaunlich ist? Viele Unternehmen interessierte diese Tiefe in der Mitarbeitergewinnung gar nicht oder sie waren einfach noch nicht so weit, ihr Denken diesbezüglich zu ändern. Es sei zu zeitaufwändig und zu kompliziert, so der einheitliche Tenor. »Wir bleiben lieber bei dem, was wir kennen«, hörte ich sie sagen und damit waren die Gespräche beendet. Ich konnte meinen Augen und meinen Ohren nicht trauen. Und nach jedem dieser Gespräche nagte es so sehr an mir, dass ich anfing, an mir zu zweifeln. Sollte ich mein Konzept über den Haufen werfen und doch wieder anfangen Profile zu verschicken, weil der Markt es so fordert? Zumindest konnte ich das gut. Das habe ich viele Jahre sehr erfolgreich unter Beweis gestellt. Dieser Meinung war in dieser sehr schwierigen Zeit auch mein ganzes persönliches Umfeld. Ein Teufelskreis. Doch da gab es noch mein Herz und meine innere Haltung, die ein Wörtchen mitzureden hatten.

Eines Nachts passierte dann etwas sehr Verblüffendes. Ich wachte schweißgebadet auf. Mein Herz raste unermüdlich.

Es war eine Botschaft, die ich als Traum verpackt bekommen hatte: »Glaube an Dich! Mach weiter! Genauso! Gib nicht auf! Du bist auf dem richtigen Weg! Du schaffst das!« Es war mein zutiefst geliebter und zu früh verstorbener Opa, der zu mir sprach. Ich stand mitten in der Nacht auf, lief nach unten in die Küche und schrieb mir jedes einzelne Wort auf. Ich war baff. Dieser Traum fühlte sich so real an, als ob Opa wirklich neben mir saß und zu mir sprach. Tränen der Erleichterung, der Zuversicht und der Hoffnung kullerten aus meinen Augen. Diese Nacht werde ich, solange ich lebe, nicht vergessen! Sie hat meine innere Haltung und meinen Glauben ein für alle Mal gefestigt. Entweder ich mache Recruiting auf meine Art oder gar nicht. Dazwischen passte nichts mehr.

Und tatsächlich fanden sich Unternehmen, die mein Konzept und meine Methodik wertschätzten. Und sie machten sehr gute Erfahrungen damit. Der Kundenstamm wuchs und vor allem entstanden Partnerschaften. Diese Firmen kamen immer wieder zu mir, wenn sie neue Mitarbeiter suchten. Genauso hatte ich es mir vorgestellt. Wir waren klein, aber konnten den Unternehmen nachhaltig helfen, die richtigen Mitarbeiter zu gewinnen. Das fühlte sich fantastisch an. Einige Jahre ging das gut, bis vier meiner Stammkunden und die tragenden Säulen meines Geschäfts zeitgleich in die Automobilkrise gerieten. Also mussten neue Kunden her, und zwar schnell. Die Zeit war vorangeschritten, aber ich stellte fest, dass die Denkweisen in den Unternehmen im Wesentlichen immer noch die Gleichen waren. Sie sahen grundsätzlich keinen Mehrwert darin, ihren Recruiting Prozess oder ihre Kultur zu verändern und bessere, passendere Mitarbeiter zu gewinnen. Es funktionierte ja irgendwie.

Meine Haltung hatte sich diesbezüglich jedoch nicht geändert. Ich konnte mir nach alldem, wie sich unsere Welt wandelte (Globalisierung, Fachkräftemangel, Digitalisierung, Technisierung…), nicht mal im Geringsten vorstellen, dass mein Denkansatz falsch war. Wer besondere Erfolge haben will, der benötigt die richtigen Mitarbeiter! Vielleicht konnte ich aber auch mein Konzept nicht gut genug vermitteln. Also ging ich zur Bank und lieh mir Geld. Ich investierte in die strategische Entwicklung meiner Marke und ins Storytelling, um meinen besonderen Ansatz im Recruiting sowie dessen Nutzen und Mehrwert auf einfache, klare Art zu kommunizieren. Dieser Prozess dauerte vierzehn Monate, bis wir endlich Ende Februar 2020 mit unserer neu entwickelten Marke, Methode und Kommunikationsstrategie an den Markt gingen. Und plötzlich, wie aus dem Nichts, kam ein unsichtbares Virus, das die ganze Welt von jetzt auf gleich aus ihren Angeln hob.

Das Ausmaß der Pandemie schien sehr bedrohlich. So etwas hatte ich bis dato noch nie miterlebt. Alles stand still. Nichts bewegte sich, im wahrsten Sinne des Wortes. Angst und Unsicherheit machten sich breit. Und keiner von uns wusste so richtig, was los ist. Da waren wir nun alle zuhause und mit den völlig veränderten Anforderungen des Lebens konfrontiert. Themen wie: Homeschooling, Digitalisierung, Homeoffice, finanzielle Einbußen, Kinderbetreuung, Hygienemaßnahmen, etc. bestimmten unseren Alltag, und nehmen Einfluss bis heute. Und die Unternehmen, die sich bis zu diesem Zeitpunkt noch nicht mit der Zukunft der Arbeit oder nur oberflächlich beschäftigt hatten, spürten das ganze Ausmaß der Krise. Alles hing und hängt an einem seidenen Faden.

Und da saß ich nun im Kinderzimmer. Verzweifelt und orientierungslos. Dem beruflichen und möglicherweise dem privaten Ende nahe. So dachte ich zumindest. Die Bank wollte ihr Geld zurück. Mitarbeiter und laufende Kosten mussten weiterhin finanziert werden. Aber wie sollte ich das gerade jetzt, mitten im Lockdown anstellen? Die Wirtschaft stand überwiegend still. Angst und Unsicherheit machten sich breit. Die wenigsten Unternehmen investieren in der Krise. Und schon gar nicht für einen Talent Scout, wenn es nicht unbedingt nötig ist. Ich war kurz davor, alles zu verlieren. Mein Unternehmen. Mein Haus. Meine Vision. Möglicherweise auch meine Ehe. Alles, was einen Menschen in der westlichen Welt so ausmacht. Zumindest denken viele von uns so.

Erstaunlicherweise gelang es mir nach dem ersten Schock, ruhig und sehr zentriert zu bleiben. Mir war klar, dass ich keine Macht hatte, alles sofort und aus eigener Kraft zu ändern. Und dass es in erster Linie darum ging, wie ich die Dinge sehe. Das Leben gleicht eher einem Marathon und keinem Sprint. Dieser Gedanke erdete mich. Er nahm mir die Angst und machte mir Mut. Alles, was ich jemals besaß, alles was ich war und alles was mich ausmachte, war in mir! Ich war mein Unternehmen. Ich war mein Konzept. Ich war meine Haltung und meine Denkansätze. Und sollte dennoch mein Unternehmen, warum auch immer, nicht mehr existieren, so existierte alles aber fortwährend in mir weiter. In jedem einzelnen Augenblick. Ich allein besaß die Macht, es zu jeder Zeit wieder aufzubauen. Wow, wie befreiend! Da waren sie, die Kraft und Orientierung, die ich zu diesem Zeitpunkt dringend brauchte.

Wie Sie sich möglicherweise denken können, habe ich es geschafft, meinen Kopf aus dieser engen Schlinge zu ziehen. Doch der Reihe nach.

NEUES DENKEN

Auch wenn ich das an jenem Abend im Kinderzimmer nicht zu hoffen gewagt hatte, passierte das Wunderbare. Unter dem Eindruck der Herausforderungen, die sich speziell im Recruiting durch den Lockdown und das Home-Office stellten, suchten Unternehmen nach neuen Wegen, um trotz dieser Hürden Mitarbeiter zu finden und einzustellen. Mitarbeiter, die wirklich passen mussten, um beispielsweise eine Einarbeitungsphase unter diesen erschwerten Bedingungen bewältigen zu können.

Sie suchten nach neuen Ansätzen, weil klar war, dass das klassische Vorgehen im Recruiting hier nicht die passenden Antworten und vor allem nicht ansatzweise die Grundlage für eine Personalentscheidung darstellte, die für das Unternehmen die nötige Sicherheit bot. Denn auch unter normalen Bedingungen sind Neueinstellungen mit dem Risiko behaftet, hohe Summen durch Fehlentscheidungen zu verbrennen. Und dieses Risiko hat sich potenziert in einer Zeit, in der neue Mitarbeiter nur noch wenige Kontaktpunkte mit dem Team, der Führung und der Kultur des Unternehmens haben.

Mit meinem Vorgehen konnte ich nun genau für dieses Problem eine überzeugende Lösung bieten. Das führte in der Summe dazu, dass nun vermehrt Unternehmen auf mich zukommen, kleine und große, die verstanden haben, dass Personalgewinnung mehr ist als nur Lebensläufe und Zeugnisse zu bewerten oder verstärkt auf Empathie als Schlüsselfaktor in der Auswahl setzen. Und wie erwartet sprechen die Erfolge auch und gerade in der Corona-Zeit für sich und beide Seiten berichten mir immer wieder über großartige Erfahrungen.

Was genau ist jetzt unser Vorgehen, mit dem wir den zentralen Unterschied machen? Herkömmliches Recruiting beginnt beim Bewerber. Hat er diese oder jene Qualifikation, wird er eingestellt (oder eben auch nicht). Wir jedoch beginnen beim Unternehmen. Denn wer einen wirklich passenden Mitarbeiter sucht, muss sich fragen: Passend wozu? Der richtige Mitarbeiter teilt Haltungen und Werte und passt rundum zum Unternehmen. Der Mensch wird de facto in den Mittelpunkt gestellt. All diese Aspekte ermitteln wir in einem Tages-Workshop. Damit erfassen wir en détail mehrere Dimensionen einer Stelle. Die kulturelle Passung, die erwünschten Ergebnisse sowie die zur Ausführung der Aufgabe notwendigen fachlichen und persönlichen Kompetenzen. Anhand dieser festgelegten und für jedes Unternehmen einzigartigen »DNA« beginnt das Scouting passender Kandidaten.

Dieses Vorgehen macht für Sie als Unternehmer im gesamten Recruiting Prozess den zentralen Unterschied. Denn normalerweise bekommen Sie entweder keine passenden oder wenig bis gar keine Bewerbungen. Sie merken: Egal ob Fach- oder Führungskräfte, wirklich gute Bewerber sind zunehmend Mangelware. Das kostet Sie wertvolle Zeit: Sie müssen Unterlagen sichten, eine Vorentscheidung treffen, entsprechende Gespräche führen, etc. Das lähmt auch Ihr Wachstum. Und notgedrungen Menschen einzustellen, die nicht wirklich passen, ist am Ende oft ein schlechter und kostspieliger Kompromiss. Stellen Sie sich dagegen vor: Sie bekommen eine messerscharfe Auswahl, die Ihnen die Sicherheit gibt, dass Sie mit hoher Wahrscheinlichkeit den für Sie passenden Kandidaten finden und einstellen.

In unserem Prozess bekommen Sie maximal zwei bis drei Bewerber präsentiert – und die Erfahrung zeigt, dass in der überwiegenden Mehrheit (>97 Prozent) der Fälle der passende Bewerber direkt dabei ist. Und nicht selten erlebe ich, dass die Unternehmer sich nur schwer für einen Kandidaten entscheiden konnten – oder, wie im Fall von André Schneider, einem der Co-Autoren in diesem Buch, entgegen dem ursprünglichen Plan, sogar beide Bewerberinnen eingestellt wurden.

Augenscheinlich fühlen sich auch die Kandidaten von Beginn an wohl – von der Art der Stellenpräsentation, über die erste Kontaktaufnahme bis hin zu den wertschätzenden Interviews – und zeigen großes Interesse. Es entsteht eine Verbindung, die dazu führt, dass sie oftmals ohne Wenn und Aber dort arbeiten wollen. Manchmal auch für weniger Geld. Und die Unternehmen schwärmen von Kandidaten, die perfekt ins Team und zur Kultur passen. Damit bewegen sich beide in einer Arbeitswelt, die auf Vertrauen, gegenseitige Unterstützung, Offenheit und Transparenz aufgebaut ist. Einer wertschätzenden Arbeitsatmosphäre und messbar besseren Leistungen. Es entsteht auf allen Ebenen eine Win-win-Situation, in der alle Beteiligten gerne ein Drittel ihrer Lebenszeit verbringen. So bedankte sich letztens ein Kunde mit den Worten: »Ihr habt es tatsächlich in sehr kurzer Zeit geschafft, für uns einen Mitarbeiter zu finden, der nicht nur zu unserer Unternehmenskultur und unserer Haltung, sondern auch mit seinen Hard Skills perfekt zu uns passt.«

Wenn auch Sie zu diesen Unternehmern gehören, die erkannt haben, dass großartige Erfolge nur durch die richtigen Mitarbeiter erzielt werden können. Wenn Sie davon überzeugt sind, dass Haltung kompromisslos wertvoll ist, und wenn Sie nachweislich wirklich passende Mitarbeiter gewinnen möchten, ohne viel Zeit dabei zu verschwenden, dann holen Sie sich diese kostenfreie 1:1 Anleitung, die Ihnen das Recruiting in vier einfachen Schritten erleichtert. Dieser Ratgeber hilft Ihnen zu verstehen, welche Mitarbeiter Sie wirklich suchen und welche Vorgehensweise und welche Ansprache die größten Erfolge versprechen. Außerdem ist sie eine der besten Methoden für Such- und Auswahlverfahren am Markt.

Geschenk #13

KOSTENLOSE 1:1 RECRUITING-ANLEITUNG

Meine Anleitung erleichtert Ihr Recruiting in vier einfachen Schritten. Außerdem lernen Sie zu verstehen, welche Mitarbeiter Sie wirklich suchen, welche Vorgehensweise und welche Ansprache die größten Erfolge versprechen.

Login Memberbereich:
https://weiter.link/mutfree

Mitarbeitergewinnung

UNTERNEHMERPROFIL

Giorgo Papanikolaou

PEOPLE GROW

Giorgo Papanikolaou ist Recruiting-Vordenker und HR-Innovator – der etwas andere Talentscout und Gründer von PEOPLE GROW®. Seit vielen Jahren denkt er Recruiting neu, damit Unternehmen nachweislich perfekt passende Mitarbeiter finden (und gewinnen).

Seine Kunden sind Unternehmer:innen mit Haltung, Charakter und hochwertigen Produkten, die etwas bewegen wollen. Oft finden sie nicht schnell genug die passenden Menschen, die sie auf dem Weg zu einem erfolgreichen Business begleiten wollen. Neue Mitarbeiter suchen sie gleichwohl auf die übliche Art und Weise – nämlich mit Stellenausschreibungen oder über LinkedIn, Xing und Co. – und konkurrieren mit allen anderen Unternehmen um gerade mal 8 Prozent der Fachkräfte, die einen Job suchen. Von der Passgenauigkeit ganz zu schweigen.

Würde es Ihnen nicht in jeder Hinsicht fantastische Perspektiven eröffnen, wenn Sie auch unter den restlichen 92 Prozent erfolgreich suchen könnten? Mit People Grow hat Giorgo es sich zur Aufgabe gemacht, eine Methode zu entwickeln, die Mitarbeitergewinnung multidimensional betrachtet. Damit Sie die nachweislich Besten finden! Seine Tech Scouting 5D-Methode beschleunigt den komplexen Recruiting-Prozess und macht ihn weitaus verlässlicher. Genauer gesagt findet er nicht nur gute, sondern perfekt zu Ihrem Unternehmen, Ihren Werten und Zielen passende Mitarbeiter und das weitaus schneller und effektiver als andere.

Möchten Sie bessere Bewerber finden und das schneller und effektiver als bisher? Wechseln Sie mit uns die Perspektive und scouten Sie für erfolgsrelevante Stellen gezielt nach den bestmöglichen Mitarbeitern. Lassen Sie sich von unserer überlegenen Methode und den Werkzeugen inspirieren. Wir freuen uns auf Sie!

Jetzt passende Mitarbeiter finden:
www.people-grow.com

14

RAPHAEL CHRISTIANI

Digitale Kundenevents

SO GESTALTEN SIE ONLINE EVENTS, DIE NOCH BESSER ANKOMMEN ALS OFFLINE

GROSSES KOPFZERBRECHEN

Kaum war das Jahr 2020 so richtig in Gang gekommen, da zeichnete es sich schon ab: Auch meine Kunden wird es schwer treffen, dass nach und nach alle Event-Hotels geschlossen werden müssen. Ich betreue mehrere Unternehmen, die auf Offline-Events und -Seminare setzen, um ihre Dienstleistungen durchzuführen oder neue Kunden zu akquirieren.

Im Herbst war es dann soweit. Der zweite Corona-Lockdown kam und nichts, aber auch gar nichts, was nur ansatzweise mit dem Begriff Präsenzveranstaltung in Verbindung gebracht werden konnte, ging mehr!

Was nun? Klar: Großes Kopfzerbrechen... Wie geht es weiter? Kann man das Offline-Erlebnis mit Umsetzungsworkshops, Gruppenübungen, Networking-Gelegenheiten und Partys überhaupt online umsetzen?

Nach dem ersten Lockdown war es offensichtlich, dass Verschieben keine Möglichkeit mehr war – zu groß war die Ungewissheit, wann die Normalität zurückkehren würde. Ein Gedanke nach dem anderen schweifte durch meinen Kopf. »Ist es überhaupt möglich, Menschen über das Internet zu berühren – ja, emotional zu begeistern?«... »Kann das Online-Lernerlebnis zu Hause dem eines mehrtägigen Offline-Seminars in einem Hotel gleichkommen?«... »Welches Budget brauche ich, um eine Präsenzveranstaltung online durchzuführen – und ist das überhaupt bezahlbar?«

Ich als leidenschaftlicher Technik-Freak musste etwas finden, das meine Kunden weit nach vorne bringt. Mein Traum war es, dass die Online-Veranstaltungen genauso erfolgreich sind, wie die Offline-Veranstaltungen – von der Begeisterung der Teilnehmer her, aber auch für den wirtschaftlichen Erfolg. Ich musste ihnen einfach eine Chance bieten, aus der Krise einen Vorteil zu ziehen. Ich wollte unbedingt, dass sie voll durchstarten, während ihre Mitbewerber die Anträge auf Kurzarbeit ausfüllen.

Nächtelang recherchierte ich im Internet auf der ganzen Welt und dabei kam mir bald mein erstes Aha-Erlebnis: Die Technik ist hier nur ein Hilfsmittel – und mittlerweile bezahlbar und als Laie bedienbar. Auf das Feeling kommt es an, also auf das Erlebnis, das die Teilnehmer haben werden.

BESSER ALS OFFLINE

Das Ziel war klar: Meine Kunden wollten die Online-Veranstaltungen eins zu eins wie die Offline-Präsenzveranstaltung durchführen – inkl. Gruppenarbeiten, Networking und Interaktion. Das Lernerlebnis sollte für die Teilnehmer gleich, wenn nicht sogar besser sein – auch würde man es dadurch vermeiden, dass die Veranstaltungen in Zukunft wiederholt werden müssten.

Seit einem halben Jahr führe ich jetzt leitend diese Online-Events für meine Kunden durch. Über 500 Teilnehmer und mehr als 30 Workshop-Tage wurden erfolgreich übertragen. Hier sind nur einige der begeisterten Teilnehmer: »Ich hätte nie gedacht, dass ein Online-Seminar doch so viel Energie transportiert.« (Brigitte K.). »Super 3 Tage. Hat echt Spaß gemacht. Danke an das TEAM. Tolle Arbeit.« (Paiman M.), »Ich fand dieses Seminar so krass gut, mir fehlen die Worte. Nochmal großes Danke und ich hoffe ich kann das auch einmal offline erleben. Ich fand aber die Online Lösung auch sehr gut umgesetzt :) Bis bald« (Kathrin A.), »Ich bin sehr begeistert und beeindruckt und freue mich schon jetzt auf das nächste Event mit euch, das ich werde erleben dürfen - auch wenn ich noch keine Ahnung habe, was es sein wird, aber eines weiß ich sicher, es wird phantastisch sein :-)« (Kristina L.).

DIE TECHNIK IST NUR EIN HILFSMITTEL

Schon im ersten Workshop wurde mir klar: Menschen lassen sich online genauso emotional begeistern wie offline. Dann wurde es offensichtlich: Menschen lieben gute Hollywood-Filme – und das schon seit Jahrzenten. Obwohl sie die Schauspieler weder persönlich kennen, noch an dem Drehort des Films waren, lachen und weinen sie im Kino oder vor dem Fernseher: Die Story und die Dramaturgie machen es aus und berühren uns, egal wo wir uns befinden. Die Technik ist dabei nur das Hilfsmittel. Früher war es die Kino-Leinwand oder der Fernseher, heute ist es der Laptop oder das Tablet.

Auf den nächsten Seiten teile ich meine Erkenntnisse, wie man schon vor dem Event dafür sorgen kann, dass der Spaß niemals verloren geht und Ihre Teilnehmer am Ende so begeistert sind, dass sie mehr wollen. Zunächst aber das Fundament, ohne das keine Veranstaltung gestartet werden sollte.

DAS TECHNIK-FUNDAMENT

Wir alle kennen mittlerweile die ewig andauernden, langweiligen Zoom-Meetings, die keinen Spaß machen. Entweder gibt es Verbindungsunterbrechungen oder man kann das Gegenüber nicht sehen oder hören, weil das Kamerabild zu dunkel oder verschwommen ist. Damit das erst nicht passiert, sind ein paar Grundlagen notwendig:

1. Stabilität: WLAN ist komfortabel, aber je nach Standort des Routers kann auch die Verbindungsqualität darunter leiden. Ich empfehle daher, alle Geräte per Netzwerkkabel zu verbinden. Dafür muss nicht der Elektriker kommen – ein 20 oder 50 Meter Kabel reicht schon aus und kann nach dem Event wieder verstaut werden. Kabellose Mikrofone oder Headsets sind schön, können aber während einer Veranstaltung leer gehen – und auf einmal ist kein Ton mehr da.

Daher sollte jedes Gerät per USB- oder Netzteil mit Strom versorgt werden. Außerdem muss man nicht an einen Batterien-Tausch denken – den man einfach vergessen kann.

2. Ton ist wichtiger als das Bild: Unsere Teilnehmer können uns ein schlechtes Video-Bild einfacher verzeihen als schlechten Ton. Ich empfehle daher entweder ein Kondensator-Mikrofon für den Schreibtisch oder ein Lavalier-Mikrofon zum Anstecken.

3. Das Studio/die Bühne (Ihr Büro oder Wohnzimmer): Ihre Umgebung erzählt eine Story! Achten Sie auf Ihre Umgebung. Unsere Teilnehmer beobachten uns mehrere Stunden am Tag. Das gibt uns die Möglichkeit, unseren Arbeitsplatz bewusst zu gestalten. Die Umgebung sollte nicht ablenken oder unaufgeräumt sein. Setzen Sie Bilder, Auszeichnungen oder Blumen als Anker ein, die sich immer an derselben Stelle befinden und etwas Positives über Sie aussagen. Farbige LED-Lampen können auch schöne Akzente setzen.

4. Licht ist wichtiger als Ultra-HD: Eine gute Ausleuchtung kann selbst aus einer kleinen Webcam Beachtliches herausholen. Ich empfehle daher Fotolampen (Softbox) oder LED-Scheinwerfer, um die »Bühne« mit viel Licht zu versorgen. Die richtige Ausrichtung der Webcam (auf Augenhöhe) trägt außerdem zu einem viel sympathischeren Bild bei.

5. Übung macht den Meister: Vermeiden Sie unangenehme Situationen, indem Sie die Geräte und die Software, die Sie einsetzen, ausgiebig testen. Proben Sie den Anfang und das Ende des Events und machen Sie sich eine Checkliste von

den Punkten, die besonders wichtig sind und oft vergessen werden.

Im Mutmacher-Memberbereich habe ich Ihnen meine Technik-Liste hinterlegt, die ich Ihnen kostenlos zum Download anbiete. Darin finden Sie meine Equipment-Empfehlungen für Starter mit geringem Budget (< 1.000€) und für Profis mit einem größeren Budget.

DAS ONLINE-ERLEBNIS

Die Vorteile von Online-Events liegen klar auf der Hand: Unsere Teilnehmer sparen sich die Reisekosten – und noch wichtiger – die Reisezeit zum Veranstaltungsort. Das schont die Umwelt und gibt dem Unternehmer mehr Zeit mit seiner Familie (... oder zum Umsetzen der Inhalte). Zweitens: Der Referent ist nahbarer. Die Mimik und Gestik sind besser wahrnehmbar und die Sichtbarkeit der Inhalte klarer, da der Teilnehmer nur einen Meter von seinem Bildschirm sitzt. Gleichzeitig wird das Event in guter Qualität mit aufgezeichnet. Hinweis: Ein Event wird erst dann zum Erlebnis, wenn es keinen »Power-Point-Charakter« hat, sondern die Teilnehmer miteinander und mit dem Referenten live interagieren können.

1. DIE VORBEREITUNG VOR DEM EVENT:

Das Care-Package:
Jeder Teilnehmer erhält vor dem Event ein kleines Paket per Post. Darin enthalten sind die Workshop-Unterlagen, ein kleiner Snack,

ein Piccolo und »Emoji-Interaktions-Fähnchen«. Letzteres hat sich als absoluter Hit durchgesetzt. Mit den Fähnchen ist der Teilnehmer in der Lage, Gefühle auszudrücken mit »Daumen hoch«-, »Klatschen«- oder »Rakete«-Emojis. Dadurch bekommt der Referent direkt eine Rückmeldung, ohne dass sich jeder Teilnehmer zu Wort melden muss.

Die Erwartungen setzen:
Vor jeder Veranstaltung sende ich unseren Teilnehmern mehrere E-Mails zu, um die richtigen Erwartungen zu setzen. Diese E-Mails enthalten...

... den Zeitplan des Workshop-Tages inklusive der Pausenzeiten. Die Inhaltsblöcke sollten nicht länger als 45 – 50 Minuten dauern, mit anschließend ca. 15 Minuten Pause. Die Erfahrung hat gezeigt, dass die Online-Teilnahme mehr Konzentration und Energie braucht als bisher in Offline-Tagungen. Tipp: Den Referenten mit einer Speaker-/Präsentations-Uhr ausstatten, um den Zeitplan einzuhalten.

... kurze Technik-Tipps für den Teilnehmer: Ich erläutere, warum es wichtig ist, dass die Webcam immer eingeschaltet ist und wie man sein Mikrofon freischaltet, wenn man eine Frage hat.

Technik-Vorbereitungen:
Die Plattform, die ich für alle Online-Events einsetze, ist Zoom. Das hat mehrere Gründe: Seit Corona kennt fast jeder Zoom – das macht den Umgang einfacher und die technischen Hürden deutlich geringer. Die Server stehen in Deutschland und die Verbindungen werden verschlüsselt – somit also DSGVO-konform. Die »Breakout-Rooms« ermöglichen es, 100 Teilnehmer beispiels-

weise in 10 Gruppen à 10 Teilnehmer aufzuteilen, ohne dass die Teilnehmer eine andere Software brauchen – und das alles zu einem unschlagbaren günstigen Preis von 15 Euro pro Monat (bis 100 Meeting-Teilnehmer).

Wenn ich das Event plane, lege ich die Veranstaltung als Meeting bei Zoom an und nehme dann folgende Einstellungen vor:

1. Meeting automatisch in der Cloud aufzeichnen (damit ich es am Veranstaltungstag nicht vergesse).
2. Teilnehmer registrieren sich einmal und können an allen Ereignissen teilnehmen (bei mehrtägigen Events).
3. Bildschirmübertragung nur dem Host erlauben.
4. Gruppen-HD-Video auf HD-Video einstellen.
5. Teilnehmervideo von Beginn an einschalten.
6. Dem Host die Planung der Breakout-Rooms erlauben.

Kurz vor der Veranstaltung nehme ich dann die Gruppenzuteilung in Zoom vor. Das macht das Starten der Gruppenarbeiten viel einfacher, da alle Teilnehmer von Beginn an einem Raum zugewiesen sind.

Landingpage mit Ressourcen:
Alle Inhalte des Workshops (Handouts, Skizzen, Zeitplan, Downloads etc.) lege ich vor dem Event auf einer separaten Landingpage ab. So brauche ich während des Events nur auf eine Seite zu verweisen und die Teilnehmer haben einen Ort, an dem sie alles finden können.

2. DIE DURCHFÜHRUNG DES EVENTS

Wie auch bei der Vorbereitung umfasst die Durchführung des Events mehrere Schritte. Durch eine gute Vorbereitung kann man sich aber viele Kopfschmerzen am Event-Tag sparen und sich so mehr auf das Erlebnis für die Teilnehmer konzentrieren.

Mitarbeiter / Personal:
Meine Erfahrung hat mir gezeigt, dass man für Online-Veranstaltungen im Vergleich zur Offline-Veranstaltung dieselbe Anzahl an Mitarbeitern braucht – mit dem Vorteil, dass alle Mitarbeiter von zu Hause aus mitmachen können. So rechne ich für eine Veranstaltung mit 100 Teilnehmern mit: 1x Event-Organisator, 1x Techniker, 2x Chat-Support-Mitarbeiter, 1x Telefon-/E-Mail Support-Mitarbeiter und ggf. 1x Gruppen-/Team-Leiter pro 10 Teilnehmern. Die Teilnehmer merken dadurch an jeder Stelle, dass sie gut betreut werden und wissen, an wen sie sich wenden müssen, wenn Fragen aufkommen. Tipp: Schulen Sie Ihr Support-/Service-Team mit dem Event-Ablauf und der Software, damit Sie während des Events nicht mit den organisatorischen Problemen der Teilnehmer konfrontiert werden.

Moderation:
Ein Moderator ist eine Bereicherung für die Teilnehmer und den Referenten: Er übernimmt die technische Einführung und das »Warm-Up« vor der Veranstaltung und steht den Teilnehmern in den Pausen für Fragen zur Verfügung. Nach den Pausen sorgt er mit kurzen Bewegungseinheiten für Energie und Freude – da die meisten Teilnehmer den ganzen Tag am Schreibtisch sitzen.

Pausenzeiten:
In den Pausen ist es wichtig, den Teilnehmern eine kurze Auszeit zu ermöglichen. Gleichzeitig sollte der Anschluss zum nächsten Inhaltsteil nicht verpasst werden. Ich spiele daher Musik und einen Countdown-Timer ein, damit es offensichtlich ist, wann es weitergeht. Eine Pausen-Folie würde denselben Effekt haben.

Mehrere Kameraperspektiven:
Dies ist der Teil, mit der Sie Ihre Veranstaltung von einem »normalen Zoom-Meeting« zu einem Zoom-Erlebnis machen können. Ich setze dazu mehrere Kameras ein (siehe Technik-Liste auf www.blockbuster-technik.de) und den »ATEM MINI Pro« Video-Mischer ein. Mit dem ATEM Mini Pro kann man bis zu 4 Video-Quellen miteinander mischen. Das abgemischte Programm wird dem Computer als Webcam-Signal über ein USB-Kabel übertragen. Vor einigen Jahren hätte diese Hardware mehrere zehntausend Euro gekostet – heute kann ein ATEM schon für um die 500 Euro erworben werden – und ist auch noch einfach zu bedienen. Hinweis: Sobald mehrere Kameras und ein ATEM zum Einsatz kommen, sollte man einen Techniker vor Ort haben, da die Bedienung sonst sehr vom Vortrag ablenken kann. Als Video-Quellen nutze ich zwei Hauptkameras (1x Zentrale Perspektive, 1x seitliche Perspektive, 1x iPad als Whiteboard und 1x Computer, um Präsentationen und Videos zu übertragen).

Monitor mit bis zu 49 Teilnehmern:
Zoom bietet die Funktion, 49 Teilnehmer auf einem Bildschirm darzustellen. Dieses Feature ist für den Referenten sehr wichtig, da er – wie bei einer Präsenzveranstaltung – die Mimik der Teilnehmer verfolgen kann. Hierzu empfehle ich einen größeren

Computer-Monitor oder einen Fernseher (ca. 42 Zoll), damit die Teilnehmer-Videos gut erkennbar sind.

Erlebnisse über Zoom:
Bei Offline-Events würden wir Networking-Partys mit »Unternehmer-Speed-Dating« veranstalten oder einen Musik-Abend, bei dem alle Teilnehmer gemeinsam musizieren, viel Spaß haben und sich kennenlernen. Online geht das auch – auch wenn der Piccolo dabei hilft ;-) Beim Speed-Dating erstelle ich bei 50 Teilnehmern 25 Breakout-Räume. Für jeweils 3 Minuten können sich die Teilnehmer in 2er-Räumen kennenlernen, bevor sie in den nächsten Raum weitergeschoben werden. So kann man innerhalb von 90 Minuten 30 andere Teilnehmer kennenlernen. Dieses Modell eignet sich ideal für Teilnehmergruppen, die sich noch nicht kennen. Alternativ haben sich »Hangout«-Runden nach dem offiziellen Veranstaltungsende als sehr erfolgreich erwiesen. Hier kann man zusammen über den Tag reden, ein paar Fragen stellen und sich gegenseitig besser kennenlernen – fast so wie an der Hotelbar.

Für ein bisschen mehr Abenteuer eignen sich Online-Krimis von stadt-krimi.ch. Bei dieser Abendveranstaltung müssen die Teilnehmer gemeinsam mit 5 anderen Kollegen einen Mordfall lösen. Dabei kommen professionelle Schauspieler in einen Zoom-Raum, die man befragen muss. Ziel ist es, alle notwendigen Informationen zu finden, um den Mordfall und das Motiv aufzudecken.

Grundsätzlich empfehle ich, die Veranstaltung auf einer einzelnen Plattform wie zum Beispiel Zoom durchzuführen. Dann läuft man nicht Gefahr, beim Umzug auf eine andere Plattform Teilnehmer zu verlieren. Plus: Nach ein paar Minuten kennt man sich aus – der Referent und die Teilnehmer können sich voll und ganz auf die Veranstaltung einlassen.

Das bringt mich zum letzten Punkt: Mein Vater hat einmal gesagt: „Technik ist wie gute Hygiene. Wenn man es gut macht, fällt es nicht auf. Wenn man es schlecht macht, wirkt es unangenehm." Ihr Ziel sollte es sein, sich voll und ganz auf Ihre Inhalte und den Ablauf der Veranstaltung zu konzentrieren. Die Technik ist nur das Hilfsmittel, das Ihre Inhalte in die Büros und Wohnzimmer Ihrer Kunden überträgt.

DIE CHANCE NUTZEN

Die Corona-Pandemie stellt uns alle vor besonderen Herausforderungen. Ich bin aber auch dankbar, denn ohne diese Krise hätte ich die Welt der Online-Events nicht entdeckt. Ich konnte mir nicht vorstellen, dass man Präsenzveranstaltungen auch als Blockbuster Online-Events durchführen kann – mit allem, was dazu gehört. Als Menschen sind wir so gestrickt, dass wir gerne zusammen sind. Und vor allem so, dass Emotionen ein wichtiger Teil unseres Lebens sind. Um uns emotional berühren und bereichern zu lassen, müssen wir aber nicht an einem physischen Ort sein.

Meine Kunden sehen sich jetzt gut für die Zukunft gerüstet. Egal, ob noch eine dritte oder vierte Welle kommt – oder die Hotels das nächste Jahr nicht mehr aufmachen. Statt über eine Schließung nachzudenken, planen sie jetzt die Internationalisierung – inklusive Simultanübersetzung und Übertragung in mehrere Länder der Welt. Der Skalierung steht durch die Digitalisierung nichts mehr im Wege, da geschlossene Ländergrenzen und Reiseverbote durch das Internet keine Rolle mehr spielen.

Im Mutmacher-Memberbereich habe ich für Sie eine kostenlose Technik-Liste zusammengestellt. Das ist die Hard- und Software, die ich regelmäßig einsetze und ausgiebig getestet habe. Jedes Produkt habe ich in »Starter« und »Profi« eingeteilt – je nachdem, was Sie mit Ihren Events vorhaben und wie aufwändig Sie diese gestalten möchten. Möchten Sie auch Ihre Offline Workshops und Seminare online übertragen? Gerne stehe ich Ihnen in einem kostenlosen Beratungsgespräch zur Verfügung.

Geschenk #14

GRATIS TECHNIK BERATUNG + HARDWARE LISTE

Erfahren Sie, welche Hard- und Software ich selbst verwende und sowohl für Einsteiger als auch für Profis empfehlen kann. Außerdem stehe ich Ihnen jederzeit für ein kostenloses Erstgespräch zur Verfügung.

Login Memberbereich:
https://weiter.link/mutfree

UNTERNEHMERPROFIL

Raphael Christiani

INSTITUT FÜR STORY-MARKETING

Raphael Christiani ist seit 2012 im Bereich Online-Marketing und Event-Management tätig. Vorrangig berät er mittelständische Unternehmen im Auftrag des Instituts für Story-Marketing bei der technischen Umsetzung Ihrer Story-Konzepte. Mit Werkzeugen wie Webinaren, Landingpages, Online-Events, Webinaren oder Facebook Marketing bringt er die Story-PS auf die Straße.

Heute in der Position des Geschäftsführers hält Raphael dem Institut für Story-Marketing von der technischen Seite her den Rücken frei und entwickelt permanent neue Lösungen. Herzrasen bekommt Raphael, wenn er für die Technik eines Live-Webinars verantwortlich ist. »Da sind mehrere Tausend Menschen, die auf dich warten und alles muss glatt gehen.« Solche Events sind unvergessliche Momente für ihn. An eine Situation erinnert er sich ganz besonders. »Wir hatten einen großen Webinar-Launch mit über 6 000 angemeldeten Teilnehmern. Allerdings befand ich mich gerade auf einer Hilfsmission in Südamerika. Also saß ich da mit meinem Laptop im bolivianischen Dschungel. Kein Witz, im Regenwald hast du besseres Internet als teilweise in deutschen Städten.«

Eine große Leidenschaft von Raphael ist es, Unternehmern mit ihren technischen Problemen weiterzuhelfen. »Unsere Kunden haben geniale Produkte und Dienstleistung – und scheitern oft an der technischen Umsetzung. Ich möchte ihnen einen Fahrplan mit Lösungen geben, um die technischen Hürden hinter sich zu lassen, damit die Welt sieht, was sie anzubieten haben.«

Ein aktuelles Projekt sind unter anderen die Online-Seminar-Events, wie zum Beispiel die Unternehmer-Mentorings, die von Engelberg in der Schweiz in die Welt gestreamt werden. In Mitten mehrerer Kameras, Bildmischern und Computern fühlt er sich in seinem Element: »Mein Anspruch ist es, die Event-Atmosphäre und Umsetzungs-Energie in die Wohn- und Arbeitszimmer unserer Kunden zu transportieren.«

www.storymarketing-institut.de
www.blockbuster-events.de

15

JOHANNES BORIC

Drop Shipping Amazon

MIT DIESEN VIER SCHRITTEN WIRD IHR PRODUKT ZUM VERKAUFSERFOLG AUF AMAZON

EIN NEUES FAHRRAD

1973 lebte ich als 10-jähriger Junge mit meinen Eltern in einem 500-Seelen-Dorf auf 1.100 Metern Höhe im Österreichischen Montafon. Wie meine Schulkollegen wollte ich ein neues Fahrrad. Mein Vater, gesundheitlich gezeichnet von den negativen Auswirkungen seiner Arbeit als Stollenarbeiter, war Frührentner, meine Mutter verbesserte das Haushaltseinkommen als Reinigungskraft und durch die Vermietung von Gästebetten an die damals noch im Sommer »gezählt« kommenden Touristen.

MEIN ERSTES BUSINESS MODELL

Als ich meine Eltern von meinem Wunsch in Kenntnis setzte, machten sie mir spontan und umgehend klar, dass der Preis dieses neuen Rades das monatliche Haushaltseinkommen um 20 Prozent übersteigen würde. Ersparnisse in bar waren nur begrenzt vorhanden, da die »freien Mittel« nach und nach in das Haus investiert wurden, um dadurch mehreren Gästen Platz zu bieten und so auch mehr Umsatz machen zu können.

Subjektiv gesehen war mein Traum vom neuen Fahrrad vorerst »ausgeträumt«, aber der Wunsch, mit meinen Jungs auf gleicher Höhe die Freizeit verbringen zu wollen, war stärker als der Impuls, den »Kopf in den Sand zu stecken«. Deshalb suchte ich nach einer Lösung und entwickelte – im Nachhinein gesehen – mein erstes Businessmodell, indem ich aus Peddigrohr Brotkörbchen bastelte und diese an die zahlreichen Touristen im Haus bzw. an der bekannten Silvretta Hochalpenstraße verkaufte. Mit der Zeit wurde die Werkstätte ausgebaut und Maschinen gekauft. Schließlich wurde das Geschäft ein paar Jahre später von meinem Vater übernommen und noch einige Jahre weitergeführt.

Das Wichtigste war für mich zu diesem Zeitpunkt, dass ich meinen Traum vom neuen Fahrrad umsetzen und mir ein wunderschönes, weißes 10-Gang Rennrad kaufen konnte, ja in Folge so viel Geld verdiente, mit welchem ich noch viel Fahrräder hätte kaufen können.

Erst viel später sollte ich erkennen, dass ich über eine Problemlösefähigkeit verfüge, welche mir in Zukunft noch öfter dienlich sein würde.

EIN FLOP ALS CHANCE

Nach abgeschlossenem Wirtschaftsstudium landete ich in der Marketingabteilung eines großen Konzerns für Markenartikel und entwickelte mich dort zur Führungskraft auf internationalem Niveau. Während dieser Zeit war es mir auch immer ein Anliegen, der Welt etwas zurückzugeben, so setzte ich parallel Projekte für die Charity-Marke »Licht ins Dunkel« um, doch ein Projekt floppte total. Das Resultat waren 500.000 hochwertige Geschenk-Faltkartons in meiner Garage, für welche es keine kurzfristige Lösung gab. Die Familie wurde dadurch auf eine große Probe gestellt und ich vor eine echte Herausforderung.

Getrieben davon diese zu lösen, las ich eines Tages in der »Welt« einen Artikel über die Möglichkeiten, als mittelständischer Händler Amazon als Verkaufsplattform zu nutzen. Dabei stolperte ich über einen scheinbaren Widerspruch: »Kein Überleben ohne Amazon. Wer als mittelständischer Markenartikler eine Überlebenschance haben will, kommt an Amazon nicht vorbei! Weltweit gibt es 6 Millionen Amazon Händler, aber nur 20.000 Händler machen einen Umsatz von mehr als 800.000 Euro pro Jahr«.

Irgendwie »triggerte« diese Zeitungs-Headline in mir zwei für meine weitere berufliche Weiterentwicklung essenzielle Bereiche: Einerseits die Thematik «Online Verkauf«, in dem ich die Chance sah, mein aktuelles Problem zu lösen, und andererseits das große Thema «Digitalisierung«.

Umgehend startete ich ein intensives, über fünf Jahre dauerndes Trainings- und Ausbildungsprogramm bei den besten

Leuten in den USA und baute dabei ganz spezifisches Amazon Knowhow auf. Da ich nach wie vor das Osteuropa-Geschäft eines in Europa führenden Getränkekonzerns leitete, konnte das natürlich nur »nebenberuflich« passieren. Meine Lernphasen begannen deshalb täglich um 05.00 Uhr, am Abend setzte ich sie bei wöchentlichen Auslandsreisen auch im Hotel fort.

Mir war es von Anfang an wichtig, nicht nur die Techniken im »Amazon-Heimmarkt« zu lernen, sondern dort mit meinem Verkauf zu starten und dann auch in den USA zu verkaufen. Um das an dieser Stelle vorwegzuschicken: Mein Problem, die 500 000 in der Garage »schlummernden« Geschenkverpackungen an den Mann und die Frau zu bringen, konnte ich lösen. Sie wurden zu meinem Test: Ich startete mit 200 Verkaufseinheiten, indem ich die Ware zuhause im Silbertal am Wochenende konfektionierte, in Versandkartons packte und an das von Amazon angegebene Lager schickte, quasi meine Geburtsstunde als »Amazon-Seller«.

Diese Erfahrung wurde ein erster Erfolg, auf den weitere intensive Lehrjahre mit Höhen, aber auch manchen Tiefen folgten. Doch aufgeben war für mich, trotz meines hohen Arbeitspensums, nie eine Option, denn ich wollte unbedingt mein digitales Geschäftsmodell zum Erfolg führen. Schließlich gewann ich immer mehr Sicherheit, sodass ich mein Geschäft in den USA weiter ausbauen und sogar nach UK skalieren konnte.

Über die Jahre baute ich ein solides Geschäftsmodell auf, welches sich auf den Ausbau der eigenen Produkte stützte. Parallel begann ich bereits, mein erworbenes Knowhow an Firmen weiterzugeben, welche Amazon als strategischen Vertriebskanal sehen. Denn durch meine Erfahrungen in vielen Jahren im klassischen »Offline«-Handel hatte ich dank der Geschenkkartons erkannt, dass durch Amazon relativ schnell und mit kalkulierbarem Risiko meine Zielgruppe auch neue Märkte erreichen konnte, sofern man die Techniken verstanden hat.

AB AUF DIE PFERDEMESSE

Durch den zunehmenden Erfolg bestärkt entschloss ich mich mit 55 Jahren, meinen Top-Job als Führungskraft an den Nagel zu hängen, mein Online-Sales-Business weiter zu skalieren und durch einen weiteren Geschäftszweig zu erweitern, indem ich das generierte Knowhow auch erfolgsorientierten Unternehmen zur Verfügung stellte. Während dieser Zeit arbeitete meine Tochter Victoria bei mir im Unternehmen und unterstützte mich beim Launch dieses Beratungskonzeptes.

Eine der zentralen Fragen war, wie wir als »No Names« in diesem Segment zu Kunden kommen konnten. Nach kurzem Brainstorming entschieden wir, potenzielle Kunden auf Offline-Marktplätzen, wie Messen, anzusprechen und dadurch Erfahrungen zu sammeln. Um einen geeigneten Einstieg bei dieser klassischen Kaltakquise zu haben, entwickelten wir eine übersichtliche Light-Version unseres Beratungstools, mit dem wir Unternehmern helfen, ihre Produkte auf Amazon optimal zu platzieren – den AMZ-Performance-Index. Mit diesem 1:1-Vergleichstool konnten wir das Produkt des Ausstellers mit einem ähnlichen Amazon-Top-Seller vergleichen. Das Ergebnis war eine prompte IST-Analyse, die umgehend wesentliche Erfolgs-Stellschrauben aufzeigt, um das Produkt auf Amazon besser zu platzieren.

Damit fühlten wir uns gut gerüstet und kauften uns zwei 2-Tagestickets zum Preis von zusammen 60 Euro – eine übersichtliche Investition, um in direkten Kontakt mit potenziellen Kunden zu kommen und überzeugen zu können. Dies wurde für uns zu einer ultimativ wichtigen Erfahrung mit einer sehr zufriedenstellenden Weiterbearbeitungsrate.

Victoria bereitete den Besuch sehr penibel vor. Das heißt, sie studierte genau das Aussteller-Verzeichnis und sammelte über die für uns interessanten Kandidaten möglichst viele Informationen über die Homepage und die Amazon-Listung. All dies fasste sie in einem Fact-Sheet zusammen. Wir gingen also gut gerüstet auf die Messen. Und doch empfanden wir dann die ersten Besuche auf den Ständen als echtes Abenteuer. Wir »schlichen« uns geradezu heran und mussten wirklich Mut fassen. Aber nach und nach wurden wir routinierter, hatten richtig Spaß und sammelten ungemein wichtige Erfahrungen für die weitere Akquise – positive wie negative.

Gerne erinnere ich mich an den Vertreter eines großen deutschen Tierfutterherstellers, der unbedingt wollte, dass wir direkt mit dem Geschäftsführer Kontakt aufnehmen sollten, da er fest davon überzeugt war, dass das Unternehmen eine wichtige Entwicklung verpassen würde. Ein Anderer wollte mit uns dagegen gar nichts zu tun haben, da er Amazon als großen »Feind« sah. Zum Glück war dies jedoch ein Einzelfall. Viel schöner war dann wiederum das Gespräch mit der

Eigentümerin eines biologischen Pferdefutters, dem noch viele weitere nach der Messe folgen sollten.

Mit diesen Erfahrungen und den daraus abgeleiteten Erkenntnissen, wie wir unsere Akquise-Strategie optimieren konnten, meldeten wir uns sehr selbstbewusst zur weltgrößten Fitnessmesse, der FIBO in Köln an und starteten auch gleich mit den Vorbereitungen. Die Messe sollte Ende März 2020 stattfinden. Doch unsere Vorfreude wurde uns sehr abrupt genommen: Am 15.3. wurde der Lockdown ausgesprochen und es war klar, dass auf absehbare Zeit keine Messen mehr stattfinden würden. Das war für uns ein harter Schlag, denn ein wesentlicher Teil unserer Akquise-Strategie ist zwar heute die Weiterempfehlung, doch waren wir zu diesem Zeitpunkt mit der Kundengewinnung für unser Beratungsangebot noch ganz am Anfang und wollten den »Marktplatz Messen« nutzen, um auf uns aufmerksam zu machen.

Wieder stand ich bzw. standen in diesem Fall wir vor einer Herausforderung, welche es zu meistern galt. Und, wie Sie sich vermutlich denken: Aufgeben war auch in dieser Situation für uns keine Option. Wir hatten bereits unsere Hausaufgaben gemacht, wir hatten auch hier das Ausstellerverzeichnis durchforstet und eine Liste der Aussteller vorbereitet, die wir besuchen wollten. Wir kannten also bereits die Unternehmen, von denen wir nach unserer ersten Analyse dachten, dass unsere Dienstleistung für sie – gerade auch in dieser Situation – ein Gewinn sein könnte.

Diese kontaktierten wir nun und übermittelten ihnen eine Analyse ihres auf Amazon gelisteten Produktes. Durch unsere

Erfahrung in der Kaltakquise geübt, bearbeiteten wir zeitnah telefonisch nach. Und so gelang es uns, aus dieser im ersten Moment ausweglosen Situation für uns eine echte Erfolgsgeschichte zu machen: Wir generierten auf Anhieb einen 6-stelligen Beratungsumsatz. Was für ein Learning, was für ein grandioser Erfolg für Vater und Tochter :-) .... und wieder hatten wir eine Hürde »gemeistert«, waren gewachsen an der Erfahrung und gestärkt daraus hervorgegangen.

Wenn ich heute auf diese Zeit zurückblicke, kann ich ohne jegliche Übertreibung sagen: Der Start für dieses neue Geschäftsmodell hätte von außen kaum stärker beeinträchtigt werden können als durch die Situation im Frühjahr 2020. Und doch ist es uns gelungen, das Beste daraus zu machen. Wir haben die Chancen genutzt, die sich uns durch die Krise geboten haben – in die natürlich auch unsere potenziellen Kunden gekommen sind, indem sie ihre gewohnten Verkaufsplattformen verloren hatten und ganz auf den digitalen Weg zurückgeworfen waren.

Wenn auch Sie zu den Unternehmern gehören, die nach Möglichkeiten suchen, Ihre Produkte einem größeren Publikum erfolgreich digital zu präsentieren, wenn Sie sich vielleicht auch schon für Amazon als für Sie geeignete Plattform entschieden haben, aber dabei noch nicht die erwünschten Verkaufsraten erzielen, dann möchte ich Ihnen im Folgenden die wichtigsten Stellschrauben nennen, die meiner Erfahrung nach über den Erfolg auf Amazon entscheiden.

DIE WICHTIGSTEN STELLSCHRAUBEN FÜR DEN VER-KAUFSERFOLG AUF AMAZON

Während meiner Lehrjahre im Amazon-Verkaufsdschungel habe ich vor allem eine Sache erkannt: Verkaufserfolg ist auch hier kein Zufall, sondern das Ergebnis eines klaren und strukturierten Vorgehens. Mein persönlicher Durchbruch als Amazon-Seller kam, als ich meine Arbeit derart strukturiert hatte, dass ich mehreren Phasen im Prozess klar identifizieren konnte und begann, diese nacheinander zu bearbeiten.

Davor war ich wie im Blindflug in mir unbekanntem Terrain unterwegs und landete Treffer nur per Zufall. Indem ich jedoch die wesentlichen Stellschrauben erkannte und in ein klar strukturiertes Vorgehen brachte, gelang es mir, den Erfolg zu planen und vorherzubestimmen – also auf Sichtflug zu gehen und in der Folge auch mein Ziel mit hoher Sicherheit wirklich klar anpeilen zu können. Jeder auf Amazon gesetzte Schritt ist dadurch heute für mich sehr gut kalkulierbar, bereits beginnend mit der Beurteilung der grundsätzlichen Erfolgsaussichten eines zu platzierenden Produktes unter Berücksichtigung des Wettbewerbsumfeldes.

Verkaufen Sie bereits auf Amazon oder überlegen sich, diese Online-Möglichkeit für Ihre Produkte zu nutzen? Dann möchte ich Ihnen dringend ans Herz legen, von Anfang an auf die folgenden Punkte zu achten. Denn diese sind vor dem Hintergrund meiner Erfahrung wie auch aus der Begleitung meiner Kunden die absolut zentralen Stellschrauben und für den erfolgreichen Verkauf auf Amazon elementar.

1. Setzen Sie Ihr Produkt in das richtige Bild!

Achten Sie auf eine ansprechende, professionelle Auswahl von Bildern und stellen Sie die maximale Anzahl an Fotos ein. Achten sie dabei auf den Mix aus funktionalen und emotionalen Bildern. Schauen wir uns das am Beispiel des Hauptbildes an: Die folgenden Exempel sind real und zeigen durchaus die typischen Verbesserungsmöglichkeiten, die ich in der Begleitung immer wieder erlebe.

Da der erste Eindruck zählt, werden auf die Bilder und v. a. das Hauptbild besonderes Augenmerk gelegt. Das folgende Beispiel zeigt die Veränderung sehr deutlich. Man kann sich sehr leicht vorstellen, dass allein diese Bildbearbeitung zu einer signifikanten Steigerung des Umsatzes führt, und zwar nachhaltig!

Produkt vorher

Produkt nachher

2. Formulieren Sie den für Ihr Produkt passenden Text!

Dieser ist aufgeteilt in Titel, Aufzählungspunkte und die Produktbeschreibung. Die Meinungen bzgl. der Länge gehen hier auseinander, jeder muss nach seinem Gefühl das richtige Maß finden. Wichtig ist auf jeden Fall, dass Bild und Text miteinander übereinstimmen, das heißt, dass die Bildaussage zum Text passen muss.

3. Achten Sie auf die richtige Anzahl und Qualität der Bewertungen!

Die richtige Anzahl und die Qualität der Bewertungen ist essenziell, da sie für neue Interessenten ein wesentlicher Entscheidungsfaktor sind. Diese zu bekommen, dauert seine Zeit. Voraussetzung dafür ist zunächst ein qualitativ hochwertiges Produkt, genauso wichtig ist zudem der kundennahe und zufriedenstellende Service, nicht nur als einmaliges Ereignis, sondern als zuverlässige Basis für das Kundenerlebnis Ihrer Käufer. Nur wenn das stimmt, werden Ihre Kunden auch eine positive Bewertung abgeben.

4. Das schönste Bild nützt nichts, wenn das Ranking nicht passt!

Das beste Produkt, der vielversprechendste Titel, die blumigsten Aufzählungspunkte und die schönsten Bilder nützen nichts, wenn das gelistete Produkt bei den relevanten Suchbegriffen nicht gefunden wird. Hier sind wir im allerwichtigsten Bereich des gesamten Amazon-Managements.

Die unten angeführte Übersicht zeigt, ohne groß ins Detail zu gehen, die Korrelation zwischen Umsatz, gerankten Suchbegriffen und der Position bei den relevanten Suchbegriffen.

Das heißt umgekehrt: Nach der Analyse des Suchbegriff-Universums muss eine erfolgversprechende und den Amazon Richtlinien entsprechende Rankingstrategie entwickelt werden. Deren Ziel ist es, bei möglichst vielen für das Produkt relevanten Suchbegriffen mindestens in den TOP 10 gerankt zu sein.

Das unten aufgezeigte Beispiel konnte den durchschnittlichen Tagesumsatz durch ein optimiertes Keyword Management und die zielorientierten Rankingaktivitäten (mittels Amazon Werbung) fast verzehnfachen und aktuell hält die Trendlinie nach oben an.

GEHEN SIE ÜBER VOM BLINDFLUG ZUM SICHTFLUG!

Möchten auch Sie Ihr bestehendes Amazon-Business vom Blindflug auf Sichtflug stellen oder beabsichtigen Sie zukünftig

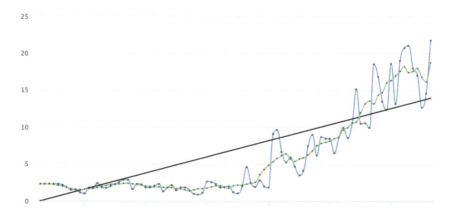

auf Amazon zu verkaufen, dann kommen Sie auf mich zu! Wir zeigen Ihnen mittels des AMZ Performance Index die Stellschrauben, mit denen auch Sie Ihr Amazon Business auf die Erfolgsspur bringen – ganz unabhängig davon, ob Sie am Start stehen und von Anfang an alles richtig machen wollen oder ob Sie bereits Produkte gelistet haben und Ihre Verkaufsquote optimieren wollen.

Lernen Sie im Rahmen eines 60-minütigen Strategiegesprächs, welche Voraussetzungen erforderlich sind, um auf Amazon erfolgreich zu verkaufen und wie eine Strategie ganz konkret für Ihr Produkt aussehen könnte.

Geschenk #15
60 MINUTEN GRATIS AMAZON-COACHING

Lernen Sie, welche Voraussetzungen nötig sind, um auf Amazon zu verkaufen und wie eine Strategie für Ihr Produkt aussehen sollte, damit Sie damit erfolgreich sind.

Login Memberbereich:
https://weiter.link/mutfree

UNTERNEHMERPROFIL

Johannes Boric

JGB CONSULTING GMBH

Johannes Boric war 25 Jahre in Verkauf und Marketing in internationalen Konzernen tätig, davon die letzten 15 Jahre in leitender Funktion. Seit 2019 ist er selbständig und seit 2020 Geschäftsführer der JGB Consulting GmbH. Sein Fokus liegt auf dem Thema Amazon, wobei er sich auf die Vermarktung von eigenen Produkten in den USA, Großbritannien und in DACH, sowie die Beratung von Unternehmen beim erfolgreichen Verkauf auf Amazon spezialisiert. Im Rahmen der Entwicklung seiner datenbasierten Arbeitsweise hat er Tools wie den AMZ Performance Index sowie den AMZ Performance Radar entwickelt, welche eine fokussierte, zielorientierte und effiziente Arbeit ermöglichen. Sein System erlaubt es, Amazon Sellern nach eingehender Markt- und Wettbewerbsanalyse basierend auf den vorhandenen Ressourcen innerhalb kürzester Zeit auf Amazon gerankt zu sein.

Gehören Sie auch zu den UnternehmerInnen, welche über ein ausgereiftes Produktangebot verfügen, dieses gut in Ihrem angestammten Markt vermarkten, aber auch über neue Absatzmöglichkeiten nachdenken, aber nicht wissen wie?

Sie hören täglich von der dynamischen Entwicklung des Online-Marktes im Allgemeinen bzw. Amazon im Speziellen. Ihnen ist bewusst, dass Sie für Ihr Premium Produkt mittelfristig neue strategische Absatzkanäle finden müssen, um langfristig erfolgreich zu sein. Sie sehen auch in Amazon die Chance nicht nur national, sondern international mit einem kalkulierbaren Risiko zu wachsen, jedoch schreckt Sie die Komplexität ab.

Es ist Teil Ihrer Vision, Ihre Marke national oder gar international in Europa oder den USA profitabel zu etablieren, Sie sehen aber auch den Faktor Zeit und die Komplexität, welche Sie smart in den Griff bekommen möchten? Sie möchten sich auf Ihre Kernkompetenzen konzentrieren und den Vertriebskanal »Amazon« automatisiert und effizient in den Griff bekommen? Dann rufen Sie mich an, mein Team und ich machen uns gerne auf die Reise und führen Sie gekonnt, vertrauensvoll und erfolgsorientiert durch den Amazon-Dschungel und zeigen Ihnen, wie Sie als mittelständischer Unternehmer zum »Global Player« werden.

Homepage: www.jgb-consulting.eu

16

NICOLE M. JONES
MARTIN MÖLLENBECK

Digitalisierung

DIGITALISIEREN VON GESCHÄFTSPROZESSEN LEICHT GEMACHT – SO EINFACH KANN SOFTWAREENTWICKLUNG SEIN

Die Corona-Krise hat mittelständische Unternehmen wachgerüttelt und aufgezeigt, dass Deutschland bei der Digitalisierung von Geschäftsprozessen dringenden Aufholbedarf hat. Doch viele Unternehmer tun sich trotzdem schwer. Dabei ist der Aufwand oft geringer als gedacht – und lohnt sich, um langfristig die Resilienz des eigenen Unternehmens zu erhöhen und am Markt wettbewerbsfähig zu bleiben.

Wie bei einer Kettenreaktion von Dominosteinen. Einmal losgetreten, nimmt sie rasend schnell Fahrt auf und ist plötzlich unaufhaltsam. So fühlt sich die Situation im Frühjahr 2020 an, als das Coronavirus den europäischen Kontinent nahezu überrennt und große Teile der deutschen Wirtschaft lahmlegt. Als IT-Dienstleister für individuelle Softwareentwicklung ist uns sofort klar: Die Pandemie und vor allem der Lockdown sind eine Zäsur. Unternehmen, die jetzt nicht handeln und ihre Prozesse digitalisieren, werden langfristig nicht bestehen können.

Wir begreifen die Krise als Chance, vor allem für unsere Kunden. Analoge Strukturen aufbrechen, Neues wagen. Bereits 2009 haben wir 5Minds mit der Idee gegründet, Unternehmen bei der Digitalisierung ihrer Geschäftsprozesse zu unterstützen – indem wir sie mit maßgeschneiderter Software, die immer zu ihren Prozessen passt, sicher und flexibel für die Zukunft aufstellen. Egal, ob durch Krisen oder andere Einflussfaktoren: Unsere Geschäftswelt wandelt sich schnell und überleben können nur diejenigen, die am anpassungsfähigsten sind. »Survival of the fittest« hat uns bereits Charles Darwin gelehrt.

Die meisten Unternehmer haben sogar höhere Ziele als bloß mitzuschwimmen. Nicht nur junge Start-ups, sondern auch Mittelständler wollen mit innovativen Ideen neu durchstarten. Sie dabei mit digitalen Lösungen zu unterstützen, ist fester Bestandteil der 5Minds-DNA – die nicht nur uns als kaufmännische Geschäftsführerin und Entwicklungsleiter, sondern das gesamte Team prägen.

Bislang ging die Digitalisierung des deutschen Mittelstandes schleppend voran. Nun stehen Unternehmen unter Zugzwang. Der Startschuss ist gefallen. Allein die Arbeit aus dem Homeoffice erfordert mehr Mut zu digitalen Prozessen. Diesmal haben Unternehmer keine Wahl. In Krisenzeiten sind Helden gefragt. Und die tragen keine Umhänge, sondern Verantwortung für die Zukunft ihrer Unternehmen und Mitarbeiter.

AUCH HELDEN HABEN ANLAUFSCHWIERIGKEITEN

Gesagt, getan? Wir merken schon nach wenigen Monaten, dass vielen Digitalisierungshelden die Umstellung schwerfällt. Auch wenn wir selbst davon ausgehen, dass die Krise den Aktionismus befeuert: Es mischt sich viel Unsicherheit zur Aufbruchsstimmung.

Das wird uns erneut Anfang 2021 bewusst, wie das Beispiel eines Neukunden aus dem produzierenden Gewerbe zeigt: Ein mittelständisches Unternehmen mit guter Auftragslage, denn das herzustellende Produkt ist ein Dauerbrenner. Doch ausgerechnet die Produktionsplanung gerät zunehmend ins Stocken. Vieles läuft manuell und intuitiv, wenig digital. Die dazugehörige Software macht dem Unternehmen nun einen Strich durch die Rechnung. Denn sie passt nicht mehr zu den Geschäftsprozessen.

Jahrelang läuft die Warenwirtschaft des Unternehmens komplett über Excel-Tabellen mit automatisierten Programmen. Darin überführen Mitarbeiter zum Beispiel Kundenanfragen in Produktionsaufträge und disponieren Maschinen. Die Prozesse sind eingespielt und laufen zwar. Doch die Mühlen mahlen langsam.

Mit dem Corona-Lockdown geht die Verwaltung des Unternehmens ins Homeoffice. Eine weitere Herausforderung, ausgerechnet in Krisenzeiten. Räumliche Schnittstellen zur Produktion fehlen nun und es zeigt sich: Die Lösung von der Stange reicht nicht mehr. Denn Excel hat als Standardsoftware einen großen Nachteil. Mehrere Anwender können nicht gleichzeitig in einer Tabelle arbeiten. Effizientes Arbeiten über verschiedene Standorte hinweg und zu unterschiedlichen Zeitpunkten? Fast zwecklos, wenn kurze und persönliche Abstimmungswege wegfallen.

ES MANGELT NICHT AN MUT, SONDERN AN POSITIVEN ERFAHRUNGEN

Wir sind sofort Feuer und Flamme für das Projekt. Wo Standardsoftware an ihre Grenzen stößt, kommen wir als Experten für Prozessdigitalisierung mit maßgeschneiderter Software ins Spiel. Wir wissen aber auch, dass unser Kunde skeptisch ist. Er hat Angst vor Veränderung. Zum einen, weil er schon lange mit der Software arbeitet. Obwohl sie starr und veraltet ist, kann der Kunde sie fast im Schlaf bedienen. Zum anderen, weil er bereits erfolglos in zwei Digitalisierungsprojekte investiert hat.

Mittelständischen Unternehmen wird häufig vorgeworfen, bei der Digitalisierung ideenarm, mutlos und im digitalen Dornröschenschlaf zu sein. Was dabei oft vergessen wird: Sie fangen nicht auf der grünen Wiese an. Viele nehmen die Digitalisierung in Angriff, scheitern jedoch aus verschiedensten Gründen – und nicht immer selbstverschuldet. Dass Anforderungen nicht klar sind, die Kommunikation intransparent ist oder Projekte zeitlich und budgetär aus dem Ruder laufen, sind nur einige Beispiele.

Genau deswegen ist auch unser Neukunde verunsichert. Vor Projektbeginn brennen ihm vor allem zwei Fragen unter den Nägeln: Wie können wir ihm garantieren, dass wir eine Software entwickeln, die auch in Zukunft absolut investitions- und vor allem krisensicher ist? Und wie schaffen wir es auf unkomplizierte Weise, sein altes Softwaresystem in das neue zu überführen, ohne dass er Produktionsausfälle hinnehmen muss?

Die Bedenken sind nachvollziehbar. Es mangelt schlichtweg an Erfolgserlebnissen. Als Unternehmer lastet viel Verantwortung auf seinen Schultern. Insbesondere in Krisenzeiten ist Sicherheit und Stabilität für sein Unternehmen wichtig. Mit neuen digitalen Lösungen begibt er sich abermals auf unbekanntes Terrain. Negative Erfahrungen schwirren im Hinterkopf. Auch wenn das Geschäft weiterläuft – Fehltritte kann er sich finanziell nicht mehr leisten. Eine weitere Chance haben viele Mittelständler wie er nicht.

AN JEDER ECKE LAUERN TÜCKEN

Die moderne IT-Welt ist kein einfaches Pflaster. Während die Software-Industrie boomt, bringen Digitalisierungsprojekte am Ende nicht immer das gewünschte Ergebnis. Laut dem 2019 erschienenen Accenture-Report »Ein neuer Weckruf zur Digitalisierung« sind vier von fünf Pilotprojekten nicht erfolgreich oder werden abgebrochen [1]. Ähnlich beschreibt es die Onlineplattform t3n.de in einem Artikel vom November 2020: Demzufolge scheitern in Deutschland 60 bis 80 Prozent aller Softwareprojekte [2]. Verständlich, dass Unternehmer angesichts dieser Zahlen skeptisch sind.

Viele unserer Kunden haben ebenfalls Vorbehalte bei der Softwareentwicklung. Zu teuer, zu langwierig, zu kompliziert – wir hören immer wieder die gleichen Argumente. Uns macht dies bewusst: Kunden brauchen von Anfang bis Ende Sicherheit, in jedem Projektschritt. Dass ihre Digitalisierung funktioniert. Dass sie am Ende eine Software bekommen, mit der sie langfristig arbeiten können. Dass sie keine Zeit verlieren oder unnötig Geld verbrennen.

Unsicherheiten entstehen immer dann, wenn Menschen das Gefühl haben, Situationen nicht kontrollieren, Konsequenzen kaum abschätzen oder wenig Einfluss nehmen zu können. Zwar wissen viele Unternehmen, in welche Richtung sich ihre Branche entwickeln wird. Krisen wie die Corona-Pandemie führen ihnen jedoch vor Augen, dass nicht alles vorhersehbar ist – vor allem, wenn Marktveränderungen durch äußere Einflüsse bedingt sind.

Sie brauchen deshalb einen handfesten Plan, mit dem sie flexibel durch die digitale Zukunft navigieren können. Denn eines ist sicher: Wandel ist eine Konstante und der Wettbewerb wird sich weiterhin verändern. Unternehmen müssen in der Lage sein, ihre Arbeitsweise und ihre Prozesse anzupassen, um mit neuen Herausforderungen zu wachsen. Das können sie nur mit einer Software schaffen, die genau das Gleiche tut.

LANG LEBE DIE SOFTWARE

Für uns als IT-Dienstleister bedeutet das: Kunden haben wenig davon, wenn wir Software nur nach der neuesten Technik entwickeln. Denn die kann bald schon überholt sein. Wir müssen Software vor allem individuell und anpassbar entwickeln,

Schnittstellen ermöglichen und vorhandene Technologien vernetzen – damit unsere Kunden ihre Software jederzeit beliebig erweitern können. Nur so stellen sie jetzt und in Zukunft sicher, dass die Software immer eins zu eins zu ihren Prozessen passt und sie richtig produktiv macht.

Das ist jedoch nur die halbe Miete, um Sicherheit zu schaffen. Kunden mit negativen Projekterfahrungen möchten das Heft verständlicherweise nicht komplett aus der Hand geben, sondern nachvollziehen können, wie ihre Software zustande kommt. Sie brauchen eine Garantie, dass wir die Dinge nach ihren Vorstellungen umsetzen. Deshalb müssen in Digitalisierungsprojekten auch immer diejenigen im Mittelpunkt stehen, für die wir Software machen und die täglich mit ihr arbeiten: Menschen. Nicht die Technologien, nicht die Prozesse, sondern Menschen – und ihre Bedürfnisse.

AUF DIE METHODE KOMMT ES AN: SOFTWAREENTWICKLUNG ERLEBBAR MACHEN

Wie geben wir unseren Kunden nun den Auftrieb, damit sie als Digitalisierungshelden über sich hinauswachsen und durchstarten? Sie in den Mittelpunkt zu stellen bedeutet nicht, dass wir lediglich ihre Bedürfnisse berücksichtigen und die Software anschließend im stillen Kämmerlein programmieren. Vertrauen und Sicherheit entstehen vielmehr, wenn Kunden zu jeder Zeit wissen, was in ihrem Projekt passiert und den Überblick haben. Deshalb holen wir sie bei der Softwareentwicklung direkt mit ins Boot, damit sie Schritt für Schritt begreifen und vor allem erleben, wie ihre Prozesse und ihre Software funktionieren.

Kundenbedürfnisse verstehen und Anforderungen aufnehmen

Als IT-Dienstleister brennen wir für neueste Technologien. Doch bei der Softwareentwicklung geht es nicht um uns oder technische Vorlieben, sondern um das, was Kunden wirklich brauchen. Mit anderen Worten: Wir müssen zuerst ihre Bedürfnisse verstehen. Denn diese spiegeln auch Anforderungen wider. Deswegen reden wir mit Kunden nicht sofort über Technik, sondern bringen zunächst alle Menschen zusammen, die für den Projekterfolg entscheidend sind.

Wie das Beispiel unseres Neukunden verdeutlicht: Wenn Software nicht mehr zu den Geschäftsprozessen passt, kann sie die Produktivität eines Unternehmens hemmen. Deshalb lassen wir Kunden ihre Anforderungen immer anhand der gelebten Prozesse im Unternehmen beschreiben. Dafür machen wir einen gemeinsamen Workshop, in dem jeder Mitarbeiter aus dem Projekt die Möglichkeit hat, seine Ideen und Vorstellungen einzubringen. Denn Menschen wissen selbst am besten, was sie benötigen.

Anforderungen werden normalerweise in einem Lastenheft dokumentiert. Das ist nicht nur sehr aufwendig, die Kommunikation verläuft ebenfalls einseitig: Kunden beschreiben ihre Bedürfnisse, IT-Techniker notieren sie, können aber kein unmittelbares Feedback geben. Der Nachteil: Kunden haben keine Garantie, dass beide Gesprächspartner ein gemeinsames Verständnis haben, was die Software tun soll.

Kommunikationsprobleme kennen wir auch aus früheren Softwareprojekten. Entwickler und Nicht-Techniker reden aneinander vorbei, Missverständnisse sind vorprogrammiert. Das frustriert nicht nur alle Beteiligten, sondern gefährdet auch den Projekterfolg. Mit Business Process Model and Notation (BPMN) verwenden wir deshalb eine gemeinsame Bildsprache, die Entwickler und Kunden auch ohne Vorkenntnisse leicht verstehen und anwenden können. Denn Bilder sagen mehr als 1000 Worte.

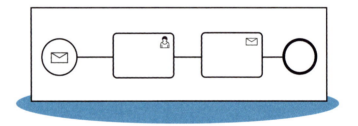

Ein gemeinsames Verständnis sichern und Prozesse modellieren

Wenn Kunden ihre Anforderungen formulieren, müssen wir gleichzeitig sicherstellen, dass wir sie korrekt verstehen. Womit viele unserer Kunden bisher keine guten Erfahrungen gemacht haben: Dienstleister nehmen die Informationen in einem Termin auf und liefern nach mehreren Wochen ein Lastenheft mit der erarbeiteten Lösung. Doch erst dann wird klar, dass Anforderungen falsch verstanden wurden. Das Projekt zieht sich unnötig in die Länge und Zeit kostet Geld – viel Geld.

Deshalb machen wir es anders und nutzen BPMN als Bildsprache. Während Kunden ihre Anforderungen beschreiben, dokumentieren wir diese nicht nur, sondern stellen sie bereits als Prozesse in BPMN dar. In einem einzigen Schritt, zum gleichen Zeitpunkt – mit Unterstützung einer technischen Plattform. Aber dazu später mehr.

Dieses Vorgehen bietet unseren Kunden einen entscheidenden Vorteil: Wir lassen sie unmittelbar erleben, ob wir ihre Anforderungen richtig aufgenommen haben. Das spart nicht nur Zeit, sondern auch Geld. Unnötige Extrarunden aufgrund von Missverständnissen werden vermieden. Denn wir haben ein gemeinsames Verständnis hergestellt und das gibt Kunden Sicherheit für den weiteren Projektverlauf.

Prozesse automatisieren und direkt in Software übersetzen

Mit unserer Methode vereinen wir nicht nur die Dokumentation von Anforderungen und die Modellierung von Prozessen in einem einzigen Schritt. Gleichzeitig entwickeln wir im Hintergrund bereits die Software entlang der Bilder, die Prozesse abbilden. Es entstehen kleine Programme, die in ihrer Gesamtheit die neue Software bilden. So stellen wir sicher, dass die Software genau zu den Unternehmensprozessen passt.

Und wir machen unseren Kunden bewusst, wie sie selbst zu Digitalisierungshelden werden. Denn sie können nicht nur alle Projektschritte stets nachvollziehen. Kunden sind unmittelbar daran beteiligt, die Software auf Grundlage ihrer Bedürfnisse und Prozesse zu entwickeln. Das schafft nicht nur Identifikation, sondern motiviert auch, weitere Digitalisierungsprojekte in Angriff zu nehmen.

Qualität sichern und digitale Infrastrukturen schaffen

Mit dem Workshop haben unsere Kunden nun einen großen Meilenstein geschafft. Doch das Zusammenspiel von Komponenten innerhalb eines Softwaresystems – die so genannte Softwarearchitektur – ist komplex. Im nächsten Schritt gilt es sicherzustellen, dass am Ende alles nach Kundenwunsch funktioniert: Sobald die neue Software fertig ist, führen wir deshalb eine Qualitätssicherung durch.

Ist nun alles klar Schiff? Noch nicht ganz. Die Software muss auch reibungslos laufen. Erinnern wir uns nochmals an das Kundenbeispiel: Die Ängste und Vorbehalte des Unternehmers rühren vor allem daher, dass er sich keinen Produktionsausfall leisten kann, wenn die neue Software das alte System ablöst. Denn dadurch verliert er wertvolle Zeit – und im schlimmsten Fall seine Marktposition.

Deswegen unterstützen wir Kunden, ihre neuen digitalen Prozesse in den Regelbetrieb zu überführen. Wir schaffen

Schnittstellen, damit sie bei der Übergabe keine Ausfälle haben oder im schlimmsten Fall weder die alte, noch die neue Software bedienen können. Beide Systeme lassen wir zunächst parallel laufen und lösen die alte Software schrittweise ab. Das bringt Kunden den Vorteil, dass sie sich in Ruhe an ihre neue Software gewöhnen und die alte weiterhin als Back-up nutzen können.

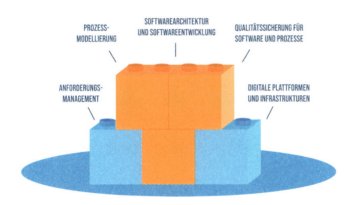

ZAUBEREI ODER TECHNISCHE RAFFINESSE?

Menschen sagen uns oft, dass ihnen alles, was wir tun, ein bisschen wie Zauberei vorkäme. Weil es so simpel und unkompliziert ist. Und wenn wir auch einfach gerne mit dem Finger schnipsen könnten und Kunden im Handumdrehen eine Software für ihre digitalen Prozesse geben würden – am Ende ist es alles eine Kombination aus Methode und Technik.

Technik? Da war ja noch was. Ohne ein entsprechendes Hilfsmittel können wir natürlich nicht in einem Schritt Anforderungen dokumentieren, Prozesse modellieren und gleichzeitig schon die Software entwickeln. Dafür brauchen auch wir ein digitales Helferlein. Und das kommt in Form einer Softwareplattform – der 5Minds ProcessCube.

BPMN ist als grafisches Tool bereits im ProcessCube integriert. Die Bedienung ist spielend einfach: Anwender müssen das Programm nur starten, schon öffnet sich automatisch eine Maske und die Prozesse können mit vorgefertigten Eingabemöglichkeiten modelliert werden. Die Bilder, die daraus entstehen, übersetzt der ProcessCube als eine Art Prozessmaschine direkt in Software.

Wenn gewünscht, stellen wir unseren Kunden den ProcessCube natürlich auch zur Verfügung – beispielsweise, wenn die hauseigene IT-Abteilung Software eigenständig erweitern möchte. Denn auch wenn wir unsere Kunden gerne begleiten, ist es uns wichtig, sie unabhängig zu machen.

SOFTWARE GUT, ALLES GUT

Wer wagt, der gewinnt – das gilt auch bei der Digitalisierung von Prozessen mit Individualsoftware. Unser Kunde aus dem produzierenden Gewerbe gehört definitiv zu den Gewinnern. Mit unserer Methode haben wir ihm in kurzer Zeit Sicherheit gegeben: Das alte System wurde in drei Entwicklungsstufen abgelöst, sodass er keine Produktionsausfälle hatte und den laufenden Betrieb doppelt absichern konnte.

Außerdem passt die neue Software nun wieder exakt zu seinen Unternehmensprozessen und kann in Zukunft jederzeit beliebig angepasst werden – unabhängig von Technologien und Herstellern. Das macht nicht nur alle Mitarbeiter zufriedener, weil sie endlich eine Software haben, die sie bei ihrer täglichen Arbeit optimal unterstützt. Die Produktionssteigerung schlägt sich unmittelbar in höheren Umsätzen nieder. Und das Beste: Der Kunde hat das Vertrauen in Softwareprojekte wiedergewonnen und startet nun als Digitalisierungsheld durch.

CHANCEN ERGREIFEN UND DIE DIGITALISIERUNG ANPACKEN

So hart Krisen jeden von uns treffen können – am Ende sind sie auch immer Chancen, sich wegweisend für die Zukunft aufzustellen. Denn wenn wir gezwungen sind, aus alten

Denkmustern auszubrechen, können wir den Blick für das Wesentliche schärfen und neue Ideen angehen. Auch wenn in diesen Zeiten vieles unsicher ist, so steht doch eines fest: Die Digitalisierung der deutschen Wirtschaft wird eine der großen Herausforderungen der kommenden Jahre sein.

Was müssen vor allem mittelständische Unternehmen jetzt tun? Wichtig ist zunächst: Unternehmer sollten sich darüber klar werden, an welchen Stellen die Digitalisierung von Prozessen das eigene Unternehmen voranbringen könnte. Problemorientiert zu denken, reicht allein nicht. Denn es gibt nicht für jeden analogen Schmerz ein digitales Heilmittel. Um herauszufinden, ob sich Prozessdigitalisierung lohnt, ist der richtige Partner entscheidend – der die Wertschöpfungskette des Unternehmens versteht und mit der externen Brille blinde Flecken identifiziert.

Sie sind überzeugt, dass wir Sie als Technologie- und Sparringspartner unterstützen können? Dann möchten wir Sie gerne zu einem kostenlosen Kennenlerntag mit unseren Experten für Prozessdigitalisierung einladen. Vereinbaren Sie einfach online Ihren individuellen Termin.

Sie bekommen nicht nur wertvolle und individuelle Tipps für Ihr nächstes Digitalisierungsprojekt und können den Process-Cube als Softwareplattform testen. In Partnerschaft mit dem Innovator_Institut bieten wir Ihnen ebenfalls die Möglichkeit zu prüfen, ob Ihr Unternehmen Fördermittel für das Projekt erhalten kann.

Werden Sie mit 5Minds zum Digitalisierungshelden und stellen Sie mit einer Software, die Sie nie wieder ersetzen müssen, die Weichen für dauerhaft mehr Produktivität in Ihrem Unternehmen.

Quellenangaben:

[1] Rinn, Thomas; Vollmer, Patrick; Veit, Eberhard (2019): Ein neuer Weckruf zur Digitalisierung – Wie deutsche Unternehmen mit der Digitalisierung richtig vorankommen. Accenture, online verfügbar unter: https://www.accenture.com/_acnmedia/accenture/redesign-assets/dotcom/documents/local/1/accenture-industry-x0-asg-digitalization1.pdf (letzter Zugriff: 17. Mai 2021), S. 5.

[2] Savary, Fiona (2020): Krisenresistente IT-Projekte. Was deutsche Unternehmen jetzt tun können. t3n.de, 14. November, online verfügbar unter: https://t3n.de/news/krisenresistente-it-projekte-tun-1336494/ (letzter Zugriff: 17. Mai 2021).

Geschenk #16
TIPPS & TESTPHASE FÜR IHR IT-PROJEKT

Sie bekommen wertvolle und individuelle Tipps für Ihr nächstes Digitalisierungsprojekt und können den Process-Cube als Softwareplattform testen.

Login Memberbereich:
https://weiter.link/mutfree

UNTERNEHMERPROFIL

Nicole M. Jones & Martin Möllenbeck

5MINDS

Nicole M. Jones und Martin Möllenbeck sind Geschäftsführer und Gesellschafter des IT-Dienstleisters 5Minds IT-Solutions in Gelsenkirchen. Während Softwarevisionär Martin bereits seit 2009 als Gründer und technischer Leiter an Bord ist, komplettiert Nicole mit ihrem kaufmännischen Fingerspitzengefühl und ihrer Liebe zu Zahlen seit 2014 die Geschäftsführung. Beide vereint vor allem die Leidenschaft, Menschen zusammenzubringen und aus großartigen Ideen digitale Lösungen zu entwickeln, die unsere Welt zu einem besseren Ort machen.

Gemeinsam mit ihrem 60-köpfigen Team entwickeln Nicole und Martin bei 5Minds maßgeschneiderte Software und digitalisieren mit ihren Kunden die Geschäftswelt von morgen. Sie verstehen Prozessoptimierung immer als Dienst an den Menschen. Deshalb stellen sie nicht neuste Technologien, sondern stets menschliche Bedürfnisse bei der Softwareentwicklung in den Mittelpunkt.

Mit ihrem Team haben sich die beiden der Mission verschrieben, genau verstehen zu wollen, was Kunden wirklich brauchen. Dafür gehen die IT-Expertinnen und -Experten bei 5Minds immer die Extrameile und vernetzen verschiedenste Technologien, um Software exakt auf Kundenbedürfnisse und Anforderungen abzustimmen. Das gemeinsame Ziel: Software so anpassbar zu entwickeln, dass Kunden sie in Zukunft jederzeit beliebig erneuern können – unabhängig von Technologien und Herstellern.

Das schnelle Wachstum des Unternehmens innerhalb weniger Jahre bestätigt den Erfolg von Nicole und Martin: Mit den Leistungsbereichen Anforderungsmanagement, Prozessoptimierung, Softwarearchitektur und Softwareentwicklung, Qualitätssicherung für Software und Prozesse sowie digitale Plattformen und Infrastrukturen hat sich 5Minds zum Vordenker für Prozessdigitalisierung mit Individualsoftware entwickelt.

Erfahren Sie mehr über 5Minds online unter:

www.5Minds.de

17

MICHAEL PAULI

Kundenbeziehungen

PERSÖNLICHE KUNDENBEZIEHUNGEN TROTZ KONTAKTVERBOT

WIE ICH ES GERADE DESWEGEN SCHAFFTE, NOCH ENGEREN KONTAKT ZU MEINEN KUNDEN AUFZUBAUEN UND EINE GANZ NEUE ART DER KUNDENKOMMUNIKATION ENTWICKELT HABE.

An einem schönen Frühjahrsmorgen im Jahr 2020 blickte ich in den blauen Himmel und dachte mir – hier stimmt doch was nicht. Keine Kondensstreifen, keine Triebwerksgeräusche – nur Vogelgezwitscher. Und das lag nicht daran, dass wir in der Wallachei wohnen, sondern daran, dass von einem Tag auf den anderen Businessreisen abgesagt waren. Ohne weiteren Kontext klingt das ganz spannend – spart Zeit, schont die Umwelt, keine nervigen Touristen in der Fastlane am Flughafen.

Aber was bedeutet das noch für mich? Sämtliche Messen sind abgesagt. Damit können Hersteller ihre Produkte nicht mehr zeigen, keine Neuheiten mehr präsentieren. Interessenten können sich nicht mehr auf diesem direkten Weg, zentral an einem Ort, über die neuesten Trends in der Branche informieren und – viel wichtiger: austauschen.

Es bedeutete auch: keine Konferenzen, keine Seminare und damit verbunden kein Netzwerken mehr. Kein Small-Talk in der Kaffeepause, kein geselliges Bier am Abend in der Bar. Wenn ich zurückdenke, wie viele wertvolle Kontakte, Kooperationen und Aufträge aus genau diesen Situationen erwachsen sind? Was bedeutet das abrupte »Aus« für die direkten, persönlichen Begegnungen, also für die Art, wie jeder bisher gewohnt war, sein Business zu führen und zu entwickeln?

Das ganze Drama, ja die schiere Hilflosigkeit der Menschen, die plötzlich auf die gewohnten persönlichen Kontaktanbahnungen verzichten müssen und deshalb nun natürlich versuchen, auf die erzwungenen digitalen Wege und allen voran auch auf Social Media auszuweichen, wird mir einige Zeit später klar, als mich eine Kontaktanfrage auf einem Business-Netzwerk-Tool erreicht:

»Hallo Michael, wie geht's wie steht's - hab auf deinem Profil gesehen, du bist scheinbar auch selbstständig - erzähl doch mal mehr von dir!« Ich fragte mich, ob diese Person – vor Corona – auch abends in einer gut gefüllten Bar (kennt man noch aus einer vergangenen Zeit) mit dieser Strategie Erfolg bei der Suche nach einer Partnerin gehabt hätte.

Im ersten Moment war ich wütend, dass mir mit dieser sinnlosen Mitteilung Lebenszeit genommen wurde, aber dann kam mir der Gedanke, dass ich eine perfektes Schulungsbeispiel dafür bekommen hatte, was meiner Meinung derzeit falsch läuft:

In seiner vermeintlich »persönlichen« Botschaft fehlten so ziemlich alle Grundelemente einer gelungenen Kommunikation. Es fehlte die Wertschätzung meiner Zeit, ein echtes Interesse am Gegenüber »erzähl doch mal, was du machst« – ist ja nicht etwa so, dass es für alle sichtbar auf meinem Profil stünde. Er sagte mir nicht einmal, warum er mich kontaktiert und gleichzeitig sollte ich irgendeinem wildfremden Menschen ohne Grund etwas von mir preisgeben?

Ich bin sicher, dass auch Sie auf dem einen oder anderen Kanal solche Nachrichten erhalten haben und ähnlich begeistert waren. (Eine Sammlung der »schönsten« Exemplare habe ich übrigens hier in einem LinkedIn Post versammelt: link.wowing.io/akquisefails)

Gleichzeitig zeigt dieser hilflose Versuch der Kontaktanbahnung genau das Problem auf, vor dem viele Unternehmer stehen.

Auf der einen Seite wird alles immer automatisierter und digitaler – durch die Pandemie wurden persönliche Kontakte extrem eingeschränkt, Messen und geschäftliche Treffen finden nicht mehr oder nur noch eingeschränkt statt. Geschäftsreisen wurden fast ausschließlich in Zoom verlegt – und auf der inhaltlichen Ebene funktioniert auch alles wunderbar.

Eines ging dabei allerdings verloren – das gemeinsame sprichwörtliche Bier an der Bar abends nach einem Termin. Und jeder Unternehmer weiß vermutlich selbst, wie viele Geschäfte eigentlich dort gemacht wurden. In einer lockeren Atmosphäre, in der man – ganz abseits vom »big business« – auf persönlicher Ebene diskutieren konnte.

Der Unterschied zur Bar ist heutzutage: Für den ersten digitalen Eindruck hast du einmalig 15 Sekunden. In der Bar bist du zumindest ein bis zwei Stunden beieinander. Heutzutage gilt für die kurzen Kontaktmöglichkeiten online, dass der erste Eindruck kaum noch zu revidieren ist.

Ich stellte mir bereits vor der Pandemie die Frage, wie man in Zeiten schneller und digitaler Kommunikation Kunden und Interessenten online gewinnen und behalten kann, trotz dieser Problematik.

Wie es gelingen könnte, innerhalb von Sekunden trotz des digitalen Abstands eine sofortige Vertrauensbeziehung aufzubauen, die dauerhaft trotz digitaler und automatisierter Kommunikationswege stetig wächst und ausgebaut wird?

So entstand die Idee einer »Wertschätzungsmaschine«, mit der ich persönliche Videobotschaften an beliebiger Stelle in meinen Vertriebsprozessen integrieren konnte. Zunächst war die Idee nur, unseren Kunden in unserem Online-Shop ein kurzes Dankesvideo nach dem Kauf zu senden.

Wir begannen zunächst mit einem Prototypen die ersten Versuche, und waren von den Ergebnissen sehr überrascht. Die

Kunden freuen sich nicht nur über die unerwartete Botschaft, sondern bedankten sich in vielen Fällen sogar persönlich und zeigten sie anderen Freunden. Es entstand gleichermaßen ein viraler Effekt.

Das Konzept stellte ich kurze Zeit später einigen Unternehmerfreunden vor und bald darauf war WOWING geboren – unsere umfassende Lösung zum Wertschätzungs- und Vertrauensaufbau auf allen Ebenen – digital und physisch.

Der Name entstand übrigens aus der Reaktion eines Freundes auf eines meiner ersten Videos, die ich ihm als Überraschung schickte. Durch seinen spontanen Ausruf: WOW!!

Nachdem die Idee zu WOWING geboren und ich damit in die erste Stufe der Vermarktung gegangen war, führte ich unzählige Beratungsgespräche mit Unternehmern. Immer noch von meiner Frage nach dem Vertrauensaufbau zum Kunden unter den erschwerten Bedingungen der Pandemie angetrieben, hörte ich genau zu, welche Ideen andere Unternehmer dazu hatten und auch bereits erfolgreich umsetzen.

Bevor Sie also über eine digitale Automatisierung Ihres Marketing nachdenken, möchte ich gerne einige Ideen und erfolgreiche Konzepte teilen, die sich in diesen Gesprächen herauskristallisiert haben.

Aus den unzähligen Beratungsgesprächen mit Unternehmern, die ich in den vergangenen Wochen und Monaten führen durfte, haben sich einige erfolgreiche Konzepte herauskristallisiert, die jeder Unternehmer auch schon mit geringem Aufwand umsetzen kann – bevor man über hochautomatisierte digitale Kundengewinnung und -bindung überhaupt nachdenkt.

Die Beispiele, die ich Ihnen in den folgenden Zeilen vorstelle, lassen sich allesamt mit ein wenig persönlichem Einsatz und ganz ohne komplexe Strukturen bereits umsetzen.

KLEINE GESCHENKE ERHALTEN DIE KUNDSCHAFT

Ein brillantes Beispiel für emotionales Marketing eines kleinen italienischen Familienbetriebes liefert die »Fattoria La Vialla«. Kennengelernt hatte ich sie auf einer kostenlosen Verkostung in einem Möbelhaus, bei der ich mich durch die angebotenen Produkte geschlemmt habe (sehr zum Leidwesen meiner Frau). Wir kauften daraufhin einige Flaschen Wein, nicht ohne unsere Adresse zum Versand des Kataloges zu hinterlassen.

Dann begann eine wunderbare Kundenreise.

Zunächst erhielten wir ein liebevoll verpacktes Paket, in dem zuoberst der Katalog lag. Darunter jedoch fanden wir eine komplette italienische Mahlzeit. Tomatensoße, eine Mini-Flasche Weißwein mit Mini-Korkenzieher, exzellente Nudeln und ein Glas leckere Oliven.

Wenn Ihnen jetzt das Wasser im Munde zusammenläuft – genauso ging es uns auch. Einige Wochen später (wir hatten noch nichts weiter bestellt) wieder eine Nachricht. Dieses Mal eine handgeschriebene Einladungskarte zu einem Familienessen in der Toskana auf dem Landgut der Betreiber.

Mittlerweile haben wir nicht nur selber unzählige Male dort bestellt und werden jedes Mal aufs Neue von den tollen Ideen überrascht – wir haben das Unternehmen auch vielen Freunden empfohlen, die nun dort auch regelmäßig bestellen.

Wie können Sie das für sich selber umsetzen?

Zwei Ideen als Denkanstoß für Ihre eigene Branche – und nebenbei bemerkt: So etwas eignet sich übrigens auch wunderbar als Projekt für die Lehrlingswerkstatt. Denn es macht die Lehrlinge stolz, etwas »Nützliches« zu kreieren, das direkt an die Kunden verschickt wird und unterstützt sie dabei, Ihre Unternehmensidentität zu formen.

Der Maler könnte z. B. einen hochwertigen Pinsel verschicken mit einer Karte: »...damit Sie uns niemals aus Ihrem Gedächtnis streichen!«

Als versierter Schreinerbetrieb, der Wert auf hochwertige Handarbeiten legt, sind z. B. Weinflaschenhalter, Untersetzer aus Holz oder andere Kleinigkeiten attraktiv als Giveaways.

Sie verstehen das Prinzip: Perfekt sind kleine, günstige, aber hochwertige Geschenke, die idealerweise im täglichen Lebensumfeld des Kunden im Einsatz sind, Ihre Kompetenz demonstrieren, die Ihre Unternehmer-Persönlichkeit transportieren und bei Ihrem Kunden einen bleibenden Eindruck hinterlassen.

DAS »ÜBERRASCHUNGSJUBILÄUM«

Jeder kennt die üblichen vorgefertigten und personalisierten Geburtstagskarten von großen Unternehmen – und keiner will sie.

Jeder freut sich jedoch über unerwartete Überraschungen zu einem konkreten Anlass. Haben Sie schon einmal eine Dankeskarte zum einjährigen Auftragsabschluss bekommen? Oder einen Glückwunsch für 111 Tage vertrauensvolle Zusammenarbeit?

Wichtig ist, dass Sie immer einen Anlass finden – und sei er noch so ungewöhnlich. Mit einem Anlass schaffen Sie die Legitimation, Ihre Kunden oder Interessenten zu kontaktieren. Wichtig dabei: Der Anlass sollte auf jeden Fall zu Ihnen passen.

Die Möglichkeiten, die sich hier bieten, sind trotzdem schier unerschöpflich, bieten unendlich viel Potential, sich mit einem Augenzwinkern in Erinnerung zu rufen und zudem mit dem Kunden in Kontakt zu treten.

KONTAKT HALTEN

Wie wichtig es auch für »Offline«-Unternehmen ist, Kontakt zu halten, hat mir eine Bekannte gezeigt, deren Fitness-Studio nach einigen Monaten coronabedingter Schließung ohne weitere Kommunikation seitens der Betreiber kommentarlos den Betrag für das darauffolgende Jahr abgebucht hatte. Daraufhin hat sie ihre Kündigung eingereicht und Rückerstattung gefordert.

Was hätte das Fitnessstudio besser machen können? Gegen den Lockdown waren alle machtlos. Allerdings nicht gegen den Umgang damit. Ein Vorgehen, dem viele andere – erfolgreiche Studios – gefolgt sind, war zunächst eine persönliche Information über die Situation.

Am besten per Video mit dem ganzen Team. »Wir vermissen Euch«, »So verbringen wir den Tag« etc. – das kann auch dort, wo es passt, lustig gedreht sein. Alle schlafen im Studio auf dem Boden etc.

Sehr schnell haben sich bei den besseren Studios dann auch Online-Zoom-Kurse geformt und ganze Bereiche des Trainings (vor allem die Gruppenkurse) wurden online durchgeführt. Auch wenn dieser Ansatz angesichts der Tatsache, dass man ein Fitness-Studio nicht mal eben in die heimische Wohnung verlegen kann, etwas kurz greift, so hat doch das gemeinsame Trainieren mit den anderen Mitgliedern wieder für ein Gemeinschaftsgefühl gesorgt und so die Kündigungsraten drastisch nach unten gebracht.

DER RICHTIGE (HAAR-)ANSATZ

Ein weiteres Beispiel ist mein Friseur, der ebenfalls getroffen wurde und dem im ersten Lockdown von jetzt auf gleich der komplette Umsatz wegbrach.

Seine spontane Lösung: Ein ganz persönlicher Remote-Haarfärbe-Selfservice um seinen weiblichen Kunden, denen er wegen der Schließung die Haaransätze nicht mehr färben konnte, zu helfen.

Ein entsprechendes Schulungsvideo hatte er augenzwinkernd mit seinem Geschäftspartner gedreht, was zusätzlich für Lacher gesorgt hat.

Ergebnis der Aktion: Hohe Sympathiewerte bei den Kundinnen, ein klares Zeichen von »Wir haben zwar zu, aber wir kümmern uns trotzdem um euch« und durch die Bestellungen einige Einnahmen, die ihm zumindest in den ersten Monaten die Miete gesichert haben. Als kleinen »Bonus« gab es für die schnellsten Besteller noch eine kostenlose Rolle Toilettenpapier dazu.

LEBENSZEI(L)CHEN.

Sie haben Post! In Zeiten von Email-Only ist es wirklich ungewöhnlich, einen echten Brief im Briefkasten zu finden, der keine Dialogpost / Werbepost ist, sondern ein echter Brief. Aus dem Drucker. Mit Unterschrift.

Warum schreiben Sie Ihren Kunden statt der üblichen Werbeflyer nicht einfach einmal einen Brief – oftmals reichen ja wenige Zeilen – und diese können bereits im Vorfeld anhand von Vorlagen erstellt werden und dann mit der normalen Tagespost versendet werden.

Eine kurze Nachfrage oder ein paar persönliche Informationen, die für den Kunden relevant sind in Form eines Briefes, der nicht gleich danach aussieht, als käme er aus der 10 000er Postwurfsendung, schafft Vertrauen – gerade bei kleineren und mittleren Dienstleistern, die noch Wert auf intensive Kundenbeziehungen legen.

FACHKRÄFTEMANGEL? WERTSCHÄTZUNG GILT AUCH FÜR MITARBEITER

Wussten Sie, dass dem Gallup Engagement Index zufolge über 20 Prozent aller Angestellten innerlich gekündigt haben? Gehen Sie doch einmal in Gedanken durch Ihren Betrieb und stellen Sie sich vor, dass jeder fünfte Mitarbeiter auf der Suche nach einer neuen Stelle ist oder zumindest offen dafür. Dabei spielt in der Regel nicht das Gehalt die ausschlaggebende Rolle, sondern ein Mangel an Wertschätzung und Lob durch den Chef oder die Vorgesetzten allgemein. Als Unternehmer haben Sie hier besondere Verantwortung.

Regelmäßiges, ehrliches und von Herzen kommendes Lob, eine kleine (unerwartete) – aber ehrlich gemeinte Geste der Wertschätzung – löst bei nahezu allen Menschen nachhaltige Bindung und Motivation aus.

W-LANS (LOCAL AREA NETWORKS) NUTZEN!

W-LAN steht in diesem Fall nicht für die drahtlose Datenübertragung, sondern für Wertschätzungs-Netzwerke. Was meine ich damit? Gerade als Betrieb, der regional oder auch bundesweit tätig ist, haben Sie damit die Möglichkeit, die Besonderheiten Ihrer Region hervorzuheben und gleichzeitig mit den Unternehmen in Ihrer Umgebung enge Beziehungen aufzubauen. Stellen Sie sich vor, Sie sind Versicherungsmakler und bestellen jedes Jahr 100 Blumensträuße inklusive Lieferung beim Blumenhändler vor Ort, um Ihren Kunden, die über

70 Jahre alt sind, zum Geburtstag zu gratulieren. Was glauben Sie, wen dieser dann weiterempfiehlt?

Oder vielleicht sind Sie großer Weinliebhaber – dann schließen Sie doch einen ähnlichen Deal mit der Vinothek vor Ort ab?

Weitere geeignete Partner sind z.B.: Feinkostläden, Konditoreien, Metzger, lokale Künstler... Ihnen fällt sicher das zu Ihnen Passende ein!

Persönlichkeit gewinnt immer. Auch bei kostenlosen Angeboten. Aber überzeugen Sie sich selbst.

MEINE ÜBERRASCHUNG FÜR SIE!

Sollten Sie auf Ihrer Website ein Eintragungsformular anbieten, auf dem sich Interessenten ein kostenloses Angebot anfordern können, dann habe ich für Sie im letzten Teil dieses Artikels eine ganz besondere Überraschung.

Scannen Sie den nebenstehenden QR-Code ein und lassen Sie sich auf eine einzigartige Art und Weise überraschen und begeistern.

Sie erhalten drei einzigartige Geschenke:

» Ich verrate Ihnen ganz persönlich das EINE geheime Wort, mit dem Sie garantiert die Aufmerksamkeit jedes Ihrer Kunden oder Interessenten gewinnen.

» Erfahren Sie die 7 besten Strategien, mit denen unsere Kunden bei Umsetzung sofortige und nachhaltige Ergebnisse erzielt haben. Bei einigen unserer Kunden (u.a. im Handwerk) sind sechsstellige Umsatzzuwächse keine Seltenheit.
» Eine ganz besondere Weltneuheit für Ihren Briefkasten. Sie werden staunen!

Geschenk #17
DREI EINZIGARTIGE GESCHENKE

Ich verrate Ihnen das EINE Wort, mit dem Sie garantiert die Aufmerksamkeit Ihrer Kunden erhalten. Erfahren Sie alles über die sieben besten Strategien, für nachhaltige Ergebnisse und Sie bekommen noch eine besondere Weltneuheit in Ihren Briefkasten!

Login Memberbereich:
https://weiter.link/mutfree

UNTERNEHMERPROFIL

Michael Pauli

WOWING

Michael Pauli ist begeisterter Unternehmer. Er ist Gründer von velocate® und WOWING® und geschäftsführender Gesellschafter der MACOIMEX GmbH.

Nach seinem Betriebswirtschaftsstudium in Reutlingen und Reims (Frankreich) sowie vielen Auslandsaufenthalten sammelte Michael Pauli »Berufserfahrung« als Angestellter in verschiedenen Positionen und Unternehmen von Start-Ups über mittelständische Unternehmen bis hin zu Konzernen. Schnell merkte er, dass er kein geborener Angestellter war. Sein Ideenreichtum und Umsetzungsdrang wurden immer wieder durch bürokratische Prozessabläufe oder strenge Hierarchien ausgebremst. Gleichzeitig störte die oftmals fehlende Wertschätzung von Kunden und Mitarbeitern im Unternehmen.

Ein ärgerlicher Fahrraddiebstahl entpuppte sich hier zu einer glücklichen Fügung des Schicksals. Denn daraus entstand die Marke velocate® – ein smartes Ortungs- und Überwachungssystem für Fahrräder, Wohnmobile und andere Gegenstände, das mittlerweile auch bei Branchenführern wie KnausTabbert in Serie eingesetzt wird. Bei der Entwicklung des Systems und dem Aufbau des Unternehmens stieß Michael auf weitere Herausforderungen, deren Lösung ...nützlich für andere Unternehmer erwiesen. So ist WOWING entstanden, das System zum Aufbau und zur Pflege von wertschätzenden Kundenbeziehungen mittels digitaler und physischer Touchpoints, wie beispielsweise persönlichen Videobotschaften, Postkarten, handgeschriebenen Briefen bis hin zu individuellen Willkommenspaketen.

Michael Pauli ist Visionär und Problemlöser zugleich. Er redet Klartext, liebt das Netzwerken und wird geschätzt für seine kreativen Lösungen.

Weiterführende Informationen:

wowing.com
velocate.com
fulfillbee.com
michaelpauli.com

18

NATHALI SAMELI

Teambuilding

SCHWEISS DEIN TEAM NOCH ENGER ZUSAMMEN – SO GELINGT ES SELBST IM HOMEOFFICE

WIE DU DEINE MITARBEITER MIT ONLINE-EVENTS UNTERSTÜTZEN KANNST, DIE ARBEITSFREUDE WIEDER ZU GEWINNEN – BESONDERS IN HERAUSFORDERNDEN SITUATIONEN WIE IM HOMEOFFICE

Mein Name ist Nathalie J. Sameli, Inhaberin von THE SAME. Seit acht Jahren begeistern wir Firmen in der Schweiz mit unseren Stadt-Krimi Events, einem interaktiven Kriminalspiel zum selbst Ermitteln. Dabei schlüpfen die Teilnehmer in die Rolle der Ermittler, finden und befragen Verdächtige in der Innenstadt, gespielt von Profi-Schauspielern, überprüfen Alibis und analysieren Hinweise. Das beste und schnellste Team darf am Ende den Täter in Handschellen legen. Das Krimispiel besteht aus drei Phasen: Der

Einführung in den Kriminalfall durch einen Kommissar, gefolgt von der Ermittlungsphase mit den Live-Schauspielern, und der anschließenden Auflösung des Falles inklusive Verhaftung des Täters. Unsere Stadt-Krimis haben bereits Zehntausende begeistert und sind nicht zuletzt so beliebt, weil sie durch einen geschickten Aufbau einen Team Building-Effekt mit sich bringen. Die Mitarbeiter trainieren langfristig ihre Kommunikation, die Zusammenarbeit sowie die Problemlösefähigkeit. Das Spiel schweißt das Team langfristig zusammen, bietet viel Gesprächsstoff und bereitet eine Menge Spaß.

FREITAG, 20. MÄRZ 2020

Seit einer Stunde läuft der Livestream des Bundesrates. Unsere Veranstaltungen werden pandemiebedingt gerade alle verboten. Ich sitze an meinem Schreibtisch und starre an die Wand. Von weitem höre ich das Telefon klingeln. Eine ganze Welle von Anrufen. Alle gebuchten Events werden in Windeseile storniert.

Ich überlege: Im ersten Quartal des Jahres finden bei uns saisonbedingt in der Regel keine Live-Veranstaltungen statt. Die Hochsaison für Teamevents reißt uns ab April jeweils aus der Winterruhe und wir müssen uns dann bis Ende Juni richtig ins Zeug legen, bevor wir anschließend nach dem zweiten Quartal schon wieder ins Sommerloch fallen... bildlich gesprochen bedeutet das pandemiebedingte Verbot: Acht Monate keinen Umsatz. Ohne diese Events verlieren wir ein Drittel unseres Jahresumsatzes.

Mir ist sofort klar, wir müssen online gehen. Doch wie? Ich beschließe meine Zweifel beiseite zu schieben und will eine Lösung finden. »Denise, kommst du mal?« Während die restlichen Mitarbeiter nach Hause gehen, entwickle ich mit Denises Unterstützung das Konzept für den Online-Krimi. Die Lösung ist simple. Die Einführung und die Auflösung finden im Plenum statt, die Befragungen der Verdächtigen in kleinen Teams in Unterräumen. Nach einer Stunde sind wir fertig. Ich staune, wie einfach das war.

In der Folgewoche verfeinern wir unser Konzept und testen verschiedene Tools für den digitalen Weg. Sogleich proben wir ein erstes Mal. Dafür nehmen wir eine Hand flexibler und technisch affiner Schauspieler, die schon länger dabei sind. Ich spüre die Welle.

Bereits am Donnerstag, den 2. April 2020, führen wir einen Test-Online-Krimi mit Familie und Freunden durch. Ich bin nervös. Beobachte das ganze Geschehen akribisch. Im Anschluss an den Testlauf führe ich ein Feedbackgespräch mit den Teilnehmern. Alle sind begeistert. Genial sei es gewesen, unglaublich, wie schnell die drei Stunden verflogen seien. Drei Teilnehmende erklären sich bereit, ein Referenzinterview zu geben. Die Welle lässt sich surfen.

Die Premiere des weltweit ersten Online-Krimis setze ich, ambitioniert wie ich bin, bereits am Samstag, den 4. April 2020 an. Druck? Ja. Stress? Nein. Ich will surfen! Also, let's go! Doch wie kommen nun die Kunden zu uns? Ein Budget für Werbung ist nicht vorhanden. Ich muss ausfallbedingt meine Liquidität erhalten. Liquidität ist Sauerstoff. Wo finde ich die nötige Atemluft zum Surfen?

Noch am selben Abend setze ich mich hin, verfasse eine Information an unsere Kunden. Der Newsletter geht raus. Ich warte in gespannter Anspannung auf die Welle. Kommt sie oder bleibt sie aus? Von den 6.500 Empfängern googeln noch am selben Tag 2.500 Interessierte den Online-Krimi. Aus diesen 2.500 Interessierten ergibt sich eine Buchungsrate von 13 Prozent. Ich realisiere, dass Kunden E-Mails pures Gold sind. Eine unbezahlbare Lektion, und mein erstes Learning in diesem Jahr. Bäm, die Welle kommt.

Bis zum Ende des Lockdowns führen wir 40 öffentliche Online-Krimis durch. Bis jetzt ermitteln hauptsächlich Privatpersonen, Freunde und Familien. Viele Ermittler werden sogleich zu Wiederholungstätern und spielen alle unserer drei Fälle in einem Zug durch. Ich realisiere erst jetzt, wie groß unser Fanclub ist. Für was so eine Krise alles gut sein kann. Die Welle baut sich weiter auf. In kleinen Schritten stehe ich plötzlich immer sicherer auf dem Brett.

In unseren Krimis haben wir mittlerweile zwischen sieben und 40 Teilnehmer. Im Schnitt jedoch immer noch zu wenig, als dass es sich rechnen würde. Am Brett festhalten und untergehen – keine Option. Ich spüre, online ist der Weg, wenn er auch vielleicht noch etwas Zeit benötigt. Also mache ich weiter. Verbringe viel Zeit online und lerne auch viele großartige Menschen kennen. Oft spielen Familien und Freunde über Deutschland und die Schweiz verteilt miteinander, um wieder einmal gemeinsam Zeit zu verbringen und etwas Lustiges zu erleben. Eine Familie spielt sogar einmal mit Verwandten in Neuseeland. Ein tolles Wiedersehen. Und eines Abends verstehen sich ein deutsches und ein Schweizer Paar in einem spontan zusammengewürfelten Team so gut, dass sie sich sogleich für weitere zwei Fälle verabreden und darüber hinaus planen, sich später im echten Leben zu treffen. An manchen Abenden sind die Teilnehmer bis 1 Uhr nachts online, trinken und reden zusammen. Es fühlt sich fast so an, als säße man gemeinsam an einem Tisch.

Doch wo sind die Firmen, die einen Online-Teamevent buchen? Viele Unternehmen sind auf die Arbeit im Homeoffice nicht vorbereitet. Die Kommunikation und die Zusammenarbeit leiden, Mitarbeiter machen sich rar und werden unsichtbar, die Loyalität schwindet. Es kann bis zur Kündigung kommen. Zudem macht vielen Mitarbeitern die Einsamkeit zu schaffen. Nicht funktionierende Mitarbeiter bzw. ganze Teams und der im schlimmsten Fall daraus resultierende Personalwechsel kostet Unternehmen horrende Summen. Zwar bringen regelmäßige gemeinsame digitale Kaffeepausen, eine gute Sitzungsmoderation sowie tägliche kurze Meetings zwischen dem Vorgesetzten und den Mitarbeitenden eine kurzfristige Verbesserung der Zusammenarbeit im Team. Diese Maßnahmen lösen jedoch die Probleme nicht bei der Wurzel. Zudem fehlt die Wirkung auf lange Sicht.

MOTIVATIONSSPRITZE MIT LANGZEITEFFEKT

Dabei wäre es so einfach: Der Online-Krimi ist die perfekte Motivationsspritze mit Langzeiteffekt für jedes Team. Denn der Online-Krimi ist aufgrund seines Aufbaus und seiner Struktur eine wundervolle Möglichkeit, die elementarsten Grundbedürfnisse von Menschen nach Verbindung, Zugehörigkeit, Leichtigkeit sowie Spiel und Spaß zu erfüllen, mit dem Effekt, dass die Teams nachhaltig zusammengeschweißt werden und noch Monate später vom gemeinsam erlebten Abenteuer sprechen. Ob offline oder online – das spielt keine Rolle. Die Wirkung ist dieselbe. Was sich in dieser Zeit jedoch verändert hat, ist einzig die Dringlichkeit, mit der viele ins Homeoffice gezwungene Teams einen solchen Event benötigen, um ihren Zusammenhalt zu stärken, ihre Kommunikation und damit letztlich auch ihre Produktivität zu verbessern. Der Online-Krimi ist die perfekte Lösung für alle Unternehmen im

Homeoffice und gleichzeitig eine wunderbare Möglichkeit für Arbeitgeber, ihr Team zu unterstützen, beisammen, motiviert und im Endeffekt produktiv zu halten. Es kommt hinzu, dass der Online-Krimi nicht nur das Homeoffice zum Tatort macht, was schon per se eine Riesengaudi ist, sondern den Teams auch jede Menge Spaß, Leichtigkeit und viele Lacher bringt.

Sowohl Stadt-Krimi als auch Online-Krimi sind interaktive Krimikomödien, die darauf abzielen, die Teilnehmer für ein paar Stunden auf ein Abenteuer zu schicken, sie einmal zum Helden zu machen, indem sie einen Fall lösen und gemeinsam ein Adrenalin ausschüttendes Erfolgserlebnis durchleben. Dazu versetzen wir sie in einen Krimifilm und unterhalten sie so, dass sie gar keine Zeit haben, sich nicht darauf einzulassen. Spätestens wenn einer unserer Profi-Schauspieler sie in ein Gespräch verwickelt, müssen auch die stilleren und die kritischen Ermittler lachen.

Dieses positive Gruppenerlebnis ist nicht nur für das ganze Team, sondern auch für die Motivation jedes einzelnen Mitarbeitenden gut. Mitarbeitermotivation ist ein Thema, welches oft unterschätzt und erst beachtet wird, wenn der Haussegen bereits schief hängt und das Team auseinanderfällt oder zu wenig produktiv wird. Dabei ist Prävention immer einfacher und besser als Intervention. Es wäre so einfach, Mitarbeitende dauerhaft zu motivieren und sie durch regelmäßige Einzelcoachings in ihren Stärken zu fördern und ihnen durch regelmäßige gemeinsame coole Events die erforderliche Wertschätzung zu zollen und eben ihren Zusammenhalt und die Zusammenarbeit zu stärken.

Unternehmen benötigen insbesondere in diesen dunklen Zeiten dringend ein Abenteuer und ein paar unterhaltsame leichte Stunden. Allerdings haben unsere Schweizer Kunden auch im Sommer 2020 noch immer schlicht kein Interesse an den Online-Krimis als Teamevent. Eine Absage nach der anderen flattert ins Büro: »Wir warten lieber, bis die Lage sicher ist und wir wieder einen Stadt-Krimi spielen können«.

Aber dann: Der lang ersehnte Moment. Das Wasser beginnt anzuschwellen. Simon Schmitt von der Agentur Stadthelden vermittelt uns immer mehr Businesskunden aus Deutschland. Plötzlich zählen zu unseren Kunden größere Unternehmen und Konzerne, welche uns weiterempfehlen. Teilweise buchen diese Unternehmen bis zu sechs Events in Folge. Dazu gehören Rechtsanwälte, Hochschulen, namhafte Firmen aus der Pharmaindustrie, der Unterhaltungsbranche und der Lebensmittelindustrie, um nur einige zu nennen.

20 ANFRAGEN UND MEHR AM TAG

Im Herbst 2020 zieht das Geschäft »dank« der zweiten Corona-Welle weiter an. Ich paddle und springe bei der ersten Gelegenheit auf das Brett. Während deutsche Kunden längst mit ihren internationalen Teams die Verbrecher quer durch ganz Europa und um die halbe Welt jagen, wollen die Schweizer Kunden weiterhin lieber Stadt-Krimis draußen buchen, warten noch zu und bringen mich damit fast zum Verzweifeln. Mit jedem Kunden muss x-mal telefoniert werden, keiner will sich festlegen, ein ewiges Hin und Her. Bis endlich eine verbindliche Buchung auf dem Tisch liegt, muss die Veranstaltung eine Woche später infolge neuer Vorschriften und Verbote sogleich wieder annulliert werden. Es ist ein unglaublich großer Aufwand, der schlicht nichts abwirft. Erst im November 2020 kommen endlich auch die Schweizer Unternehmen auf den Geschmack. Dafür buchen jetzt alle, auch mit Gruppen von mehreren Hundert Teilnehmern, kurzfristig, weil auch sie jetzt doch noch ein gemeinsames Krimi-Abenteuer erleben möchten. Eine neue Herausforderung, die sich dank Digitalisierung jedoch durchaus bewerkstelligen lässt.

Das Wasser schwillt endlich zu einer riesigen Welle an. Plötzlich erhalten wir täglich 20 Anfragen und mehr. Um den Bedarf abzudecken und den zahlreichen Anfragen überhaupt nachzukommen, organisieren wir tagsüber die Events; nachts versenden wir Angebote und beantworten E-Mails. Parallel beginne ich, für meine Kunden persönliche Erklär-Videos aufzunehmen. Zeit sparen durch Wecken von Interesse ist das Motto. Und das persönliche Bild schafft Vertrauen. Es funktioniert. Schon am nächsten Tag buchen die Kunden, ohne zuvor telefonischen Kontakt gehabt zu haben. Ich liebe Storytelling. Es funktioniert einfach. Mein zweites Learning: Videos müssen nicht kompliziert sein. Ein unspektakuläres, aber authentisches Handy- oder Computervideo reicht völlig aus, um das Vertrauen der Kunden zu gewinnen.

Mein Freund Patrik und ich arbeiten teilweise bis zu 20 Stunden am Tag. Um den Ansturm handeln zu können, stocken wir unseren Schauspieler-Pool von 100 auf 130 Schauspieler auf. Investieren in der Krise? Immer! Und ich stehe ja bereits auf dem Brett, also definitiv ja. Jetzt heißt es: Vollgas geben und so viele Wellen wie möglich mitnehmen.

Im Verlaufe des Jahres hatte ich neben Storytelling unglaublich viel über alle möglichen Tools und über Automation gelernt. Kurzerhand bauen wir eine Recruiting- und Onboarding-Kampagne für Schauspieler. Die Schauspieler können sich via Landingpage in ein Formular eintragen und erhalten dann automatisch Informationen über THE SAME, den Online-Krimi und den Ablauf des E-Castings. Um Zeit zu sparen, lasse ich mir die Bewerbungsvideos direkt per WhatsApp schicken. Bekommt ein Schauspieler eine Zusage, erhält er sämtliche Informationen inklusive des Vertrags ebenfalls automatisiert per E-Mail. Am Ende erhalte ich sogar den unterzeichneten Vertrag per E-Mail.

Und das Ganze auf Deutsch und Englisch. Ich hätte niemals gedacht, dass ich mal sagen würde, ich liebe Technik. 2020 bin ich vom Technikmuffel zum Technikfreak geworden. Yeah! Das war mein drittes Learning in diesem Jahr: Automatisiere alles, was geht. Du sparst bis zu 60 Prozent Zeit und damit zweifellos auch sehr viel Geld.

Jetzt heißt es nur noch durchhalten und auf dem Brett bleiben. Bei so vielen Events setzen wir auch hier auf Automation. In einer weiteren Nacht- und Nebelaktion bauen wir eine Eventvorbereitungskampagne für das Kunden-Onboarding. Nach der Buchung erhalten die Kunden nun automatisiert weitere Informationen und Hintergründe zu THE SAME, einen Fragebogen zur Klärung sämtlicher Details sowie diverse Informationen zum Ablauf des Online-Krimis und natürlich die Kriminalakte als Vorbereitung für die Ermittlungen. Auch diese Automation hält uns den Rücken frei, sodass die Umsetzung einer solch hohen Anzahl Events in so kurzer Zeit überhaupt erst möglich wird. Bis 2019 lag unser Rekord bei 60 Events pro Monat. Dank Automation schaffen wir im Dezember 2020 mit 149 Online-Krimis fast drei Mal so viele Events wie bis anhin.

Bei unseren Krimi-Events trainieren viele unserer Kunden mit ihren Teams ihre Kommunikationsfähigkeit, die Zusammenarbeit generell wie auch die gemeinsame Problemlösungsfähigkeit im Besonderen. Dabei arbeiten die meisten Teams aktuell gezwungenermaßen und unvorbereitet im Homeoffice. Es ist daher kaum verwunderlich, dass es in vielen Fällen zu Spannungen und besonderen Herausforderungen kommt. Hier kann so ein Tatort im Homeoffice Wunder wirken: Unsichtbar gewordene Mitarbeitende werden auf einmal wieder sichtbar, zurückgezogene Mitarbeitende werden wieder involviert, abgelöschte Teams motiviert, festgefahrene Strukturen aufgelockert und das verloren gegangene Wir-Gefühl wiedergefunden. Das ist ein Effekt, der sich langfristig einstellt und dem Team Leben und viel Spaß einhaucht. Die Teilnehmer schlüpfen in ungewohnten Rollen, überwinden dabei gemeinsam Grenzen und Denkbarrieren und wachsen so über sich hinaus. Das dabei ausgeschüttete Adrenalin schweißt die Teams zusammen. Während die Ermittler mit viel Spaß einen Kriminalfall lösen und ein unterhaltsames Krimi-Abenteuer-Erlebnis mit nach Hause nehmen, welches noch viel zu reden und zu lachen gibt, stellen sich die oben dargelegten Nebeneffekte automatisch ein.

Auch wenn Kunden zunächst oft der Meinung sind, drei Stunden seien für einen Online-Event zu lange, erleben wir regelmäßig, dass sich die Teams am Ende mehr Zeit wünschen und dann noch angeregt weitere zwei Stunden und mehr im Chat bleiben, sich austauschen und lachen. Am Morgen danach rufen dann oft zwei, drei Kunden persönlich an, um sich für den großartigen Teamevent und die damit verbundene Spaß- und Motivationsspritze zu bedanken. Mein Team und ich surfen! Wir spüren die Welle gemeinsam.

Wann immer möglich, schalte ich mich bei wichtigen Kunden bei der Fallauflösung persönlich dazu. Auch nach knapp 300 Online-Krimis bin ich immer wieder aufs Neue erstaunt, wie gut unsere Online-Krimis funktionieren und welchen Mehrwert sie als Team Building für die Teilnehmer mitbringen.

Ich höre dann Sätze wie »Das war das Highlight der letzten 20 Jahre«, »Seit Ihrem Event vertragen sich der Innen- und der Außendienst endlich« oder »Dank Ihres Online-Krimis hat sich das Team ganz neu kennengelernt. Wir hatten viel

Spaß und haben nun ein gemeinsames Erlebnis, das uns verbindet und über das wir noch viel sprechen. Das hat dazu geführt, dass das Team nun besser kommuniziert, dies führt messbar zu schnelleren und befriedigenderen Ergebnissen. Vielen Dank. Wir empfehlen Sie intern weiter und kommen sicher wieder«. Einmal rief gar ein Ehemann einer Teilnehmerin an und wollte einen Event für sein Team buchen, weil seine Ehefrau in ihrem Arbeitszimmer dermaßen laut gelacht hatte, dass man es durchs ganze Haus gehört hat. Whooohooo! Ich liebe surfen und bin dankbar und glücklich, dass ich auf meine innere Stimme gehört habe und drangeblieben bin.

Am 31. Dezember blicke ich glücklich und ziemlich erschöpft auf ein wildes Jahr mit vielen Höhen und Tiefen. Aber ich kann endlich wieder entspannt schlafen, weil ich weiß, dass ich die Löhne meiner Mitarbeitenden und meine Rechnungen zahlen kann. Mein Freund und ich nehmen erstmals seit einem ganzen Jahr sehr harter Arbeit ein paar Tage frei.

ES IST ALLES MÖGLICH, WENN DAS MINDSET STIMMT

Heute bin ich stolz darauf, meinen Kunden sagen zu können, »Ihr Teamevent findet todsicher statt. Offline oder online«. Dank der Digitalisierung sind wir unabhängig von der aktuellen Lage geworden und können mit ein paar wenigen Klicks den Tatort ins Homeoffice verlegen. Mein viertes und wichtigstes Learning im Jahr 2020 lautet deshalb: Es ist alles möglich, wenn das Mindset stimmt. Es ist nur in deinem Kopf. Und du kannst dich jeden Augenblick neu dazu entscheiden.

DU HAST DICH AUCH SCHON GEFRAGT, WIE DEIN TEAM IN ZEITEN DES HOMEOFFICE VERBINDENDE ERLEBNISSE TEILEN KANN?

Dann möchte ich Dich in unseren Workshop einladen.

Das erwartet Dich im Workshop:

» Fünf goldene Regeln, wie Du ein besseres Team entwickelst – gerade auch im Homeoffice.
» Wie Du in der Weite des Internets die absolute Nähe für Dein Team schaffst.

Scanne den Qrt-Code rechts, komm zu uns in den Workshop und erfahre, wie auch Du Dein Team begeistern kannst.

Geschenk #18

TEAMBUILDING 4.0 - GRATIS WORKSHOP

Die fünf goldenen Regeln, um ein besseres Team zu entwickeln und Nähe untereinander zu schaffen - auch im Home-Office.

Login Memberbereich:
https://weiter.link/mutfree

Teambuilding

UNTERNEHMERPROFIL
Nathalie Sameli

THE SAME

Seit 2013 begeistert Nathalie J. Sameli Schweizer Unternehmen mit ihren einzigartigen interaktiven Krimi Events. Heute bieten ihre erfolgreichen zwei Unternehmen THE SAME Productions & Films und THE SAME Adventures GmbH weltweit sowohl online (Online-Krimi) als auch offline gespielte Krimi-Events (Stadt-Krimi, Krimi-Dinner, Krimi-Weekends) an, die bereits Zehntausende begeistert haben.

2002 gründete Nathalie J. Sameli mit zwei Freunden »imagine«, das Musikfestival gegen Rassismus in Basel, war 2006 an der Organisation des ersten »imagine Festival international« in Recife, Brasilien, beteiligt und gegründete im Jahr 2009 das »Basler Gässli Film Festival« mit.

Nathalie J. Sameli ist Juristin, Schauspielerin, Krimiautorin und Unternehmerin aus Leidenschaft. Sie verfasste bereits zehn Krimi-Komödien, elf Krimi-Fälle sowie sechs Kindertheaterstücke (Die Flusspiraten). Sie ist Mutter zweier Jungen (1- und 2,5-jährig).

Nachdem 2020 ihre Live-Krimi-Events pandemiebedingt nicht mehr stattfinden durften, digitalisierte sie kurzerhand ihre Krimi-Events und entwickelte den weltweit ersten Online-Krimi mit Live-Schauspielern, mit dem sie seither weltweit nationale und internationale Teams inspiriert und begeistert. Für ihre zwei Unternehmen arbeiten rund 15 Mitarbeiter im Büro sowie über 140 Profi-Schauspieler in ganz Europa.

Die Events leben von der Interaktivität mit Profi-Schauspielern, versprühen gute Laune, wecken den Teamspirit und verbessern die Zusammenarbeit sowie die Kommunikation untereinander. Aus verstreuten Mitarbeitern im Homeoffice wird wieder ein motiviertes Team, das gut kommuniziert, zusammenarbeitet und engagiert funktioniert. So lässt sich Motivation für die nächste Teamsitzung aufbauen!

Teamevents, die begeistern:

Offline: www.stadt-krimi.com   Online: www.onlinekrimi.de

19

OLIVER KLEBOTH

Sales & Vertrieb

WIE SIE IHREN VERTRIEB IN SECHS SCHRITTEN AUF DIE NÄCHSTE STUFE HEBEN

Was ich in früher Kindheit über die differenzierende Kunden-Betreuung gelernt habe:

Aufgewachsen in einer fünfköpfigen Familie mit einer kleinen Frühstücks-Pension im österreichischen Gebirgs-Tal »Montafon« lag meine Leidenschaft bereits in früher Kindheit darin, unsere Gäste bei Wanderungen als junger »Kunden-Erlebnisreiseführer« zu begleiten.

Im Zuge von Schul- und Familien-Ausflügen und unterfüttert von Heimat-Literatur eignete ich mir an, zu den schönsten Plätzen unseres Tales eine entsprechende Geschichte erzählen zu können.

Auch unsere Gäste führte ich zu diesen Plätzen und schaffte es, die meist fesselnden Hintergründe zu den Ausflugszielen zu präsentieren und die »Kunden« mit Witz und Charme zu inspirieren. So begleitete ich die Gäste auf unterschiedlichen Wander-Routen mit unterschiedlichen Geschichten und machte sie dabei mit unserer einzigartigen Heimat vertraut.

Die Ausflugstage ließen wir dann meist bei einem geselligen Abend ausklingen, begleitet durch meine Musik auf der Ziehharmonika.

Was mir damals als 11-Jähriger nicht bewusst war, ist die Tatsache, wie diese Kunden-Erlebnisreise zu einer emotionalen, ehrlichen und freundschaftlichen Verbundenheit zwischen unserer Familie und unseren Gästen führte.

Mit 15 Jahren zog mich dann meine zweite Leidenschaft zur Innovation und Technik zu meiner technischen Ausbildung als Nachrichtentechniker nach Graz, ohne dabei zu wissen, dass mein Umgang mit Kunden gebündelt mit meiner Passion für IT und Technik mich Ende der 90er Jahre wieder zu meinem kindlichen Ursprung zurückführen würde.

Dieses Mal aber in einer etwas anderen Ausprägung:

So erhielt ich im Alter von 24 Jahren von einem führenden IT-Hightech Hersteller die Chance, als Vertriebsmitarbeiter ein neues Geschäftsfeld im Daten-Netzwerkbereich aufzubauen.

Dabei lernte ich abermals die Kraft kennen, rund um ein innovatives Produkt eine einfache, verständliche Botschaft zu entwickeln und die Kunden auf einer differenzierenden »Kunden-Erlebnisreise« abzuholen.

Im Zuge dieser persönlichen Erfahrung wurde mir erstmals bewusst, dass neben dem Produkt bzw. der Lösung, die wichtigste vertriebliche Differenzierung dadurch entsteht, dass man die »Kunden-Erlebnisreise« einzigartig gestaltet.

Als »junger Wilder« des Vertriebs folgte dann – fast wie im Bilderbuch – ein Karriere-Schritt nach dem anderen.

Im Alter von 27 Jahren wurde ich regionaler Geschäftsleiter und hatte die Chance, mich dank der Inspiration und des Erfolgs meiner Vertriebsteams Schritt für Schritt auf der Karriereleiter dieses sehr agilen und mittelständisch betriebenen Unternehmens nach oben zu arbeiten.

DAVID UND GOLIATH UND DIE GRÖSSTE »DELLE« MEINER BERUFLICHEN KARRIERE

Mein als »David« agierendes Unternehmen wurde 2014 von einem der größten IT-Konzerne, dem »Goliath«, aufgekauft. Gefühlt öffneten sich für mein Team und mich damit eine Vielzahl von neuen Möglichkeiten und Chancen, doch vier Jahre später war daraus meine größte berufliche »Delle« geworden. Ich übernahm in diesem Unternehmen die vertriebliche Geschäftsleitung und stand dabei plötzlich vor der Herausforderung, gemeinsam mit meinem Team und meinen Geschäftsleitungskollegen ein schlecht vorbereitetes IT-ERP Projekt umzusetzen.

Dieses Projekt wurde von der Konzern-Zentrale geplant und in weiterer Folge ohne Rücksicht auf Verluste und – wie es in Konzernen so üblich ist – ohne großes Hinterfragen umgesetzt. Das Ergebnis daraus war, dass sich die in meiner motivierten Mannschaft stark ausgebildete, differenzierte »Kauf-Erlebnisreise« zum »Kunden-Horror-Trip« entwickelte. Im ERP System konnten keine Kunden-Bestellungen aufgebracht werden und unsere Kunden in weiterer Folge bis zu sechs Monate nicht beliefert werden.

Das über Jahre aufgebaute Traumhaus, welches auf dem starken Fundament guter Kunden- und Partner-Beziehungen bestens dastand, ähnelte plötzlich einer vollkommen zerstörten Ruine. So hieß es das Unternehmensschiff auf wirklich tiefem Gewässer zu manövrieren und es mit größtmöglicher Schadensbegrenzung über den Sturm zu bringen. In dieser Zeit, 600km entfernt von meiner Familie, wurde mir bewusst, dass ich mich als Person gegenüber meiner kindlichen Prägung als »Kunden-Erlebnis-Reiseleiter« und meinem Qualitäts-Verständnis vollkommen »verbogen« hatte. So klang der Karriere-Schritt zum »vice president sales« ja nach einer großartigen Rolle mit viel Gestaltungs- und Entscheidungsfreiraum.

Jedoch stellte ich schnell fest, dass eigentlich kein eigenständiges Handeln und Gestalten möglich war. So agierte ich gefühlt im Korsett des »Sandwiches«, also zwischen meinen Teams und der Konzern-Leitung.

Entscheidungen konnten nicht eigenständig getroffen werden, da die »Authority Matrix« festlegte, wer vom erweiterten Management noch »das Auge« und somit die »Überwachung« auf die Entscheidung werfen muss.

Oben drauf kamen dann so Slogans wie »Kunden in den Mittelpunkt«, »beste Service-Qualität« und »Best place to work«, die dann aus der internen Brille des Unternehmens noch schräger klangen.

MEIN »WEG AUS DEM HAMSTERRAD« ÜBER DIE KRISE ZUR »KUNDENBERATUNG DER ZUKUNFT«

Die eindrückliche Konzern-Erfahrung brachte mich dann 2018 zur Entscheidung, das »Horror-Hamsterrad« zu verlassen, sodass ich im März 2020 aus dem Unternehmen ausstieg. Nach einem sechsmonatigen »Sabatical« gründete ich im Herbst 2020 wohl vorbereitet und gut überlegt mein eigenes Vertriebs-Beratungs-Unternehmen mit der Zielsetzung, mittelständische Hightech Unternehmen dabei zu unterstützen, ihren traditionellen Vertrieb so zu entwickeln, dass neue Entwicklungen effizienter und erfolgreicher zum Kunden gebracht werden.

Mit höchstem Respekt betrachtete ich dabei die aktuell größte Krise seit dem zweiten Weltkrieg. Mein Umfeld fragte sich, ob das jetzt der richtige Zeitpunkt wäre, um sich selbständig zu machen. Und auch ich fragte mich dies.

Um mit meinem Unternehmen sichtbarer zu werden, startete ich unzählige Akquise Gespräche mit Geschäftsführer, die mir einhellig ihren »Kittelbrenn-Faktor« schilderten:

»Mein Vertrieb befindet sich in einer »Schock-Starre« und was kann ich dagegen tun?«

Mir wurde damit klar bewusst, dass die Art der Kundenberatung durch die Krise einen dramatischen Wandel erfahren hat, der auch maßgebliche Veränderungen für die Zukunft mit sich bringt. So waren es Vertriebsteams über Jahrzehnte gewohnt, lange Fahrten zu ihren Kunden auf sich zu nehmen und dabei eine Vielzahl an Kunden pro Woche zu besuchen.

Doch mit einem Schlag hat sich für diese Teams etwas Maßgebendes verändert. Die Kunden »verstecken« sich teilweise im Home-Office und können und wollen die persönlichen Termine nicht mehr in dem Ausmaß wahrnehmen, wie noch im Jahr 2019.

Ein recht junger und technisch versierter Vertriebsmitarbeiter eines mittelständischen Kunden klagte beispielsweise, dass er seine Kunden immer persönlich zur Werksbesichtigung eingeladen hatte und ihm die Ideen für einen alternativen Zugang fehlten. Andere Vertriebsverantwortliche benannten die Herausforderung, dass zu wenige MitarbeiterInnen in der Lage seien, die digitale Beratung bzw. digitale Events professionell durchzuführen, geschweige denn über eine Online Beratung einen Abschluss zu erzielen.

Zusätzlich waren es Vertriebsteams über Jahrzehnte gewohnt, ihre Kunden über Messen bzw. Hausmessen über die aktuellen Trends zu informieren und auf dieser Basis neue Geschäfte zu entwickeln.

BEREITS 2025 WIRD JEDE DRITTE KUNDENBERATUNG DIGITAL DURCHGEFÜHRT

Diese Entwicklung bedeutet, dass in Zukunft digitale Prozesse, der ausgewogene Mix aus Kundenbesuchen und Online Beratung/Events sowie die Abbildung von virtuellen Kauf-Erlebnis-Reisen essentiell sein werden.

In der Konsequenz werden also jene Unternehmen, die sich auf diese neue Form der Kundenberatung ausrichten, wesentlich effizienter, flexibler und erfolgreicher als traditionelle sein.

In meiner 23-jährigen Erfahrung in IT-Unternehmen war die Art der Zusammenarbeit in Teams und mit Kunden stets durch Online Meetings und digitale Unterstützung geprägt.

Kombiniert mit meiner bereits in der Jugend aufgebauten Erfahrung, »Kunden-Erlebnisreisen« zu gestalten und Vertriebsteams auf diese Art und Weise zu entwickeln, stellen diese beiden Faktoren einen wesentlichen Nutzen für Unternehmen dar.

Dies habe ich zum Anlass genommen, mein Produkt »digital.sales.2025« zu entwickeln, welches Unternehmen dabei unterstützt, sich auf die »Kundenberatung der Zukunft« auszurichten.

Dabei unterstütze ich Teams dabei, das digitale Beratungsklavier rund um den Kunden zu erlernen und den optimalen Mix der drei Elemente aus online- & onsite Meetings sowie Social Media richtig einzusetzen.

Als wesentlichen Nutzen sehe ich dabei, dass Teams dadurch in der Lage sind, den Kunden auch Online zu überzeugen und den entscheidenden Geschäftsabschluss mit dem Kunden zu erreichen.

Damit Ihr Unternehmen bei Ihren Kunden als flexibler & innovativer Partner wahrgenommen wird, mit dem man gerne Geschäfte macht, habe ich die 6 Schritte zur »Kundenberatung der Zukunft« entwickelt, die ich Ihnen im folgenden Abschnitt gerne vorstelle.

DIE 6 SCHRITTE ZUR ENTWICKLUNG DER »KUNDENBERATUNG DER ZUKUNFT«

Unser sechs Schritte-Modell soll Ihrem Unternehmen dabei helfen, Ihren Vertrieb auf die Kundenberatung der Zukunft auszurichten.

1) Digitale Prozesse & Angebote

Mit der »Kundenberatung der Zukunft« wird es wesentlich, dass der Vertriebsinnendienst nicht mehr schwerpunktmäßig für die Angebotserstellung und Auftragsabarbeitung verantwortlich ist.

Wenn Sie einen Blick in die Vertriebsorganisation Ihres Unternehmens werfen, so stellen Sie eventuell fest, dass der Vertriebsinnendienst meist als »Handlanger« des Außendiensts und als »Abarbeitungsmaschine« eingesetzt wird.

Setzen Sie aber den Vertriebsinnendienst als aktives Teammitglied zur Kundenbetreuung ein, wird hier eine unglaubliche Kraft der Vertriebseffizienz freigesetzt.

Gehen Sie also davon aus, dass Ihr Vertriebsinnendienst in Zukunft noch tiefgehender mit dem Kunden in Kontakt sein wird, so ist es wesentlich, dass dieser dahingehend qualifiziert wird, entsprechende Beratungen online durchzuführen und Projekte online zum Abschluss zu bringen.

Durch die offenere Haltung der Kunden und der zunehmenden Entwicklung der Online-Kundenberatung werden Vertriebsinnendienst-Teams gegenüber dem Außendienst überproportional wachsen und an Bedeutung gewinnen.

Damit Sie auf den »Shift« von Außendienst auf Innendienst vorbereitet sind, empfehle ich Ihnen im Bereich der Digitalisierung des Unternehmens ein großes Augenmerk auf die

Automatisierung der Arbeits- und Angebotsprozesse im Innendienst zu richten.

Werfen Sie also einen Blick auf alle Routine-Prozesse, die im Vertrieb laufend – meist händisch – wiederholt durchgeführt werden und stellen diese entsprechenden Automatisierungsmöglichkeiten gegenüber.

In diesem Bereich empfehle ich Ihnen, die entsprechenden Innendienst-Prozesse zu analysieren, eine Automatisierungs-Roadmap zu erstellen und die Automatisierung priorisiert Schritt für Schritt umzusetzen.

Somit gewinnen Sie als Unternehmer ein Bild davon, welche Ihrer Innendienst-Prozesse automatisiert werden könnten und in welchen Stufen eine schrittweise Entlastung des Vertriebsinnendienst durch Digitalisierung erzielt werden kann.

Durch diesen entscheidenden Schritt werden Sie bei Ihren Kunden in weiterer Folge differenziert und mit Mehrwert wahrgenommen. Gleichzeitig besteht für Sie die Chance, die Vertriebskosten durch den effizienten Mix aus Innen- und Außendienst zu reduzieren. Denn es liegt auf der Hand, dass ein überproportionaler Anteil an Außendienst-Mitarbeiter auch einen wesentlichen Kostenblock für ein Unternehmen darstellt.

2) Digitale Kunden-Recherche & Adressierung

Die Verfügbarkeit von Informationen Ihrer Kunden über Web und Social Media ermöglicht es Ihnen, unzählige wichtige Entwicklungen und Informationen über den Kunden digital zu recherchieren. Zusätzlich bieten diese Plattformen für Sie die Möglichkeit, entsprechende Verantwortungen und Ansprechpartner der Unternehmen zu recherchieren und anzusprechen.

So kann Ihr Vertrieb Ihren Kunden gezielt adressieren bzw. ansprechen. Doch Vorsicht: Die einfache Ansprache eines Kunden über Social Media birgt auch die Gefahr, den »wichtigen ersten Eindruck« negativ zu gestalten, so dass Sie sich damit beim Kunden »ins Aus« befördern.

Zur virtuellen Kauferlebnis-Reise empfehle ich Ihnen einen vertrieblichen »Social Media-Knigge« zu etablieren.

So beginnen sie beispielsweise beim professionellen »personal branding« des Social Media Profils. Bündeln Sie dies in weiterer Folge noch mit professionellen Kommentaren, so hat dies eine größere Kraft als eine »plumpe« Vernetzung mit dem gewünschten Ansprechpartner.

Zusätzlich bietet Social Media für die wichtige Meinungsbildung zu Ihrem Unternehmen einen möglichen »Turbo«, um potenzielle Kunden über Referenz-Stories bzw. geteilte «Testimonials« indirekt anzusprechen bzw. daraus neue Projekte zu entwickeln.

Aus diesem Grund empfehlen wir Ihnen zusammenfassend:

a) Ihren Vertrieb in die Kraft der professionellen Social Media Nutzung einzuführen.

b) Ihre Mitarbeiter beim Aufsetzen ihres »personal brandings« zu unterstützen.
c) Einen »Social Media-Knigge« einzuführen, der als Playbook wichtige »Dos und Don'ts« der Social Media Nutzung enthält.
d) Eine Bibliothek von Referenz- und Kundenstories mit professionell aufgesetzten Einleitungs-Stories bereitzustellen, welche dem Team die Möglichkeit geben, diese einfach und schnell zu teilen.

3) **Digital affine Vertriebskultur**

Kennen Sie die Situation, dass im Zuge eines Kundengesprächs plötzlich das Präsentations-Tool bzw. die Technik im Vordergrund steht? Dies wird durch entsprechende Online-Tools zusätzlich erschwert, womit Online-Meetings zu »Gruselvorstellungen« werden können.

Nun sollte Ihr Team das Augenmerk aber auf den Kunden und seine Anforderungen richten und durch technische Probleme und Hürden keine Ablenkung erfahren.

Mit der Schaffung einer digital-affinen Vertriebskultur sollten Sie Ihre Mitarbeiter mit den technischen Voraussetzungen für ein professionelles Online-Meeting vertraut machen.

Dazu empfehlen wir, Ihren Teams die Grundzüge professioneller Online-Meetings zu vermitteln. Dazu gehören aus unserer Sicht folgende Punkte:

a) Die professionelle Anwendung und Nutzung der gängigen Online-Meeting Plattformen wie Teams, Zoom oder Webex.
b) Das wirkungsvolle Auftreten in Online-Meetings, zu denen beispielsweise die richtige Sitzposition, der passende Hintergrund, die optimale Beleuchtung zählen.
c) Wichtiger Tipp: Gestalten und etablieren Sie gemeinsam mit Ihrem Kommunikationsteam einen Online-Meeting-Verhaltenskodex, der entsprechende Besprechungsrichtlinien festsetzt und bei jeder Einladung beigefügt ist. Wir empfehlen Ihnen, diesen Kodex nicht nur intern, sondern auch bei Besprechungen mit Ihren Kunden als Grundlage einzuführen. Sie werden sehen, dass Ihre Kunden diesem Vorschlag offen und dankbar gegenüberstehen.

Ein aus unserer Erfahrung sehr wichtiger Punkt ist, dass Sie Ihren Kunden in der Vorverkaufsphase emotional ansprechen und entsprechende Bindung erzeugen.

Dies schaffen Sie dadurch, dass Sie beispielsweise Lösungsvorschläge auf einem »virtuellen Whiteboard« mit Ihrem Kunden gemeinsam fertig entwickeln.

Dies können Sie beispielsweise mit Online-Tools wie *www.miro.com* sehr einfach und wirkungsvoll bewerkstelligen. Wir haben dabei die Erfahrung gemacht, dass die gemeinsame Lösungsentwicklung auf dieser Art und Weise viel interaktiver und effizienter ist als in einem Besprechungsraum.

Jeder von uns hat schon eine Vielzahl an Besprechungsprotokollen erhalten und wird vermutlich gestehen, dass er diese nicht einmal im Ansatz gelesen hat. Verzichten Sie auf die klassischen Protokolle, auf die man bereits beim Öffnen keine Lust zum Lesen hat.

Senden Sie doch Ihre Besprechungszusammenfassung per Video-Botschaft, die Sie eventuell noch mit Präsentationsmaterial oder Unterlagen verbildlichen und heben Sie sich so von Ihrem Wettbewerb ab!

Ich empfehle Ihnen dazu beispielsweise das Online-Tool *www.wowing.com*, welches Sie auf einfache Art und Weise in der Interaktion über Video mit ihrem Kunden unterstützt.

4) Virtuelle Kauferlebnis-Reisen

Im Grunde genommen empfehlen wir als Grundsatz, die gesamte »customer journey« in eine virtuelle »Kunden-Erlebnisreise« aus Social Media, onsite und online zu verpacken.

Das bedeutet, dass Sie Ihren Kunden auf den unterschiedlichen Stationen und somit von der Startphase (»Bedürfnisse wecken«) über die Evaluierungsphase sowie der Abschlussphase bis hin zur Nachverkaufsphase im Mix der drei Elemente (Social Media, onsite und online) begleiten.

Wurde die Meinung zu Ihrem Unternehmen früher durch Inserate oder Werbe-Kampagnen gebildet, so werden diese heute wie bereits angeführt durch die entsprechende Präsenz auf Social Media bzw. Ihren Webauftritt entwickelt.

Aus diesem Grund empfehlen wir Ihnen, den Kunden über Social Media in allen Verkaufsphasen zu begleiten:

a) Machen Sie sich durch professionelle Kommentare bei Ihrem Ansprechpartner sichtbar und zeigen Sie Kompetenz.
b) Richten Sie durch gezielte Posts von Referenzen oder Best-Practice Beispielen die Aufmerksamkeit auf sich.
c) Vernetzen Sie Ihren potenziellen Kunden mit Ihrem Referenz-Kunden und lassen diesen beispielsweise in der Entscheidungsphase für Sie sprechen.
d) Gewinnen Sie Ihren Kunden als »affiliate«, der auf Social Media über positive Erfahrungen mit Ihnen berichtet.

Wir stehen heute vor der Herausforderung, dass wir unsere Produkte und Lösungen nicht wie gewohnt auf Messen oder Hausmessen präsentieren können.

Mit einem unserer Kunden haben wir beispielsweise als Alternative zu einer Hausmesse ein virtuelles »briefing center« entwickelt. Mit Hilfe des »briefing centers« wurden dem Kunden die entsprechenden Produkte und Lösungen virtuell bzw. mit Kamera-Einblicken in Szene gesetzt und ein innovativer, exklusiver und wertvoller Einblick in die neuen Entwicklungen gegeben.

War es bisher üblich, den Kunden in regelmäßigen Abständen zu besuchen, so empfehle ich Ihnen, regelmäßige virtuelle »Jour Fixes« und Update-Sessions einzuführen, die in Bezug auf die Bindung zu Ihrem Kunden eine überaus starke Wirkung haben.

So können Sie aktuelle Themenpunkte, die Sie und Ihren Kunden in der Zusammenarbeit beschäftigen, austauschen und dem Kunden dadurch zusätzliche neue Werte und Perspektiven vermitteln.

Die Regelmäßigkeit bringt zudem den Vorteil mit sich, dass der »Draht« zu Ihrem Kunden aufrecht bleibt und entsprechende »Störgeräusche« schnell erkannt werden.

Zur virtuellen Kauferlebnis-Reise gehört aus unserer Sicht – wie bereits mehrfach angeführt – die Kraft der Referenzen.

Die Meinungen anderer Kunden in der Zusammenarbeit mit Ihrem Unternehmen sind aus unserer Sicht besonders in der »Abschlussphase« ein entscheidender Erfolgsfaktor.

Lassen Sie uns die drei magischen Stellschrauben in diesem Zusammenhang kurz zusammenfassen:

a) Bringen Sie in Ihren Lösungs-Präsentationen entsprechende »Best-Practice-Stories« Ihrer Kunden mit ein. Berichten Sie über die Ausgangslage und den einzigartigen Nutzen, den Ihr Kunde durch die Partnerschaft gewonnen hat.
b) Binden Sie Ihren Referenzkunden in Lösungspräsentationen mit Ihrem potenziellen Kunden »live« mit ein.

c) Setzen Sie in Ihrem Unternehmen eine Referenz-Video-Bibliothek auf, die Ihrem Team die Flexibilität gibt, positive Kunden-Stimmen gezielt und anlassbezogen zu positionieren.

Wenn Sie als Unternehmer diese Maßnahmen gezielt einsetzen, so sind Sie mit Ihrem Vertrieb differenzierter, schlagkräftiger und wesentlich effizienter.

5) Inbound Marketing & Lead Management

Neben der klassischen Akquise des Vertriebsinnendiensts bzw. Außendienstes ist es heute wesentlich, den Kunden über entsprechende Kampagnen wie E-Mails, Social Media Posts, oder einen Blog auf Landingpages zu bringen und dem Kunden auf diese Art und Weise Angebote zur Verfügung zu stellen bzw. Leads zu generieren.

Entwickeln Sie daher gemeinsam mit Ihrem Marketing und Vertrieb eine Strategie, die darauf ausgerichtet ist, dass die entsprechenden Vertriebsbotschaften für den digitalen und direkten Kanal identisch sind. Ein wesentlicher Aspekt dabei ist, dass entsprechende Botschaften als Stories verpackt werden, die den Kunden emotional ansprechen.

Kampagnen zur Lead-Generierung bestehen aus vielen einzelnen, verbundenen Elementen. So kann ein Produkt über Social Media beworben werden und in weiterer Folge durch einen »call to action« (CTA) auf eine Landingpage verweisen.

Diese Landingpage beinhaltet in weiterer Folge umfangreiche Informationen und fordert den Kunden beispielsweise dazu auf, entweder sich direkt als Interessent zu registrieren oder den Kauf darüber zu tätigen. Um einen nahtlosen Prozess zu gestalten ist es wichtig, dass keine Bestandteile fehlen und dass die einzelnen Teile individuell und im Zusammenspiel optimal funktionieren.

Dabei empfehlen wir Ihnen, auf folgende Parameter zu achten:

a) Schaffen bzw. nutzen Sie ein einfaches »landing page framework« welches Ihrem Team ermöglicht, entsprechende Kampagnen schnell und effizient aufzusetzen.

b) Konzentrieren Sie sich im Start auf einen spezifischen Kanal, den Sie als ersten Schritt organisch, also ohne entsprechenden Werbungskauf, veröffentlichen. In einem weiteren Schritt können Sie wahlweise gezielt in entsprechende »ads« investieren.

c) Berücksichtigen Sie, dass sämtliche Übergänge messbar sind. Das bedeutet, dass Sie entsprechende Messgrößen wie Absprungrate, Klickrate, Klick per 1.000, etc. spezifisch messen können und dadurch evtl. Anpassungs-Ableitungen setzen können.

6) Sales & Marketing Automatisierung

Wenn Sie heute Sales- & Marketing automatisieren möchten, kommen Sie nicht darum herum, auf entsprechende Software zu setzen, die auf künstlicher Intelligenz basiert.

Ziel ist es, die eigenen Aktivitäten (und die von anderen Mitarbeitern im Vertriebsteam) zu managen und eine Optimierung des Gesamtprozesses anzustreben.

Was ist es nun, was Sie im Bereich der Sales & Marketing Automatisierung angehen sollten:

a) Analysieren Sie die Abläufe, die entsprechende Automatisierungs-Potentiale haben. Beispielsweise kommen im Alltag vieler Mitarbeiter oft zahlreiche kleine Aufgaben vor (etwa das händische Kopieren von Namen und Adressen oder die Kunden-Recherche), welche nicht nur auf Dauer langweilig und frustrierend sein können, sondern sehr ineffizient sind.

b) Haben Sie sich also einen klaren Überblick über die zu automatisierenden Abläufe geschaffen, liegt der nächste Schritt bei der Auswahl entsprechender Tools. So bilden CRM-Systeme (CRM = Customer Relationship Management) entsprechende Möglichkeiten, wesentliche Prozesse zu automatisieren.

Neben Sales-Automation-Software gibt es zudem Marketing-Automation-Software. Beide überschneiden sich in vielerlei Hinsicht. Der Fokus liegt bei der Marketing-Automation auf Lead-Generierung, also der Identifikation von potenziellen Kunden. Sales-Automation-Software konzentriert sich eher auf die Kommunikation mit den Kunden.

Vertriebsorientierte Unternehmen, insbesondere im B2B-Bereich, können stark von der Nutzung von CRM-Systemen und Sales & Marketing Automatisierung profitieren.

Wir empfehlen Ihnen bei der Auswahl Ihres CRM-Systems darauf zu achten, dass Sie Ihre System-Zielsetzung den potentiellen Tools gegenüberstellen. So können entsprechende Software-Anpassungen zu langen Projekt-Laufzeiten und unendlichen Kosten führen.

Bitte berücksichtigen Sie zudem, dass das Projekt von einem qualifizierten Partner begleitet wird, der nicht nur Software- und Einführungserfahrung, sondern insbesondere Vertriebserfahrung mitbringt.

DIE AUSRICHTUNG IHRES VERTRIEBS AUF DIE »KUNDENBERATUNG DER ZUKUNFT« AUF BASIS DER »CUSTOMER JOURNEY«

Wie in der Abbildung dargestellt, begleiten wir Ihr Vertriebs-Team dabei, die »Kundenberatung der Zukunft« in den einzelnen Schritten der »customer journey« zu erlernen und richtig anzuwenden.

Die Orientierung an der »customer journey« soll Ihnen wie angeführt dabei helfen, den richtigen Mix aus Online, Social Media und onsite effizient und zielgerichtet von Bewusstseins-Bildung, über die Evaluierung, bis hin zur Entscheidung und Kunden-Empfehlung einzusetzen.

Dabei haben wir entsprechende digital.sales-Trainingsblöcke entwickelt, die Ihrem Unternehmen das richtige Rüstzeug bieten, den Kunden in den einzelnen Phasen der »customer journey« eine differenzierende Kauferlebnis-Reise aufzusetzen und ihr Team bei der Einführung zu begleiten.

Das Resultat:

- » Ihr Team wird es in weiterer Folge verstehen, das digitale Beratungsklavier rund um den Kunden differenziert und erfolgreich zu spielen.
- » Ihr Unternehmen adressiert die Ansprechpartner ihres Kunden in einem gesunden Mix aus Online-Meetings, Social Media und Kundenbesuchen.
- » Ihr Team wird in der Lage sein, den Kunden auch online zu überzeugen und den entscheidenden Geschäftsabschluss auch online erreichen.
- » Ihr Unternehmen wird bei Ihren Kunden als flexibler und innovativer Partner wahrgenommen, mit dem man gerne Geschäfte macht.

DIE ANALYSE IHRER DIGITAL SALES FITNESS

Wenn Sie nun durch die dargestellten Tipps schon eine klare Vorstellung davon haben, wo Sie in Ihrem Unternehmen jetzt idealerweise die Stellschrauben ansetzen, so ist dies optimal.

Gleichzeitig zeigt unsere Erfahrung, dass es unseren Kunden durch ihre interne Sicht oft schwerfällt, die richtigen Akzente zu erkennen und an der richtigen Stelle anzusetzen. Abgesehen davon fehlt oft die Erfahrung zu den möglichen Automatisierungs- und Digitalisierungs-Grundlagen, um sich in diesem Bereich schnell zu orientieren und umzusetzen.

Sollte es Ihnen genauso gehen, dann bieten wir Ihnen mit unserem kostenlosen »digital.sales Fitness Checker« die Möglichkeit, über 20 einfache Filterfragen die Fitness Ihres Vertriebs-Teams zu analysieren.

Sie erhalten in weiterer Folge eine Auswertung zur innovation Sales Fitness Ihres Unternehmens und damit eine Darstellung, in welchem Bereich die wesentlichen Stellschrauben zur Optimierung Ihres Vertriebs liegen.

Setzen Sie noch heute den ersten Schritt, um die Türen zum Home-Office Ihres Kunden zu öffnen!

Geschenk #19
GRATIS DIGITAL.SALES-FITNESSCHECKER

Analysieren Sie mit Hilfe von über 20 einfachen Fragen die Fitness Ihres Vertriebsteams inkl. Auswertung, an welchen Stellschrauben Sie drehen müssen, damit Ihr Vertrieb noch mehr Power bekommt.

Login Memberbereich:
https://weiter.link/mutfree

UNTERNEHMERPROFIL

Oliver Kleboth

KLEBOTH DIGITAL.INNOVATION.SALES

Oliver Kleboth ist Gründer und Geschäftsführer seines Unternehmens Kleboth consulting GmbH. Diese Gesellschaft, mit Sitz in Schruns im Montafon, hat er 2020 gegründet und berät als innovation.sales.coach mittelständische Hightech Unternehmen dabei, ihre Innovation effizienter und erfolgreicher zu verkaufen.

In seinen unterschiedlichen Vertriebs- und Geschäftsleitungs-Rollen in der IT-Branche konnte er immer wieder den Frust in Teams darüber verfolgen, dass Vertrieb- und Marketing getrennt voneinander in Silos arbeiten. Diesen Umstand hat er zum Anlass genommen, eine Botschaft rund um das innovative Kunden-Produkt aufzubauen, innerhalb der Vertriebsteams einzuführen, zu etablieren und durch eine individuelle gestaltete »Kunden-Erlebnis-Reise« zum Kunden zu bringen, was seine Vertriebsteams zu langjährigen Top-Erfolgsteams machte.

Im Zuge des Geschäftsaufbaus hat er in unzähligen Gesprächen mit Geschäftsführern festgestellt, dass sich die Kunden auf Grund der Krise im Homeoffice »verstecken« und Vertriebsteams durch diesen Umstand in »Schockstarre« geraten sind. Diese außerordentliche Situation hat der innovative Unternehmer zum Anlass genommen, seine in über 23 Jahren aufgebaute technische Erfahrung bei führenden IT und Digitalisierungs-Unternehmen kombiniert mit seinem Talent, Vertriebsteams zu »Kundenerlebnis-Reiseleitern« auszubilden, in ein Produkt zu gießen.

Mit dem speziell entwickelten »digital.sales.2025« Konzept hilft er nun Unternehmen dabei, die Vertriebs- und Marketing-Teams differenziert auf die »Kundenberatung der Zukunft« auszurichten. Oliver ist überzeugt, dass die Kundenberatung auch nach der Krise nicht mehr so sein wird wie zuvor.

So werden jene Unternehmen gestärkt aus der Krise hervorgehen, die wichtige Prozesse digitalisiert und automatisiert haben und ihre Vertriebs- und Marketing-Teams auf einen professionellen und differenzierenden Mix aus Online-Meetings/Events, optimalen Social Media-Einsatz und persönlichen Kundenbesuchen ausrichten.

www.kleboth.coach

20

THOMAS ÖTINGER

– Positionierung

WARUM EIN UNTERNEHMEN MANCHMAL ERST ABGERISSEN WERDEN MUSS, UM DAMIT ERFOLG ZU HABEN

WIE ICH MEIN UNTERNEHMEN ABRISS, UM ES ERFOLGREICH ZU MACHEN

In all den Jahren als Unternehmer habe ich eines gelernt: Eine gute Geschäftsidee macht noch lange kein erfolgreiches Business. Es steht und fällt mit der Vermarktung und diese kann nur funktionieren, wenn man als Unternehmen richtig positioniert ist. Richtig positioniert zu sein bedeutet, zielführend zu kommunizieren. Eigentlich ganz einfach. Dass das Thema aber eine echte Königsdisziplin ist, war mir so lange nicht bewusst, bis ich mein Unternehmen in eine Sackgasse manövriert habe. Wenn ich Sackgasse schreibe, dann meine ich diese fiesen, engen Straßen ohne bequemen Wendehammer.

Gerade in Zeiten wie diesen, in denen wir merken, wie angreifbar unser Lebensgerüst und damit auch unsere Betriebe sind, fallen wir in eine Art Angststarre und werden handlungsunfähig. Aber ich habe festgestellt, dass Krisen manchmal passieren müssen, um neue und bessere Wege einschlagen zu können. Wer bereit ist, seine Komfortzone ein ganzes Stück zu verlassen und sich aktiv auf Lösungssuche begibt, der findet die Wendemöglichkeit, um zurück auf die Erfolgsspur zu kommen.

Wir mussten diesen Umweg auch in Kauf nehmen. Aber ich sage Ihnen, so abstrus es auch klingen mag: Es hat sich gelohnt. Und wenn Sie sich in Teilen mit meiner Situation identifizieren können, dann hoffe ich eine helfende Hand für Sie und Ihr Unternehmen zu sein.

2005 war der Startschuss für die marcapo GmbH. Unser Unternehmen startete mit ca. 50 Mitarbeitern und entstand aus einer ehemaligen Full-Service Werbeagentur von Jürgen Ruckdeschel und einem Software-Technologiedienstleistungsunternehmen, das ich mit meinem Geschäftspartner, Marc-Stephan Vogt, aufgebaut hatte.

Einige interne Strukturwechsel hat es noch gebraucht und so kam es, dass unser langjähriger Freund und ehemals erster Angestellter unserer Softwarefirma, Christian Schwarzenberger, unser Geschäftsführer-Trio perfekt machte.

In diesem Gesellschafter-Team hatten wir alle Kompetenzen gebündelt, die es braucht, um gesunden Erfolg zu erwirtschaften.

Für uns gab es nur den einen Weg und der ging steil nach oben. Mit den ersten Kunden hatten wir den Beweis, dass unsere Zielgruppe uns braucht und gepackt von diesem Ehrgeiz wurden die Ziele größer. Getreu dem Motto »höher, schneller weiter« stieg mein Arbeitspensum ins Unermessliche. Umsetzungsstark war ich schon immer, jetzt war ich erfolgsdurstig.

Aber es kam, wie es kommen musste; jede Überholspur mündet irgendwann in einer Ausfahrt. Das Geschäft stagnierte. Es wurde zunehmend schwieriger, die Zielgruppe von unserem Angebot zu überzeugen und gleichzeitig verloren auch die bestehenden Projekte an Dynamik. Investitionen von über 5 Millionen Euro in Software-Technologie, Mitarbeiter-Gehälter, vorgehaltenes Personal und Co. trieben uns zu dieser Zeit nicht nach oben, sondern geradewegs in Richtung Keller. Wie konnten wir den Kurs so schnell verlieren?

Das schlechte Gefühl kompensierte ich mit noch mehr Arbeit. Mehr performen heißt besser performen, dachte ich. Man kann sich leicht ausmalen, dass das nicht zum gewünschten Erfolg beitrug.

In unseren Hilfegesuchen stießen wir immer wieder auf das Thema Positionierung. Nach einigen Telefonaten war klar, dass das der Weg sein muss und so machten wir uns auf die Suche nach einer geeigneten Agentur.

Den Auftrag vergeben, setzten wir uns mit der Agentur zusammen und nach einem Briefing ging es ans Eingemachte:

Das Ergebnis der Positionierung arbeiteten wir über verschiedene Fragestellungen aus.

Dabei standen immer wieder wir Geschäftsführer mit unserer Persönlichkeit und unserem Bestreben im Vordergrund. Unsere Antworten auf die klassischen Fragestellungen wie »Welches Tier seid ihr?«, »Welches Auto seid ihr?« oder »Was ist eure Lieblingsfarbe?« bildeten am Ende die Grundlage für unsere finale Kommunikationsstrategie. Kernaussage dieser Strategie: marcapo als zukunftsfähiger und innovativer Partner für Europas große Marken. Für uns klang das gut, immerhin konnten wir uns zu 100 Prozent damit identifizieren.

Marc, Christian und ich lieben die Innovation, die Dynamik in Marketing und Technik, gehen Risiken ein, um noch mehr zu ernten, also brauchen wir eine leicht provokante, powervolle und erfolgsversprechende Kommunikation, so die Agentur.

Wer aber in diesem Positionierungsgeschehen völlig außer Acht gelassen wurde, war unsere Zielgruppe. Ein fataler Fehler, wie sich schon bald herausstellte.

Wir waren so auf unsere eigene Weltanschauung konzentriert, dass wir gar nicht auf die Idee kamen, in unsere Kunden zu horchen. Uns in die Kundenrolle zu begeben und von dieser Position aus unser Angebot zu bewerten, das wäre richtig gewesen. Stattdessen zwangen wir ihnen ihren Schmerz, ihre Probleme und ihren Bedarf förmlich auf.

Heute weiß ich: Der Köder muss dem Fisch schmecken, nicht dem Angler.

In unserem Fall bedeutete das konkret, dass wir mit unserer euphorischen Weltverbesserer-Mentalität bei unserer Zielgruppe auf Granit bissen. Wie wir heute wissen, ist die nämlich neben vielen anderen Wesensmerkmalen vor allem sicherheitsorientiert. Das liegt daran, dass unsere Zielgruppe und somit Ansprechpartner in den meisten Fällen Marketingleiter sind. In größeren Unternehmensstrukturen stehen diese hierarchisch gesehen nicht an oberster Stelle. Sie sind vielleicht allein entscheidungsberechtigt, aber im Gesamten meist abhängig von der Geschäftsführung. Damit geht die Tatsache einher, dass sie natürlich Angst haben, große Projekte und Dienstleister ins Haus zu holen, das Budget darauf zu setzen und dann zu »versagen«. In dieser Situation fahren die wenigsten volles Risiko und lehnen daher instinktiv Angebote ab, die ihnen keine Sicherheit garantieren. Das endet natürlich in einer Abwärtsspirale.

Durch das konsequente »Aneinander vorbeireden« und die Tatsache, dass wir das wahre Problem der Kunden in unserem Angebot überhaupt nicht berücksichtigt haben, kristallisierte sich immer deutlicher heraus, dass wir falsch positioniert und damit schlicht und ergreifend austauschbar waren.

Wir mussten noch mal ran und wie der Zufall es manchmal will, sollte mich eine meiner Leidenschaften der Lösung ein Stück näherbringen. Ich lese viel. Lesen ist für mich Lernen und Arbeitsausgleich in einem. So bin ich vor einigen Jahren auf die Bücher von Peter Sawtschenko aufmerksam geworden. Er ist Bestseller-Autor und Positionierungsexperte.

2015 brachte er sein Buch »Warum wir ein neues Business Denken brauchen« heraus, das auch mir etwas später in die Hände fiel. Es geht um die sogenannte Energie-Resonanz-Positionierung, kurz ERP, und wie diese das teils doch recht eingestaubte Strategie- und Werbedenken so mancher Unternehmer maßgeblich wandelt. Die ERP trägt ihren Namen aufgrund des einfachen wissenschaftlichen Gedankens, dass auf jede Energie eine Resonanz folgt.

Ziel ist es, das Angebot einer Marke mit so viel Energie aufzuladen, dass der Empfänger gar keine andere Wahl halt, als es anzunehmen. In intensiven Workshops wird das Unternehmen förmlich »auseinandergenommen« und Stück für Stück untersucht.

Den zugrundeliegenden Arbeitsprozess hat Peter Sawtschenko über die Jahre entwickelt und die Wirksamkeit an über 500 Unternehmen weltweit bewiesen.

Er wird daher in Unternehmerkreisen auch oft als Krisenexperte bezeichnet, also genau der richtige Mann für uns. Die Erfolgsbeispiele sprechen für sich.

Ein Case, der mich bis heute nachhaltig beeindruckt, ist der der Marke Town & Country, einem Franchiseunternehmen, das Fertighäuser baut.

Dem Unternehmen ging es wirtschaftlich gesehen nicht schlecht, aber der Geschäftsführer Jürgen Dawo merkte, dass das volle Potential nicht ausgeschöpft wurde. In einem Positionierungsworkshop haben sie sich unter anderem auch die Zielgruppen von Town & Country vorgenommen. Es stellte sich heraus, dass diese einen gemeinsamen Schmerz haben: Die Angst vor Baupfusch und die Angst, den aufgenommenen Kredit nicht mehr tilgen zu können. Die Leidenszielgruppe, die sich daraus ergab, waren die »sicherheitsorientierten Hausbauer«. Die erarbeitete Lösung: Town & Country hat eine Stiftung gegründet, die den Kredit des Bauherren weiterzahlt, wenn er es aufgrund eines Schicksalsschlags nicht mehr leisten kann.

Außerdem gibt es drei Schutzbriefe, die eine Geld-zurück-Garantie, eine Finanzierungssumme-Garantie und einen 20 Jahre-Notfall-Hilfeplan beinhalten.

Town & Country hat damals seinen Umsatz nach diesem Workshop innerhalb von sieben Jahren fast verdoppelt, ohne gleich neue Produkte auf den Markt zu bringen. Ich war hin und weg von der »Einfachheit« dieses Ergebnisses.

Dieses Praxisbeispiel sowie Sawtschenkos Aussagen wie »Wer nicht automatisch neue Kunden gewinnt, ist falsch positioniert« haben mich provoziert und getriggert zugleich. Ich wollte diesen Workshop bei ihm und mein Unternehmen wieder auf Erfolgskurs bringen.

Es folgte der Anruf beim Sawtschenko Institut. Wir sind in die genauere Planung des Workshops gegangen und waren hier auch schon recht weit, als ich ihn in einem Nebensatz fragte, was uns der Workshop denn kostet. Ich habe hier keine Hiobsbotschaft erwartet, musste das Budget aber natürlich auch »freimachen«. Als er mir dann mindestens genau so beiläufig geantwortet hat, dass ich mit 50 000 Euro rechnen muss, habe ich mich an meinem Schreibtisch festgehalten. Auf das darauffolgende Preisgespräch hat sich Herr Sawtschenko nicht eingelassen, sondern mir sehr höflich gesagt, dass das kein Problem sei und ich mich einfach wieder melden solle, wenn es mir und dem Unternehmen schlechter geht. Das Telefonat war beendet und ich richtig sauer.

Ich bin selbst nicht auf den Mund gefallen und in meinen Aussagen und Handlungen sehr entschlossen, aber diesen Satz empfand ich einfach nur als arrogant.

Nichtsdestotrotz oder vielleicht auch gerade deshalb hat Peter Sawtschenko und seine Positionierungsmethode bei mir einen bleibenden Eindruck hinterlassen. Nach dem, was ich auch selbst bezüglich Positionierung erfahren hatte, gefiel mir sein Ansatz eines methodischen Positionierungsprozesses sehr.

Weil ich aber nicht bereit war, so viel Geld in die Hand zu nehmen, habe ich nach anderen Möglichkeiten gesucht.

Zu dieser Zeit war ich Mitglied in einem Unternehmerkreis, der in gewissen Abständen auch immer wieder externe Speaker einlud.

Als ein solches Event wieder anstand, brachte ich den Vorschlag ein, Peter Sawtschenko für einen Vortrag zu buchen, denn ich war sicher, dass hier auch ganz viel Inspiration und Energie für die anderen Mitglieder lag.

Gesagt, getan. Der Vorschlag kam gut an und so lernte ich Peter Sawtschenko persönlich kennen.

Sein Auftreten und der Vortrag überzeugten mich auf ganzer Linie, sodass ich diesen Workshop natürlich unbedingt machen wollte.

Ich ging also ein zweites Mal auf Sawtschenko zu, um die Sache zu konkretisieren. Seine Antwort gefiel mir schon wieder nicht. Dieses Mal aber aus einem anderen Grund: Er hatte aufgehört mit den Workshops, einen Nachfolger gab es in dem Sinne nicht.

Der Lichtblick: Er gab sein Wissen zum damaligen Zeitpunkt auf andere Weise weiter. Wer selbst zum Positionierungsexperten werden wollte, hatte die Chance, sich von ihm ausbilden zu lassen. Ich musste nicht lange überlegen, denn diese Methode selbst anwenden zu können und mein Unternehmen dann durch eigene Kraft neu aufzustellen, erschien mir noch sehr viel wertvoller als der reine Workshop.

Und auch wenn zu diesem Zeitpunkt noch nicht klar war, wie ich es anstellen würde, sah ich die Chance, mit dem Erlernten auch anderen helfen zu können. Zum einen als Mehrwert für das marcapo-Angebot und zum anderen als eigenständige Beratungsleistung.

In der Ausbildung lernte ich kleinteilig das Handwerkszeug kennen, das es braucht, um die verborgenen Alleinstellungsmerkmale einer Firma zu enttarnen. Die gibt es an sich nämlich immer und in ihnen stecken riesige Wachstumschancen.

Ich habe erkannt, dass man das Rad meist nicht neu erfinden muss, sondern schon alles da ist; es braucht eben die nötige Energie und den Willen der Schlüsselfiguren, Dinge zu verändern.

Die Positionierung findet in Form eines 2-3 Tage andauernden Workshops statt, der in der Regel die Geschäftsführung und alle relevanten Personen eines Unternehmens plus Moderator an einen Tisch bringt.

Ich kann nur raten, sich bewusst Zeit für eine Positionierung in dieser Form einzuräumen. Wie ich gemerkt habe, schafft das eine enorme Stabilität und gibt Sicherheit in einer Krisensituation, wie wir sie durch die Corona-Pandemie erleben. Dadurch, dass man sein Unternehmen nochmal auf »Werkseinstellungen« zurücksetzt und Baustein für Baustein überprüft und anpasst, kalkuliert man ganz bewusst auch verschiedene Krisenszenarien ein und beugt entsprechend vor. Sie werden diese Zusammenhänge im bereitgestellten Ebook noch klarer erkennen.

Weil es der Town & Country Case bereits gezeigt hat und auch wir bei marcapo an diesem Punkt kräftig nachjustiert haben, möchte ich Ihnen konkrete Ansätze für die Bestimmung Ihrer Zielgruppe mit auf den Weg geben. Wir sprechen immer so einfach darüber, aber eine Zielgruppe ist so lange nur eine diffuse Zusammenstellung verschiedener Menschen, bis Sie die Gedanken, die Ängste und die Wünsche der einzelnen Mitglieder kennen. Daraus ergibt sich die wahre Leidenszielgruppe, nämlich diejenige, die ein gemeinsames Problem verbindet. Um die Leidenszielgruppe zu identifizieren, müssen Sie sich die richtigen Fragen stellen:

Welchen Handlungsdruck hat die Zielgruppe? Welche Probleme brennen ihr besonders auf der Seele?

Wissen Sie von Ängsten, Wünschen oder Zielen oder kennen Sie bereits spezielle Bedürfnisse wie Sicherheit oder Anerkennung? Das ist ganz entscheidend für die Art und Weise, in der Sie Ihre Kunden ansprechen.

Arbeiten Sie bereits an Lösungen für die Probleme und Wünsche dieser Zielgruppe und was braucht es, damit Sie diese zur höchsten Priorität machen können?

Wie müssen Sie Ihre Angebote anpassen, damit diese Zielgruppe sich wie im siebten Himmel fühlt?

Gehen Sie diese Fragen auch gerne über mehrere Tage durch oder besprechen Sie sich im Team.

Die Identifikation der Leidenszielgruppe zählt zu den strategisch wichtigsten Aufgaben eines Unternehmers. Sie öffnet die Türen zu neuen lukrativen Märkten.

Während der Ausbildung bei Peter Sawtschenko haben wir diesen Punkt und weitere Meilensteine der ERP noch intensiver besprochen und wandten den Gesamt-Prozess bei einigen Unternehmen an. Jedes Mal sah ich, wie man Erfolg wirklich planen kann und mit einer Menge an gewonnener Praxiserfahrung machte ich mich natürlich bald darauf an die Ausarbeitung unseres eigenen marcapo Positionierungsworkshops.

Und dann war es endlich so weit: Gemeinsam mit Christian und Marc trommelte ich unsere Führungskräfte zusammen. Für drei Tage schlossen wir uns in einem Tagungshotel in der Rhön ein. Es war anstrengend, ernüchternd, aber auch wahnsinnig erkenntnisreich.

Das Ergebnis unseres persönlichen Positionierungsworkshops ist am Ende aber ganz einfach. Wir waren bis dato nur leider immer zu bequem, uns einmal die Schuhe unserer Zielgruppe anzuziehen.

Seit Beginn an entwickelt und betreibt marcapo Marketingportale für große Unternehmen in Europa. Über diese Portale können die lokalen Händler dieser Unternehmen Werbemaßnahmen buchen. So wird sichergestellt, dass die Marke nicht nur auf nationaler Ebene, sondern eben auch auf lokaler Ebene bestens repräsentiert wird. Das war unser Kerngeschäft und das wird es auch bleiben. Im Zuge des Workshops haben wir unser Angebot aber methodisch neu aufgesetzt und mit einer Erfolgsgarantie veredelt. Auf die vereinbarten Ziele geben wir eine Geld-zurück-Garantie. Das gibt unserer Zielgruppe Investitionssicherheit. Die hat nämlich, wie eingangs beschrieben, Angst im eigenen Unternehmen um hohe Budgets für solche Projekte zu kämpfen und dann womöglich zu scheitern. Mit unserem »neuen« Angebot beugen wir dieser Angst heute vor.

Da schlummert Potential in so vielen Unternehmen und mittlerweile kann ich für diese auch etwas tun. Wir haben die VÖS Positionierung und Managementberatung GmbH gegründet und können heute viele kleine und mittelständische

Unternehmen dabei unterstützen, ihre Angebote und die Marke mit Energie aufzuladen. Nach einem Beratungsgespräch machen wir uns gemeinsam an die Neupositionierung, arbeiten Alleinstellungsmerkmale aus und stellen in Form einer individuellen Aufgabenliste die Weichen für einen nachhaltigen Erfolg. An der Stelle möchte ich anmerken, dass wir nicht an dem Preismodell von Peter Sawtschenko festhalten, denn durch das Abrufen solch hoher Summen verwehren wir kleinen Unternehmen automatisch den Zugang zu unserem Angebot.

Auch die Corona-Krise hat im Endeffekt einen positiven Einfluss auf das Geschäft genommen. Die Erkenntnisse, die wir bis dato gewonnen haben, haben uns die Positionierungsmethode anpassen lassen. Neben den bekannten Schritten geht es darum, Unternehmen bestmöglich auf die Zukunft mit all ihren Facetten vorzubereiten. Dafür haben wir den Prozess um ca. 100 Zukunftstechniken wie KI oder E-Learning, Wargaming, Online-Vermarktung, Storytelling und Personalgewinnung erweitert. Diese Aspekte lassen wir bei Bedarf und abhängig von der Branche miteinfließen.

Ausbleibende Aufträge, stagnierende Projekte und unzugängliche und abweisende Ansprechpartner bereiten auch Ihnen ein Problem? Dann kann mein Weg vielleicht auch Ihrer werden. Kommen Sie auf mich zu, sodass wir in einem Beratungsgespräch über Ihre Möglichkeiten sprechen. Nur so kann ich Ihnen wertvolle Impulse zur Umsetzung mit auf den Weg geben. Außerdem stelle ich Ihnen sehr gerne unser Ebook »Warum Erfolg kein Zufall ist« zur Verfügung. Hier wird die ERP detailliert vorgestellt und Sie werden auf Ihre

Ist-Situation sensibilisiert. Sie erhalten hier ebenfalls konkrete Handlungsanweisungen, sodass Sie angeleitet ins Tun kommen. Einfach den QR-Code rechts scannen oder direkt über den Link in den Mutmacher-Memberbereich einloggen und das eBook herunterladen.

Also, schließen Sie dieses Kapitel, rufen Sie mich an und gestalten Sie auf dieser Grundlage die erste Seite für Ihre eigene richtig gute Erfolgsstory.

Geschenk #20

GRATIS E-BOOK „WARUM ERFOLG KEIN ZUFALL IST"

In meinem E-Book wird die ERP detailliert vorgestellt und Sie werden auf Ihre Ist-Situation sensibilisiert. Sie erhalten konkrete Handlungsanweisungen, sodass Sie angeleitet ins Tun kommen.

Login Memberbereich:
https://weiter.link/mutfree

UNTERNEHMERPROFIL
Thomas Ötinger

MARCAPO GMBH

Thomas Ötinger ist Vollblutunternehmer und seit über 15 Jahren geschäftsführender Gesellschafter der auf lokale Markenführung und Marketingportale spezialisierten marcapo GmbH in Ebern. Der diplomierte Wirtschaftsinformatiker berät und betreut seit vielen Jahren über 60 TOP-Marken aus den Bereichen Versicherungen (u.a. ERGO, WWK, HDI), Herstellermarken für Handwerk, Beauty und Handel (u.a. Hansgrohe, Goodyear, Wella) und Franchisegeber/Verbundgruppen wie Wintec oder Zaunteam.

Die Marken greifen bei der marcapo GmbH auf 160 Spezialisten für lokale Markenführung zurück.

Gemeinsam sorgen sie dafür, dass die jeweilige Marke europaweit bis in den kleinsten Vorort gelangt. Die gemeinsame Schnittmenge: Das Marketingportal, eine digitale Plattform, über die Markenunternehmen ihren Vertriebspartnern Marketingmaßnahmen zur direkten Individualisierung zur Verfügung stellen. Über 60 000 werbende Absatzpartner dieser Marken mit mehr als 1,5 Millionen durchgeführten Werbemaßnahmen sind der Beweis für echten lokalen Markenerfolg.

Als vierfacher Buchautor zum Thema lokale Markenführung und Positionierung sowie von zahlreichen Artikelreihen in unterschiedlichen Branchenmagazinen wird er regelmäßig als Speaker auf Tagungen und Veranstaltungen gebucht.

Die Konzeption und der Aufbau von erfolgreichen Vertriebssystemen und die langjährige Erfahrung in der Unternehmens- und Mitarbeiterführung befähigen ihn, die Servicemarken seiner Kunden ideal zu positionieren.

Als direkt von Peter Sawtschenko ausgebildeter und zertifizierter Positionierungs-Professionell leitet er die VÖS Positionierung- und Managementberatung GmbH. Hierfür hat er das einzigartige Positionierungssystem von Peter Sawtschenko veredelt und garantiert mit der Potential-Positionierung allen Branchen und Betriebsgrößen eine Alleinstellung und ein tragfähiges Geschäftsmodell.

www.marcapo.com/positionierungszentrum-servicemarken.de

FÜR IHRE NOTIZEN